道元の思想

大乗仏教の真髄を読み解く

頼住光子

Yorizumi Mitsuko

NHKBOOKS 1184

NHK出版【刊】

Printed in Japan
［本文組版］天龍社
［協力］山本則子

◉

はじめに

本書は、道元の著作のいくつかを丁寧に読み解くことを通じて、その思想を浮かび上がらせることを目的とする。読解の中心となる主著『正法眼蔵《しょうぼうげんぞう》』は難解をもって知られるが、本書では、その文章の理路をたどり新旧の諸注釈や用例を確認して解釈しつつ、そもそもなぜそのような文体で書かれなければならなかったのか、そのような文体を必然のものとする道元の世界観とはどのようなものかを、まず、第一に示したい。読解のために主として選んだテクストは、『正法眼蔵』の「現成公案《げんじょうこうあん》」巻、「仏性《ぶっしょう》」巻、「諸悪莫作《しょあくまくさ》」巻である。

これらの著作を背後から支えているのは、大乗仏教の根幹をなす「空《くう》」の思想である。「空」とは、あらゆる事物事象が縁起、すなわち、関係の中で成立しており、不変の固定的実体（我《アートマン》＝自性）はないということである。修行者の実践としては、「無我」（我執からの脱却）、「慈悲」（生きとし生けるものとの関係の自覚）へと展開する。

さて、当初、インドでは思うように教線を伸ばせなかった大乗仏教は活路をインドの外に見出し、中国伝道を行った。中国で興起した諸宗派の中で、もっとも盛んであったのが禅宗である。禅宗は中国の伝統思想にもとづくもので、もはや仏教ではないという解釈もあるが、その根本には大乗仏教の「空」の思想があることを忘れてはならない。何ものにもとらわれない絶対的に自由な境地を求めた中国禅は、大乗仏教の「空」によって基礎付けられるのである。
道元がこの「空」に目覚めたのは、中国の一人の禅僧との出会いによってであった。その経緯が『典座《てんぞ》教訓』に記載されているので紹介しよう。

名門貴族の家に生まれた道元は、少年の頃から仏道への志が深く、当初、比叡山で出家するがあきたらず、栄西が創建した建仁寺《けんにんじ》で禅を学び、さらに禅をきわめるために宋に向けて旅立った。道元を乗せた船は博多港を出航し中国の寧波《にんぽう》の港に到着したが、一行は手続きのために停泊中の船にとめ置かれた。ある日、船に一人の老僧がやってきた。聞けば、日本の食材を買うために遠い道のりを歩いてきた阿育王山の典座（禅寺で食事を司る役職）だと言う。道元が「あなたは年老いているのに、なぜ坐禅をしたり公案を学んだりしないで、台所仕事などしているのか。」と質問したところ、老典座は「あなたは修行が分かっていない。自分に任された台所仕事を一心に務めることがまさに修行なのだ。」と言い残し、すぐに戻って行った。その後、天童山で修行中の道元を、故郷に帰る途中の老典座がわざわざ訪ねてきて、二人は再び問答を交した。道元は、後にふりかえって、「自分がいささかたりとも修行について理解しているのは、すべてこの老典座のお陰である。」と述べている。

禅宗では、行住坐臥《ぎょうじゅうざが》のすべてが修行であると説く。俗世の行為がつねに何かのための手段であり、最終的には「自我」を保持するための行為であるのに対して、修行としての行為は、俗世の執着から解放され、仏道の真理を探究する行為であり、また、それ自身として充実した、決して手段とはならない行為である。そして、禅も含め仏教においては、真理は自己の外側に学ぶべき対象としてあるわけではなく、すでに自己にあるとされる。そうであるならば、仏道修行とは、すでにある真理を自覚し、「今、ここ」に顕現させることにほかならない。

禅僧にとって、坐禅も食事作りも洗面も、僧院の行住坐臥は、真理をさとった先覚者であり仏教の原点である釈迦の修行生活をなぞりつつ、仏道の真理、すなわち「空」を自らの身に体現する行為である。前述のように、「空」とは、存在するものはそれ自身として独立して存在するのではなくて、ほかのすべてのものと関係しあいつつ、その時、その場においてそのものとして成り立っているということを意味する。僧院における一つ一つの行為は、実は、「今、ここ」で全時空のあらゆる存在とつながりつつなされているのだ。道元は、老典座との出会いからこのようなことに気付かされ、さらに、遍歴の末にめぐりあった師、如浄のもとでの坐禅修行と身心脱落の体験を通じて、その気付きを確固たるものとしたのである。

帰国後、道元は、中国で学んだ禅を修行するための教団を作り、その根拠地となる禅院（京都の興聖寺《こうしょうじ》と福井の永平寺）を建立するなど、盛んな活動を行う。道元のこれらの活動の核となったのは、中国での「空」の体験であろう。その体験を通して自覚した世界や人間のありようを、道元はさまざまな機会に伝えようとした。あるときは弟子との対話や法堂《はっとう》での説法の中で、またあるときは『正法眼蔵』の文章の中で、道元は、あらゆる固定化された既成概念を超えるという意味で、思想を超えた思想、言葉を超えた言葉を表し続けたといえよう。これらの営為を支えたのが大乗仏教の「空」なのである。

道元自身は、禅宗、曹洞宗という呼称を嫌い、自らの教えを「仏法」「仏道」「正法」（道元にとっては大乗仏教と同義）であると宣言したことはよく知られている。道元にとって坐禅は、禅宗に固有の特殊な修行方法ではなくて、開祖釈迦の菩提樹の下での「さとり」に直結するものであった。大乗仏教が、その「さとり」を「空」というかたちで継承したとするならば、道元は大乗仏教の真髄を真正面から受け止め、表現したと言えよう。

ユーラシア大陸の最東端にある日本は、大乗仏教を含め大陸からさまざまな思想文化が伝わり成熟し花開いた。中でも大乗仏教の思想はこの日本の地で深められた。その担い手がたとえば道元であり、また、本書でも言及している親鸞なのである。道元も親鸞もそれぞれのバックグラウンドの中で大乗仏教思想の真髄をつかみ、思索し、表現した思想家である。本書では、その真理観と実践観の中核として「仏性」と「善悪」の問題を取り上げ、両者の考えを比較検討する。親鸞と照らし合わせることによって、道元の思想を大乗仏教という観点から見直してみるというのが、本書の第二の目的と言ってもよい。

さらに、道元の「善悪」や「因果」に対する考え方を、道元のテクストにそって、また、親鸞の善悪観と通底していることを示しながら明らかにする。そのことを通じて、宗教的善悪観と倫理的善悪観との違いについても検討する。

最後に、本書の構成を示しておこう。導入の章である第一章では、道元が仏道に入る契機となった「無常」という問題を取り上げ、「無常」に関する道元の多様な言説を検討する。それを通じて道元の思想のあらましを示すとともに、それらの言説を支える道元の言語観についてもあきらかにする。第二章では、「現成公案」巻の読解を通じて道元の全営為の中心となる修行と「さとり」について検討する。第三章では、修行と「さとり」の基盤であり原動力である「仏性」について解明をはかる。その際、親鸞の仏性観と比較する。

第四章では、修行しさとる者にとって現実の具体的行為とはどのようなものとなるのかを「諸悪莫作」巻の読解を通じて示す。私見によれば、この巻は宗教的立場、すなわち、絶対の立場からの透徹した善悪観を示しているが、従来の解釈には、常識的な立場にとらわれるが故の不徹底さが見受けられる。いわば「善悪の彼岸」「倫理の極北」に立つラディカルさを世俗世界の「良識」で薄めてしまっているように思われるので、その点をあきらかにしたい。

第五章では、「善悪の彼岸」「倫理の極北」に立つ善悪観が、大乗仏教の「空」に依拠した「罪性空」「因果超越」にもとづくことを、仏教の歩みにそって示し、それらと仏教の基本教説である「因果応報」との関係について検討する。そして、その上で、「因果超越」「因果応報」を止揚する「異類中行《いるいちゅうぎょう》」についても言及する。第六章では、再び道元と親鸞を対照させつつ、両者の善悪観が「善悪の彼岸」「倫理の極北」に立つが故に誤解を生み類似の異端が起こったことを説明する。

以上を通じて、道元の思想を大乗仏教の真髄として読み解きたい。

第一章　出発点としての「無常」

伝記『建撕記《けんぜいき》』によれば、道元（一二〇〇〜一二五三）は幼少の頃の母の死によって無常を観じたことをきっかけとして出家を志したという。幼少時に肉親の死に遭遇したことで無常を観じて仏道に入るというのは、道元に限らず、僧侶《そうりょ》の出家の動機を語る常套句《じょうとうく》でもある。幼少の頃に肉親、とりわけ親を失うという体験は、自分の頼みとするものがはかないものであるという感覚を研ぎ澄まさせ、それは、ある場合にはこの世それ自体のはかなさの自覚へと進んでいく。

はかなさの感受は、死すべきものとしての人間一般にとって、さまざまな場面において生じてくるものであろうが、多くの場合、生のさまざまな営為によってその感覚はかき消されていく。しかし、道元をはじめとする出家者にとっては、そのはかなさの感覚こそがリアルな、抜き差しならないものであり、彼らの世界に対する基本感覚であった。

このはかなさの自覚、つまりこの世の営為のすべてを相対化し抜く視点、何ものをも絶対化しない視点の獲得によって、いったいどのような世界の様相が立ち現れてくるのだろうか。はかなさの自覚は、道元において、どのような思想へと結実していったのだろうか。本章では、仏教の根本教説であり、仏道を志す出発点でもある無常をてがかりとして、道元の思想の基本的立場について検討し、あわせて、無常という世界認識の含意する思想的可能性についても触れておきたい。

第一節　仏教の根本教説である「無常」

「ニヒリズム」という仏教批判

さて、その根本教説として無常観を説く仏教は、成立の当初からペシミズム（悲観主義）であり、またニヒリズム（虚無主義）であるという評価を受け続けてきた。インドにあっては、土着の正統宗教であるバラモン教の側から、神に等しいと考えられていた祭司（バラモン）の伝統的な権威を無視し、神々への祭祀を否定する反伝統主義、反共同体主義であると仏教は攻撃された。既成の権威・価値・秩序の否定とは、まさにニヒリズムの特徴である。

紀元前後に仏教が伝来した中国でも、正統思想である儒教の側から、仏教はニヒリズムであるという批判が投げかけられた。儒教は、世俗世界にその思想の中軸をおき、社会秩序の維持と再生産とを目指す。そのような儒教側からすれば、この世は仮の世にすぎないと説く仏教の教えは決して容認できるものではなかった。仏教が現世を離脱することを望ましいとする上に、現世の秩序や価値を相対化し、場合によっては、僧侶は帝王に敬礼をする必要がないなどと、僧を皇帝の上位に置くことすらするのは、儒教側から見れば、社会秩序を乱し、権威を否定し、人倫を破壊する行いにほかならなかった。

また、西洋近代の仏教学者たちの中には、仏教の無常（anitya）や空（śūnya）の思想を、ニヒリズムであると評する者もいる。カント（一七二四〜一八〇四）の認識論を継承しつつも厭世《えんせい》主義的ニヒリズムを説いたショーペンハウアー（一七八八〜一八六〇）が、仏教をはじめとするインド哲学の影響下にあったということも、このような解釈を補強するだろう。たしかに、仏教の根本教説であり、道元も依拠する無常説にしても空の理論にしても、世界や人間を必滅の相のもとに捉えるという意味で、悲観的かつ厭世的な虚無を説くニヒリズムと受け取られかねない側面をもつ。

仏教がいわゆるニヒリズムかどうかについては後述することにして、ここではまず仏教の説く「無常」について簡単に説明しておこう。「無常」とは、一言で言うならば、この世の一切のものは生滅《しょうめつ》し、とどまることなく移り変わり永遠不変ではないということである。あらゆるものは無常を免れず、人間自身にとって、それは、とりわけ老・病・死という現象においてあらわになる。

釈迦の「四門出遊」

仏教の開祖である釈迦《しゃか》が出家した動機が、まさにこの無常の自覚によってであったと伝えられている。この事情を語る興味深い伝説が「四門遊観《しもんゆうかん》」（四門出遊《しゅつゆう》）である。それによると、出家以前、カピラヴァストゥ（迦毘羅城）で王子として過ごしていた釈迦は、鬱々《うつうつ》として思い悩みがちな日々を送っていた。生後七日目に実母を失ったとされる釈迦もまた、人生のはかなさという事実の前で、なすすべもなく日々を過ごしていたのである。その様子を心配した父シュドーダナ（浄飯）王は、釈迦に気晴らしのために城外で狩りをすることを勧めた。その言葉に従って城を出ようとした釈迦は、東の城門に老人を、南の城門に病人を、西の城門に死人を見て引き返し、最後に北の城門に出家修行者を見た。日ごろ人生ははかなく苦に満ちており、どこにその意義があるのかという疑問に取りつかれていた釈迦は、この出来事を通じて、出家修行こそが、老・病・死を真に克服する道であることをさとったと伝えられている。もちろん、これは伝説であってそのまま事実とは受け取り難いが、しかし、釈迦の出家が、老い衰え、病み、死んでいくという人間の無常なるあり方の自覚にもとづくものであったことをよく物語っている。

最古の仏典の一つと言われる『スッタニパータ』の中にも無常への言及が多く見られる。同書の中でも、第四、五章はとりわけ古く、一部、古マガダ語で語られたという釈迦の肉声に近い言葉が混じっていると推測されているが、これら二つの章の中にも、あきらかに無常説を説く言葉がある。たとえば、第四章では、無常と無執着に関連して、「ああ短いかな、人の生命よ。百歳に達せずして死す。たといそれよりも長く生きたとしても、また老衰のために死ぬ。(八〇四)[*1]」、「人が「これはわがものである」と考える物、——それは(その人の)死によって失われる。われに従う人は、賢明にこの理《ことわり》を知って、わがものという観念に屈してはならない。(八〇六)」と言われている。

「無常」と「苦」

無常説の説くところによれば、われわれの経験する一切の事物も、またわれわれ自身も、つねに生滅し変化し、一瞬たりともとどまることがなく、あらゆるものは、生滅をその本質としている。この世には自己同一性を保つ永遠不変なものは何も存在せず、生きとし生けるものはみな滅び死んでいく運命にある。

このようにすべてが「無常」であるにもかかわらず、何かに執着して、それを我が物と考えるようなあり方を、仏教は否定する。何かに執着するとは、その何かをある固定的なものと考えて、それを得、また得たことによって自己のアイデンティティー（同一性）を強化しようとすることであろう。しかし仏教的立場からは、自己も対象もすべて移り変わるものであり、固定的同一性を保持することなどできないと考える。だから、自己に対してであれ、対象に対してであれ、固定的同一性を求める営為はすべて虚《むな》しいものであり、そのような執着は、いたずらに人の苦しみを増すばかりだとされるのである。

初期仏教以来の仏教の基本的人間観である「一切皆苦《いっさいかいく》」とは、まさに、本来あり得ないはずの自己同一性を求めてしまう人間の性向に根差すものであり、そのような欲求は、仏教では煩悩として苦しみの源《みなもと》とされ、解脱すべきものとされる。もちろん、世俗世界は、この同一性にもとづいて成り立っているのであり、それ故に世俗世界に生まれ落ちた人間は、（仏教的に言えばあり得ないはずの）同一性を立て、それに依拠して自己を形成していく。世俗世界に生まれ落ちた人間には、まず、固有の名が与えられ、その名のもとに生から死まで同一の単位として存在することが要請される。

しかし、老・病・死という事実が端的に示すように、その同一性はそもそも成立不可能なものと仏教は捉える。本来成立するはずのないものを、あたかも成立するかのように前提して成り立っているのが、仏教から見た世俗世界なのである。それ故に、仏教は、世俗世界を離脱して「出家」し同一性の呪縛《じゅばく》から逃れることを、その修行の第一段階とするのである。

「無常」と「空」

このように、初期仏教以来説かれた無常説は、その後の仏教の発展の歴史の中でも根本教説であり続けた。大乗仏教においてとくに強調された「空」の思想は、無常説をさらに深化したものと言える。無常説は、人間だれしも直面せざるを得ない死や老い、別離という現実から出発し、人間のみならず全世界の全事物事象が無常であるという理にまで高められたものであった。それをふまえて、さらに、ではなぜ全事物事象が無常であるのかという問いから出発するのが、「空」の思想なのである。

「空」とは言い換えれば「無自性《むじしょう》」であり「縁起《えんぎ》」である。「無自性」とは、ものごとには何ら本質すなわち不変の本性などないということであり、「縁起」とは、この世にあるすべてのものは、さまざまな因（直接原因）と縁（間接原因）とが結び付くことによって成り立っているということである。つまり、「空」とは「虚無」などではなく、あえて一言で言うならば「関係的成立」である。

そして、因や縁が変化すれば、そこで成り立っていたものも変化し、その変化は刹那《せつな》と言えどもとどまることはない。すなわち、この世のありとあらゆるものは、絶対的なものではなく、因縁によって、仮にそのようなものとして成立しているにすぎないと主張されるのである。このような「縁起―無自性―空」の考え方が、この世にある既成の価値、秩序、権威に対する相対化、否定を含意していることは、容易に見て取れよう。

仏教はニヒリズムか

しかし、仏教の根本教説である「無常」の含意するこのような相対化や否定の主張をもって、儒学者や西洋の仏教学者たちの言うように「仏教はニヒリズムの思想である」と、決め付けることはできない。それらは似て非なるものである。ニヒリズムといっても、時代や文化圏によって、さまざまなヴァリエーションがあるが、ここでは、まず、現代を生きるわれわれにとって一番近しい西洋近代のニヒリズムを例にとって考えてみよう。

西洋近代のニヒリズムの淵源は、神の喪失であると言われる。それは、神によって担保された「大きな物語」の喪失と言ってもよい。従来、あらゆる価値の源泉であり、社会秩序の中心であり、聖俗両世界にわたる最高権威として君臨していた神を、近代人たちは、ヒューマニズム（人間中心主義）の名のもとに、あるいは科学の名のもとに否定した。彼らは神をその玉座からしりぞかせ、かわりに自分たちがその座を占めようとした。しかし、「聖なる天蓋《てんがい》」を自ら破り捨てた彼らがその結果、見出したのは、確固たる何ものによっても自分たちが支えられていないという不安感、無力感、そして、世界、人生の根源はまったくの無であり、そこに一瞬何の必然性もなく現れては虚しく消えていくわれわれの生は無意味なものであるという絶望感であった。それは、孤立する自我のおちいらざるを得ない虚無であった。

そして、これらの不安感、無力感、絶望感に対処すべく、人々は、国家や階級、信仰や思想などを絶対的権威として立て、何らかの「大きな物語」を回復しようとしたり、または、さまざまな気晴らしによって不安や絶望をまぎらわそうとしたりするが、そのいずれもが問題の本質的な解決にはならないことは、ニーチェ（一八四四〜一九〇〇）、ハイデッガー（一八八九〜一九七六）をはじめとする多くの近代の思想家の等しく指摘するところでもある。

しかし、仏教における無常観にしても空の理論にしても、元来、無力感や絶望感を必然的帰結とするものではない。確かに、仏教の無常観の影響下に成立した我が国の文芸などには、人の命のはかなさや世の栄枯盛衰などを無常と捉え、それを嘆き悲しむ詠歎《えいたん》的無常感、そして、それが転じた一種の刹那主義が見られる（たとえば「一期は夢よ、ただ狂へ」『閑吟集《かんぎんしゅう》』）。物語、随筆、二十一代集から俗謡に至るまで、日本文学の表現のコアをなしてきたのは、このような詠歎的無常感なのである。

一切が「空」であるという仏教の根本教説は、日本の文化的伝統においては、世の中の虚しさ、人生のはかなさを教えるものとして受け取られた。[*2] それらは、厭世的孤独感、生存の不安感、虚無的気分という意味において、ニヒリズム的な色彩をおびていると言うことができる。しかし、これは派生的な現象である。仏教の無常観や「空」の理論は、あくまでも世界の実相についての冷徹な認識であり、また実践（修行）の根拠にほかならない。

なにものをも絶対化せず、滅びゆくものとして捉える仏教ではあるが、にもかかわらず、不安と絶望のニヒリズムにはおちいってはいない。むしろ、無常を出発点にしてこそ、われわれの生は真に充実したものとなり得ると説くのが仏教なのである。この点から考えれば、仏教の無常観は、われわれ現代人の心の奥底に巣食うニヒリズムに対して、何らかの示唆を与えることも可能なのではないか。われわれが、道元そして仏教の世界認識の可能性として期待できるのは、まさにこの点なのではないか。このようなことを念頭におきながら、次に道元の無常観について検討してみたい。

第二節　無常迅速の戒め

道元の言語表現

道元の著作には、「無常」という言葉が散見する。そこに込められた意味は、一様ではない。「無常」に限らず、一つの言葉、概念に込める意味内容の多様性は、道元の言語表現の大きな特徴である。これは、ある術語に対して一般的な用法以外に独自の読み込みをすることで、その術語によって指し示される事柄の固定化、実体化を避けようという意図にもとづく。

道元は、通常の用法に従って「無常」を「常住」と対立した意味で用いる一方、さらにそれにはとどまらないより積極的な意味をも付与していく。以下では、「無常」という言葉に対する道元の理解の振幅をあきらかにすることによって、道元の思想が何に根差しており、また、それをふまえつつ、さらにどのように思想とその表現とを展開していったのかを考えてみたい。まず、道元の「無常」に対する理解の諸相のうち、一般的な「無常」理解と重なるものから見ていこう。

一般的な仏教言説としての「無常」

さて、「無常」について言及する一般的な仏教言説に、「世俗的な諸価値を頼みにならない虚しいものと捨てて仏道を志せ」というものがある。たとえば、『正法眼蔵』「出家功徳《しゅっけくどく》」巻に次のようにある。

いそぎ諸縁《しょえん》を抛捨《ほうしゃ》し、すみやかに出家学道すべし。（中略）おほよそ無常たちまちにいたるときは、国王・大臣・親昵・従僕・妻子・珍宝たすくるなし、ただひとり、黄泉《よみ》におもむくのみなり。（全上―六一六）[*3]

［現代語訳］いそいで諸々の関係を投げ捨てて、速やかに出家し仏道を学びなさい。（中略）無常なる事態、すなわち死がやってきたら、国王であろうが大臣であろうが親しい者であろうが従僕であろうが妻子であろうが珍しい宝であろうが、死にゆく者を救うことができない。ただ一人で死の国へ赴くだけである。

ここで、道元は、死を前にしてはこの世の何ものも無力であり、死はこの世の人間の営みのすべてを虚しいものにすると言う。それ故に虚しいこの世を捨てて出家学道せよと説いている。また、弟子の懐奘《えじょう》（一一九八〜一二八〇）がまとめた道元の言行録である『正法眼蔵随聞記《ずいもんき》』にも、このような「無常」への言及が散見する。『正法眼蔵随聞記』は、もともと日本達磨《だるま》宗の出身であった懐奘が、自らが帰投した道元教団で日々触れた教えを、日本達磨宗に残った仲間に書き送ったものとも推測されており、道元の教えの基本が平易な言葉で書きとめられている。そこで強調されるのは、財産や名誉をはじめ教養や学問、さらに恩愛や人情など世俗的には望ましいとされているすべての虚しさ、はかなさである。そして、この世のあらゆるものが無常の風にさらされていると自覚することこそが、仏道修行の第一歩だとされるのである。

さらに、道元は無常に関して、無常迅速を強調し、刻々とすぎ去っていく時間を一瞬たりとも無駄にせず仏道修行に励むべきであることを説く。『正法眼蔵随聞記』には、「学道ノ人、スベカラク寸陰《すんいん》ヲ惜ムベシ。露命《ろめい》消エヤスシ、時光スミヤカニ移ル。暫《しばら》ク存スル間ニ、余事ヲ管スルコト無ク、只須学道〔ただすべからく道を学すべし〕。（全下―四八四）」（仏道を学ぶ者は寸暇をおしんで修行すべきである。時間は速やかに流れ去る。今、この命を受けている間に、余事に心を奪われずひたすら仏道修行に励め。）という言葉をはじめ、多くの同趣旨の言葉が残されている。道元は命のはかなさを自覚し、自分に与えられた時間を無駄にするなと戒めているのである。

「無常」と世俗

注目しておきたいのは、無常のこの世を捨てて永遠の真理を体得すべく出家学道せよと言う場合、無常なる世俗世界と常住（永遠）なる真理世界とが、とりあえず、対立的なものとして捉えられているということである。このような言説は、仏道の入門においては必要な言説ではあるが、しかし、このような捉え方は、「無常」に対する理解として初歩的な一側面にすぎず、これが「無常」に対する決定的な理解ではないことは注意しなければならない。たとえば、「無常」を離れて「常住」を目指すと言っても、それは、人間のあり方が死すべき存在から不死の存在へと変化するということではない。

仏教が世俗的なすべてを虚しいものと説き、仏道修行へと人々を導くからと言って、仏教が世俗的価値に置き換わる何らかの「無常」でない不朽の価値や秩序を与えるということではない。もちろん、仏道を志す以上は、そこにおいて何らかの望ましいもの、たとえば仏法僧の三宝などが価値として志向されているということは言えるわけであるが、しかし、そこで目指されているのは、世俗的な価値や秩序と同列に並んだり競合したりするようなものではなく、また、世俗的な価値や秩序に取って代わるものでもない。世俗的価値体系とはまったく異なる平面にそれらは置かれている。では、「仏教において望ましいとされるもの」は、いったいどのようなかたちで実現されるのか。以下、節を改めて考察してみたい。

第三節　無我と無常

「吾我」から「無我」へ

道元の無常をめぐる多くの言葉の中で目立っているものに、「吾我《ごが》を離れよ、そのためには無常を観ぜよ」という主張がある。[*4] 吾我とは、固定化され不変のものとして捉えられた「自己」のことで、それは世俗世界の基本的単位である。世俗世界の日常においては、自分という何らかの固定的な主体があるということが自明の前提とされ、その信憑《しんぴょう》を基盤として生が成り立っている。自己同一的な「私」としての「自己」は、世俗世界の中の基本的な単位として、価値や秩序の序列の中に自らを位置付け、さらにその序列を上昇することを、「自己実現」とみなす。基本単位としての

「自己」は、価値を体得し、秩序に組み込まれて、そこで要請される役割を果たす。その役割行動を通じて、「自己」はより強固なものとなっていく。しかし、仏教的な見地からは、このような「自己」の捉え方は誤りであり、「自己」をこのように捉えるからこそ、さまざまな我執、煩悩が生まれるとされる。

「無常」とは、すべてのものが永遠不変ではないということである。人間は、自分がいずれは死を迎える運命にあることを頭では知っていながら、その日常において固定的自己を単位として生を営んでいるため、その自己が無意識に実体化され、あたかもそれが永遠不変であるかのように錯覚してしまう。仏教は、吾我が本来的には「無常」であることを強調する。すなわち、知らず知らずのうちに固定化され実体化されて、あたかも不滅のものであるかのように誤認されている自己（吾我）は、決して永遠のものではなく、生滅変化するものだと言う。自己は流動的なものであり、固定的なものではないということが「無我」であり、「無常」であるということなのだ。

仏教では、無常観、すなわち、自己と世界の無常を観じることをその基本的な修行方法としているが、「無常」を観じることとは、単なる厭世主義ではない。それは、自己本来のあり方である「無我」の体得を目指すものである。つまり「無常」の自覚を通じて、自己のあり方の把握が「吾我」から「無我」、すなわち「無」としての「我」へと一八〇度転換するのである。

では、「無」としての「我」とは、どのようなもので、それはどう自覚され実現されていくのであろうか。このことを検討することで、道元のより深まった「無常」解釈をあきらかにすることができる。以下、「無我」に言及している『正法眼蔵』「恁麼《いんも》」巻の冒頭の一節を取り上げて考えてみたい。

雲居道膺の言葉

詳しくは後述するが、巻名の「恁麼」とは真理を端的に表す禅語である。以下の引用箇所で、道元は、唐代の禅僧、雲居道膺《うんごどうよう》（?～九〇二）の「恁麼」に関する言葉をあげたあと、その言葉に関する自己の解釈を展開している。

まず、『景徳傳燈録《けいとくでんとうろく》』所載の雲居道膺の言葉の引用を見てみよう。[*5]

> 恁麼事をえんとおもふは、すべからくこれ恁麼人なるべし。すでにこれ恁麼人なり、なんぞ恁麼事をうれへん。（全上ー一六二）
>
> ［現代語訳］「恁麼事」（真理）を得ようと思うならば、その人は必ず「恁麼人」（真理に立脚した人）である。真理を得ようとすること、それ自体において人はすでに真理を体現する人、つまり、恁麼人である。すでに真理を体現しているのだから、真理が得られないなどと愁えてはいけない。

次に、前掲の雲居の言葉に対する道元の解釈から、本章のテーマに関連する一節をあげる。

> なににによりてか恁麼あるとしる。いはゆる、身心ともに尽界にあらはれて、われにあらざる

ゆゑにしかありとしるなり。

身すでにわたくしにあらず、いのちは光陰にうつされてしばらくもとどめがたし。紅顔いづくへかさりにし、たづねんとするに蹤跡《しようせき》なし。つらつら観ずるところに、往事のふたたびあふべからざるおほし。赤心《せきしん》もとどまらず、片片として往来す。たとひまことありといふとも、吾我のほとりにとどこほるものにあらず。

恁麼なるに、無端に発心するものあり。この心おこるより、向来もてあそぶところをなげすてて、所未聞をきかんとねがひ、所未証を証《あか》せんともとむる、ひとへにわたくしの所為にあらず。しるべし、恁麼人なるゆゑにしかあるなり。（全上―一六二～一六三）

［現代語訳］何によって、この自分に「恁麼」があると（このように真理の中にあると）知るのだろうか。いわゆる身と心は、ともに「尽界」（全体世界）の中に顕現しており、それは「固定的実体としての自己」ではないから、そのようであると分かる。

この身はすでに「固定的実体としての自己」ではなく、いのちは時とともに移り変わってほんの少しの時間さえもとどめることができない。少年のころのあの紅顔もどこかに去ってしまって、それをさがし求めても跡形もない。よく考えてみるとすぎ去ってしまって再び会うことのできないものは多い。赤心（嘘いつわりのない真心）さえも一ヶ所にはとどまらず、あれこれと行ったり来たり動きまわる。「真心」があると言っても、それは「吾我」のあたりにとどまっているようなものではない。

「恁麼」（すでに本来的に真理に立脚している）であるから「無端に」（いわれなく）発心する者

がいる。この心が起こって以来、それまで自分がもてあそんできたものを投げ捨てて、今まで聞いたこともない教えを聞こうと願い、今までさとったことのない「さとり」を実現しようとするのは、「吾我」がそのようにさせるのではない。しるべきである。われわれは、「恁麼人」（すでに真理の中にいて真理に立脚した者）であるからこのようなのだ。

一読して分かるように、この段には、「いはゆる、身心ともに尽界にあらはれて、われにあらざる」「身すでにわたくしにあらず」「吾我のほとり」「ひとへにわたくしの所為にあらず」という言葉が散見しており、「吾我」と「無我」をその論述の軸としつつ、「いのちは光陰にうつされてしばらくもとどめがたし。紅顔いづくへかさりにし、たづねんとするに蹤跡なし。」という無常観をふまえて、真理に関する論述が展開されていく。以下、検討してみよう。

「恁麼」とは何か

引用した一節の中心テーマとなっている「恁麼」とは、唐代末から盛んに使われた俗語で、本来は「そのように」「このように」という意味の副詞であったが、転じて「そのような」「このような」という形容詞的意味を持つようになった。さらに、禅宗では、この言葉を、真理を端的に表す言葉として名詞的にも用いる。真理は、言語によって限定し尽くされるものではないから、「このような」と間接的、象徴的に示されるしかないという観点と、真理とは現実から切り離されたところにある超絶的なものではなくて、今、ここにすでに「このように」現成《げんじょう》している（諸法実相）という観点の二つから、真理を「恁麼」（このように、このような、このようなもの）という言葉一つで端的に表現しているのである。

真理（「恁麼」）とは自己から離れたどこか遠くにあって追求するべきものではなくて、自己を成り立たせている立脚地である。だから、たとえ修行の初心者が自分は真理が得られないと嘆いたとしても、実は真理を得ようとすること自体が、自らが自覚できない真理のはたらきに促されて可能となっているのである。真理とは自らの立脚地であり、それに気付くある特権的な瞬間が「さとり」の瞬間なのであるが、そこに至るすべての過程、すなわち、自分は「さとり」からほど遠いと嘆いている時ですら、自己は真理の中にいるのである。

そして、ここで道元は、自己がこのような真理の中にいるということは、「無我」「無常」によって知られると言う。無我にしても無常にしても、固定的自我、自性（不滅の本質）を立てないことを意味するのであるが、そのことが、「このような」と指示されるような、今、ここにおける真理の体得、つまり「恁麼」の把握につながっていくのである。われわれは固定的な実体（我）ではなく、無常であるから、発心したり、真理を体得したりできると道元は主張するのである。

道元の世界観

ここで道元の言っていることを理解するためには、道元の世界観について若干触れておく必要があるだろう。道元は、真理の顕現された世界とは、自己と他者とが相互相依《そうごそうえ》し、一つの全体性を実現した世界であると考えている。この世界にある何ものも、最初から固定的なものとして存在するのではなく、他者との関係において、はじめてそのものとして成立する。また、関係性においてはじめて、そのものがそのものとして成立するとは、関係に左右されない固有の本質などないということである。仏教的術語では、この、無本質の相互相依、関係的成立のことを「縁起―無自性―空」という。

そして、このような考え方からすれば、一つのものがそのものとして成立するためには、全世界のほかのものすべてが因となり縁となって、そのものをそのものとならしめているということになる。すなわち、一存在が全世界を背負っていると言うことができるのである。仏教の立場からは、このような世界こそが真なるリアリティーをもった世界であり、人は本来的にはこの世界にいるはずなのであるが、凡夫は、我も他者も実体化し執着するから、迷いの世界（世俗世界もその一つのあり方である）を幻影のように生み出してしまう。

このことに気付き、自分は本来的には固定的実体ではなく空なるものであることを自覚し体得することこそが、仏教で言うところの開悟《かいご》成道《じょうどう》なのである。つまり、「さとり」とは、何ものかを実体化する執着を捨てることによって、自己の本来のあり方（恁麼人）に気付くことにすぎず、何か自分とはかけ離れた理想状態を達成するというようなものではないのである。

「われにあらざる」「わたくしにあらず」「吾我のほとりにとどこほるものにあらず」という言葉は、それぞれみな無我ということを指しているが、無我とは、ただ我がないという消極的な事態ではなく、関係的成立、真なる全体世界の顕現なのである。つまり、相互相依の関係性の中にあって、主客の二項対立的な固定的実体（我）は存立し得ない。全体が相互相依的に関連した真理世界が成立するためには、「無我」でなくてはならないのであり、そのような世界に立脚してこそ、「無」としての「我」の主体性が成立し得るのである。

「無常」の導き出すもの

引用文において、道元は、無我を身と心とに分けて語っている。

まず、身については、「われわれの命は時とともに移ろって、しばらくの間もとどめることはできない」と言われ、一瞬、一瞬に人が無常なる生滅変化をなし続けることが強調され、人が固定的な存在ではなく、無我であることが主張される。そして心についてもつねに変化し続けると言われる。「赤心」「片片」は、通常は「赤心片片」と一つの熟語として使われ、「本来具《そな》わっている純粋無雑な仏心が、些細《ささい》なことにまで一つ一つ行き届く」という意味を持つが、ここでは、ひらひらと行ったり来たりする心の不定さを表している。しかし、道元は変化していく心を決して否定しているのではない。変化しない心は、固定的実体であり吾我にとどまる。『正法眼蔵』「発菩提心《ほつぼだいしん》」巻で、刹那生滅（全存在が生起した瞬間に滅すること）しなければ、前刹那の悪が滅びないと説明しているのも、このことと重なるであろう。

以上をふまえて、道元は、「恁麼なるに、無端に発心するものあり。この心おこるより、向来もてあそぶところをなげすてて、所未聞をきかんとねがひ、所未証を証せんともとむる、ひとへにわたくしの所為にあらず。しるべし、恁麼人なるゆゑにしかあるなり。」と言う。人が無常であることが無我を証明し、さらに無我は、人が相互相依的に連関する全体世界の中で関係的に成立していることを示す。全体世界の側から見れば、発心すなわち、本来的なる全体世界を回復しようとする決心は必然であるが、迷いの世界にいる凡夫によって誤って措定された吾我の側から見れば、世界は固定的実体の対立からなっており、そのような世界を捨てて（「向来もてあそぶところをなげすてて」）、今まで聞いたことも見たこともない「さとり」を得たいなどと思うのは、「無端《むたん》」（いわれのないこと）である。しかし、本来は無我であり、そのような世界に属していた者だからこそ、このようなことが起こると道元は主張するのである。

以上述べたように、無常という事態は、自我の可変性と、さらには自己超出性（「さとり」への超出）を示しているのである。

第四節　「無常仏性」という無常観

「無常」の究極的理解としての「無常仏性」

前節において述べたように、無常の把握とは、無我の自覚であり、それはまた、「縁起—無自性—空」なる自己のあり方への自覚へと展開していく。そこでは、「無常」は、「無我」や「縁起—無自性—空」の自覚の契機として肯定的に評価されたが、本節で検討する「無常仏性」という無常観では、無常は、もはや、自己の「無」なることを観じ、真理に達するための契機であるにとどまらず、無常という事態そのものが真理であることが強調される。結論を先取りして言えば、道元における無常は、常住なる真理と対立する無常から出発して、最後には、無常とは「常住なる真理」そのものであると表現されるべきものとなったと言えよう。これは、仏教の無常観にのっとりつつ、さらにその無常の意義を究極にまで突きつめて理解したものと言える。どういうことなのかを、順を追って見ていこう。

インドの初期仏教以来、老いや死につねに脅かされる人間存在のもろさや、泡沫や幻影に喩《たと》えられる現世の虚妄性が強く主張され、そのような自覚のもとに、無常なる現世、そして迷苦に満ちた輪廻転生《りんねてんしょう》（生死）を離脱し、永遠すなわち常住の真理世界（仏教用語では涅槃《ねはん》）へと入るべきことが繰り返し説かれてきた。しかし、現世における菩薩《ぼさつ》行を強調する大乗仏教においては、究極的立場として生死即涅槃が主張される。つまり、無常世界以外に真理世界はないと言うのである。道元も、この大乗仏教の極北である生死即涅槃の考え方をふまえて、いわば「無常即常住」と主張するに至ったのである。

前述のように、道元においても、人間や世のはかなさを強調し、それ故に修行に励むべきとする言説が見られたが、それらは無常と常住とを対立的に捉えた言説であった。このような言説が、とくに仏道修行をはじめたばかりの初心者や在家信者にとって有用であるということは言うまでもないが、仏教の「無常」に関する言説はさらに、その先の事態を表現しようとする。

つまり、無常と常住を対立的に考えて、無常なる俗世を脱して常住なる仏道世界を目指せという言説が第一段階の言説であるとすると、この無常と対立するものとして設定された常住は、実は無常であると理解するのである。これは仏教の実体化批判を土台としたものであり、とりあえず、無常に対立するものとして想定された常住なるものも、固定的なものではなく、すべては無常であることがあきらかにされる。これが第二段階である。

そして、さらに、あらゆるものが無常であるという第二段階の議論をおし進め、さらに高次化した「無常」の理解を目指すのが第三段階となる。この段階においては、移りゆくこの瞬間、瞬間の中に永遠が読み取られる。後述する「修証《しゅしょう》一等《いっとう》」の構造においては、修行とは「さとり」を得るための手段ではなくて、修行する一瞬一瞬が「さとり」である。となると、「さとり」という永遠の真理の体得は、修行の一瞬一瞬において行われることになる。つまり、修行の一瞬、一瞬にこそ、永遠が宿る。無常と常住とを峻別する二分法は、修行する、つまり、生きる現場から離れた抽象的立場であり、その時、その場においては、ただ真理を顕現する行為があるのみである。それは、まさに「永遠の今」と言い得る。これが第三段階である。

道元における永遠とは、私見によれば、存在者が分節する以前の総体であり、全時間、空間を含みこんだ根源的無分節である。[*6] しかし、人間は、このような根源的無分節に立脚しつつ、そのことに気付かずに、言語によって二元対立的に指示され分節された諸存在の総和として組み立てられた世界にのみリアリティーを見出している。仏道における修行とは、われわれが言語による分節にともなう必然として想定せざるを得ず、また、その呪縛から逃れることの困難な固定的事物や実体的自我を超えて、分節以前の総体をこの身において実証することである。移りゆく一瞬は、修行する一瞬となることによって、この根源としての無分節の、この時、この場における現れとなり得るのである。道元の「無常仏性」という言葉は、まさにこのような消息を伝える言葉なのである。

真理を表す言葉の屈折

以上をふまえ、『正法眼蔵』「仏性」巻の「無常仏性」についての叙述を引用してみよう。

> 六祖、示㆓門人行昌㆒云、「無常者即仏性也、有常者即善悪一切諸法分別心也」
>
> いはゆる六祖道の無常は、外道二乗等の測度《しきたく》にあらず。二乗外道の鼻祖鼻末《びそびまつ》、それ無常なりといふとも、かれら窮尽《ぐうじん》すべからざるなり。しかあれば、無常のみづから無常を説著《せつぢや》、行著《ぎようぢや》、証著《しようぢや》せんは、みな無常なるべし。今以現自身得度者《こんいげんじしんとくどしや》、即現自身而為説法《そくげんじしんにいせつぽう》なり。これ仏性なり。さらに或現長法身《わくげんちようほつしん》、或現短法身《わくげんたんほつしん》なるべし。常聖これ無常なり。常凡これ無常なり。常凡聖ならんは、仏性なるべからず。少量の愚見なるべし、測度の管見なるべし。仏者小量身也、性者小量作也。このゆへに六祖道取す、「無常者仏性也」。
>
> 常者未転なり。未転といふは、たとひ能断と変ずとも、たとひ所断と化すれども、かならずしも去来の蹤跡にかかはれず。ゆへに常なり。
>
> しかあれば、草木叢林《そうもくそうりん》の無常なる、すなはち仏性なり。人物身心の無常なる、これ仏性なり。国土山河の無常なる、これ仏性なるによりてなり。阿耨多羅三藐三菩提《あのくたらさんみやくさんぼだい》、これ仏性なるがゆへに無常なり。大般《だいはつ》涅槃、これ無常なるがゆへに仏性なり。もろもろの二乗の小見、および経論師の三蔵《さんぞう》等は、この六祖の道を驚疑怖畏《きようぎふい》すべし。もし驚疑せんことは、魔外の類なり。（全上ー二一一〜二一二）

[現代語訳] 六祖慧能《えのう》が弟子の行昌に教えてこう言った。「無常は即ち仏性なり、有常は即ち善

悪一切諸法、分別心なり。」

　ここで六祖がおっしゃる無常とは、外道（仏教以外の教え）や二乗（小乗）などが推し量ることなどできないものである。二乗や外道の始祖や末流が「無常である」などと言っても、彼らは究め尽くしてはいないのである。つまり、どういうことかと言うと、無常が自分から無常を説き、修行し、「さとり」を得るのは、みな無常なのである。「今以現自身得度者、即現自身而為説法」（今、自身を現じてもって得度すべき者には、即ち自身を現じて而《しか》も為《ため》に説法する。つまり観音がさまざまに変身して衆生済度する）ということだ。これが仏性である。さらに「或現長法身、或現短法身」（あるいは長法身を現じ、あるいは短法身を現ずる）なのである。聖者はいつも聖者だと思われるかもしれないが実は無常である。凡夫もいつも凡夫だと思われるかもしれないが実は無常である。凡・聖が永遠に固定されているならば仏性が成り立ち得ない。これ（聖者はいつも聖者、凡夫はいつも凡夫という考え方）は少ししか推し量っていない愚かな考えである、細い管から覗くような狭い了見である（ただし、このような狭い了見だったとしても、それはそれとしてそれ以外ではあり得なかった修行の一断面であると考えるならば、肯定され得る）。つまり、「仏」は小さな体として捉えられ、その「性」（本性）も小さなはたらきとして捉えられるのである。このようなこと（捉え方によって、「仏」も「性」も小になったり大になったりする）も含めて、六祖慧能は「無常は仏性である」と言っているのだ。

　「常」（永遠）とは、「未転」ということである。ここで言われる「未転」とは何もはたらきがないということではなく、断ずる主体に変化したり、断ぜられる客体に変化したりすることもあるが、しかし、その断じたり、断ぜられたりする姿に執着することはない（「蹤跡《しょうせき》にかかはれず」＝没蹤跡《もつしょうせき》）。はたらき続け、つねにとどまらない。だから「常」と言うのである。

そうであるから、草木や叢林が無常であるのは、仏性なのである。人物の身心の無常であるのは仏性なのである。国土や山河が無常なのは、仏性だからである。阿耨多羅三藐三菩提は、仏性であるから無常なのである。大般涅槃は無常であるから仏性なのである。卑小な考えしか持たないもろもろの二乗や経論師などの仏教学者らは、この六祖の言葉を驚き疑い恐れるに違いない。もし驚き疑うような者がいたらみな、悪魔や外道の類なのだ。

ここで道元は、中国唐代の禅の祖師である六祖慧能（六三八〜七一三）が、弟子の行昌に対して提示した「無常とは（原文の「者」は主格の提示）、すなわち仏性であり、有常（常住）とはすなわち善悪一切諸法を分別する心である」という言葉を取り上げて、自らの思索のてがかりとしている。慧能は、無常こそが仏性であるとする。仏性とは、前述のように、「仏の本質」——ただし、固定的実体としてのそれではなくて、「縁起—無自性—空」そのものなのであるが——ととりあえずは理解される。仏の本質というものは、通常は、永遠なる真理であると捉えられるのであるが、あえてこれが「無常」であるとされる。

他方、「有常」すなわち永遠とは、善法（善なる存在）であれ、悪法（悪なる存在）であれ、およそ一切の存在を分別する心であると説かれる。仏教で言う分別心とは、対象を区別し、たとえば分析的に捉える認識判断作用のことであり、通常は、根拠のない妄念とされるが、慧能はそれこそが

「常住」だと言う。

以上のように、慧能の言葉は、一見、常識を覆《くつがえ》した言葉であるかのように思える。仏教的常識からすれば、仏の本質である仏性が永遠で、是非善悪の差別《しゃべつ》を立てる分別心こそが、はかなく虚しいという意味で無常である。もちろん慧能は、このような常識的な見方をまったく否定しているわけではない。このような言葉が正当なものとして成立する言説のレヴェルがあることは慧能も否定しないだろう。しかし、禅宗では、真理を表すどのような言葉であれ、それが固定されれば一つの固定観念となってしまうと考える。それ故、真理に関する言説は、つねに覆され、新たな表現を獲得することを要請される。六祖慧能の言葉もこのような要請にこたえ、ある屈折したやり方で真理を表したものであると見ることができよう。そうなると、重要なのは、慧能の一見常識を外れたように見える言葉がどのようにして真理を指示しているのか、ということである。道元は、このことについて、以下、自分なりの解釈を展開していくのである。

六祖慧能の説く「無常仏性」

さて、道元の解釈それ自体を検討する前提として、まず、原典である『景徳傳燈録』の問答に立ち返って、道元の論述の出発点となった慧能の言葉の意味を検討しておこう。[*7]

六祖慧能は、弟子行昌から、「涅槃経の常や無常の意味するところを教えてほしい。」と言われて、「無常とは仏性のことであり、是非善悪の差別を立てる分別心が常住である。」と答える。常識を覆されてますます混乱する弟子に対して、慧能は以下のように説明する。

「もし、仏性が常住であるというのならば、どうして止悪修善《しあくしゅうぜん》（悪を止め善を修せよ）などと、善悪について説く必要があろうか（永遠の真理にわれわれが渾然一体となることができるならば、善悪について二元対立的枠組みで語ったりする必要はなくなる）。また、どんなに長時間かけても一人として菩提心（「さとり」を求める心）を発《おこ》す者などいないだろう（仏性とは固定的なもの、不変なものではなくて、つねに仏（＝真理に目覚めた覚者《かくしゃ》）に成り続けるという、修行のダイナミズムの中で発動してくるものである）。ゆえに私が仏性は無常だと言ったのは（成り続けて変化する、という意味であって、そうだとすると）まさに、それは仏の説く真の常住ということになる。

　また、ありとあらゆる存在が無常であると考えてみたとする。となると、存在には「無常」であるという自己の本質があることになる。それぞれの存在は生死流転し、生死流転する無常なるものであるという本性から除外されるものなどがあろうか。とするならば、存在は「無常」という本性を持っていることにおいて「常住」だということになる。それだから、私が、常住だと言ったのは、無常というあり方を永遠不変にしているということを意味しているのである。」

　ここで、慧能が言わんとしているのは、仏性があると言っても、それは何もせずに永遠不滅の本質として自分の中にあるという意味ではなくて、菩提（真理）を求める心を起こして悪を止め善を行う仏道修行を通じて顕現されるべきものだということであろう。その場合、無常とは、迷いから「さとり」へと転じるその変化として捉えることができる。また、それに関連して、全存在は、「無常」であるという本質において、「常住」であるとも言う。つまり、全存在は、つねに変わらず「無窮《むきゅう》の変化」（無常）を担っているのである。

以上のような慧能の理解を踏襲しつつ、道元はさらに、仏道修行における無窮の道の実践を基盤として、すべてが無常なるものとして変化しつつ永遠の真理を顕現する世界のありようについて、より具体的に、また独自の表現方法を駆使して叙述し展開していく。道元の言うところを検討してみよう。

主体の多様な現れとしての「無常」

まず、道元は、慧能の主張する「無常」の教えが、仏教以外の教えである外道や、仏教として不十分な教えである小乗（声聞乗と縁覚乗の二乗）の人々の測り知ることのできないものであるとした上で、「無常のみづから無常を説著、行著、証著せんは、みな無常なるべし。」と言う。この言葉は、主体も客体もすべて無常の中にあるということである。そして、道元は、無常なる主体の行為の様相を、説法（説著）、修行（行著）、証悟（証著）の三つに集約して語る。

まず、説法の場面における無常が、『法華経《ほけきょう》』観世音菩薩普門品《ふもんぼん》にちなんだ「今、自身を現じてもって得度すべき者には、即ち自身を現じて而も為に説法する。」という言葉にもとづいて説明される。この言葉は、観音が説法をする際に、相手の能力・状況に応じて、方便として仏身から天、竜、夜叉《やしゃ》に至るまでさまざまな姿に化身して法を説くという普門品の経文の大意にもとづくものである。これに続く「あるいは長法身を現じ、あるいは短法身を現ずる」というのも同趣旨の言葉であり、主体の多様な表れ方を指示している。[*8] このような、固定化されない主体の表現が成り立つのは、主体自身が、何らかの実体をもった存在ではなく、無我であるからなのだ。そして、このような自由な固定化されないあり方は、「仏性」すなわち仏の本質としての真理が顕現する様相と重ねられていく。つまり、ここで道元は、無常ということを、無我であるが故の自由な多様性として捉えている。そのような考え方にそって言えば、存在が、次々と生滅変化していくことは、真理がさまざまな姿として、その時、その時に発現しているということになる。

そして、「常聖これ無常なり。」以下では、修行と「さとり」における無常の意義が探究される。ここで道元は、聖者（ここでは仏陀《ぶつだ》）も凡夫も無常であり、聖者は聖者、凡夫は凡夫と永遠に定まっているのならば、仏性ではあり得ないとする。そして、凡夫と聖者とを永遠に対立的なものと考えるのは、狭い了見の愚かな考え（「少量の愚見」）であると断じる。このように、仏と衆生《しゅじょう》とを対立的に厳格に区別するような考え方では、仏や仏の本質、仏性自体が矮小化されると言うのである。凡夫が修行を通じてさとり、仏（覚者＝真理に目覚めた者）になるということは、「無常」を前提としてはじめて言われ得る。成仏とは、凡夫として滅し、仏として生じるということであるが、これはまさに生滅変化の理の現れなのである。

「無常」としての「常住」

以上のように道元は無常を唱えるのであるが、しかし、だからと言って常住が全否定されるわけではない。たしかに、分別心が措定するような常住、すなわち、無常と対立するような無時間的な常住は、道元にとって否定すべきものだったが、だからと言って常住ということがまったく成り立たないわけではない。以下、道元は、肯定すべき常住、すなわち、無常をふまえた上で成立する常住について語る。
まず、道元は、常住というのは「未転」であるとする。そこで言う「未転」は、変化をまったく排除したものではなく、「能断」に変化することもあれば、「所断」に変化することもある、と言う。能断とは、悪、煩悩を断除する主体ということで、これまでの文脈をふまえて言うならば仏（聖者）を意味し、所断とは断除されるべき悪、煩悩を持つ存在ということで凡夫を意味しよう。つまり、仏にも変化し、凡夫にも変化するということである。

そして、変化しつつも、去来の蹤跡には関わらないとされる。「去来」とは、生死去来ということで無常ということと同義である。そして、それは、蹤跡に関わらない、すなわち、「没蹤跡」であると言う。「没蹤跡」という禅語は、「さとり」を端的に言い表す言葉であり、文字通りには跡形をとどめないということである。ここでは修行するその一瞬に徹して永遠の真理である「さとり」を具現するが故に、「永遠の今」が現成されることを意味する。つまり、道元の考える常住とは、無常をまったく排除したようなものではなく、無常なる一瞬一瞬が、「永遠の今」となること、すなわち、無常の上に成り立つ常住なのである。このような「永遠の今」を道元は、『正法眼蔵』のほかの箇所では、「有時《ゆうじ（うじ）》」「而今《しきん（にこん）》」「前後際断」「住法位」などと呼んでいる。つまり、仏性（真なる存在）とは、無常と常住とを兼備したものであるというのが道元の結論なのである。

このような、無常と常住に対する考え方をふまえた上で道元は、さらに、草木叢林、人物身心、国土山河は、無常であるが、それ故に仏性であると言う。これらは無常であり一瞬、一瞬変化しているが、その一瞬においては、それ以外にはあり得ず、ありのままのその姿で真理を宿しているという意味で絶対的なものであり、それ故に、仏性を顕現していると言い得る。ただし、これらの存在が、仏性を顕現し得るのは、修行者が無窮の修行をなし、修行と一等であるところの「さとり」を顕現し続ける限りである。釈迦がさとった時に世界全体がさとったという、道元も引用する「同《どう》時成道《じじょうどう》」の故事に見られるように、[*9]一人の修行者の修行と「さとり」は、全世界の全事物の修行と「さとり」と連動し、修行者が、修行し続ける限りにおいて、仏性を顕現する真なる世界が現され続けるのである。

以上をふまえて、阿耨多羅三藐三菩提も大般涅槃も、仏性であり、無常であると言われる。阿耨多羅三藐三菩提とは、仏の最高の智慧、「さとり」のことである。道元によれば、これは、仏の本質としての永遠性を持つが、無時間的永遠ではなくて、さまざまなかたちで説かれ得るという意味で、実体はなく無常（無我）なるものである。大般涅槃とは仏の偉大なる死を意味し、文字通り無常であるが、無常なるものこそが仏性（真理の発現）なのである。

そして、無常をふまえた上での常住、常住をふまえた上での無常ということがわからない、狭い了見の小乗の徒や、経論の表面的な意味に拘泥する経論師などは、「無常は仏性なり」という六祖の言葉に、驚き怪しむであろうと道元は言う。しかし、これを疑うのは、無常と常住とを対立的に捉えているからにほかならず、そのようなものは、悪魔や外道の類であると、道元は非難する。慧能にとっても、道元にとっても、無常は常住であり、常住は無常だったのである。

このように両者の無常理解、仏性理解は共通したものであるが、違いがないわけでもない。それは、無常や仏性に対する理解の相違というよりも、表現の幅の違いとでも言うべきものである。そのことは、「常住」の表現においてもっとも顕著である。慧能が、無常という本質を持っている点において常住だと抽象的な表現方法に終始しているのに対して、道元は、修行の場面に即して、すなわち、煩悩、悪を断ずる、自己の起こす無常なる行為という場面に即して、「無常」なる「常住」について考察している。さらに、道元は、自己の修行とともに立ち現れてくる真なる世界についても言及し、全世界の全存在とともに自己が修行をなし続けることが「無常」を生きることであるとするのである。

第五節　世俗と無常

「無常」によって煩悩を超える

章を結ぶにあたって、本節では、道元の議論をふまえて仏教の説く「無常」の射程を確認しておきたい。

さて、以上述べてきたことからも分かるように、仏教の根本教説である無常にしても、空にしても、元来、無力感や絶望感との結び付きを必然とするものではない。もし、あらゆるものの生滅変化を眼前にして、無力感、絶望感にうちのめされるとしたら、それは、仏教的な見地から言うならば、煩悩ある故である。すべてのものが変化し、生滅することは客観的な事実にすぎないのに、われわれが自らの老いや別離、死を歎《なげ》き絶望するとしたら、それはわれわれがいつまでも年老いず壮健であることを望み、人であれ物であれ、何ものかに対して手放したくない、別れたくないと執着するからであろう。しかし、これまで述べてきたように、このような思いは、仏教では、我執であり煩悩にすぎないと断ぜられる。すべてのものは変化し衰滅していくものであり、その意味で無我である。

それなのに、われわれが生滅変化するものに対して、自己同一的な実体と捉えてしまいがちなのは、まず、第一に、思考の偏向による。仏教的な言語観によれば、われわれは、ある何らかの事物事象を指示するために「名」を付けるが、「名」とそれによって指示されるところのものとの結び付きは、必然的ではなく、それ故に「名」は、しょせん仮のものでしかない。しかしわれわれは、「名」の同一性を、それが指し示すところのものの同一性と混同してしまい、「名」の背後に実体を想定してしまいがちである。そして、凡夫は、妄想された実体に対して、執着を抱くのである。仏教、とくに禅宗が、言語に対する捉われを警戒するのはまさにこの故なのである。

循環・反復と対立するものとしての「無常」

さらに、日常世界を生きる凡夫は、生じては滅するという事態を、無常として自覚せずに、反復もしくは循環として捉え、ある種の恒常性を想定してしまう。たとえば、民俗的世界観においては、春夏秋冬という自然の循環と同様に、人間も循環を繰り返すものとして捉えられ、死は終わりではなくて、再生すなわち生まれ変わりの第一段階とされる。また、民俗的世界観をベースにして成立した神道においては、定期的に行われる祭りなどの儀礼によって、原型である「神代」を反復することで、世界はつねに新たなものとして活性化されると説かれる。「ハレ」(非日常)と「ケ」(日常）を繰り返すことによって、世俗世界はつねに新たなものとして更新されていくのであり、ここにおいては、「無常」は循環的世界構造の一齣《ひとこま》として取り込まれ、世界全体としては恒常性が確保されていると言ってよいだろう。大和言葉の「つね」（＝常）が、永遠であると同時に日常でもあるということは、日常における恒常性の確保ということを端的に物語っているのである。

しかし、仏教はこのような日常性による無常の「隠蔽《いんぺい》」を鋭く指摘する。仏教は、人が無常なる事態に接していながら、それを無常として自覚することなく、漠然とした恒常性の中でまどろんでいると警告を発するのである。仏教の発心譚《たん》の一つの類型に、この世において何もかも満たされた理想的人物が、それにもかかわらず（正確には、それだからこそ）その幸福の絶頂で世を捨てて出家するというものがある。その典型例が先ほども見た釈迦である。[*10] 仏教的立場からは、どのように完璧に見える現世の幸福も永遠ではあり得ず、それは俗世そのものの無常を物語っているのである。

しかし、俗世において仮構され妄想された永遠性が成り立たないからといって、永遠性そのものが成り立たないわけではない。仏教、とりわけ、道元は、「さとり」の一瞬を、有限な自己のうちに無限の永遠が宿る瞬間として捉える。すぎ去って行く一瞬、一瞬がすべて永遠を宿すならば、時間は単なる無常の流れではなくなる。このような有限と無限との相即関係は、有限なる人間のなす修行と無限なる「さとり」との相即、恁麼人と恁麼との相即というように道元の仏法の全体をおおう基本構造なのである。

次章では、このような基本構造をより深く理解するために、道元の修行と「さとり」に対する考え方についてさらに検討を加えたい。

●注

＊1　中村元訳『ブッダのことば―スッタニパータ』の詩句の通し番号を意味する。以下同じ。

＊2　日本の思想文化における「無常」の系譜については、唐木順三『無常』（『唐木順三全集』第七巻所収）が参考になる。なお、唐木は「無常」の思想の究極的なかたちを、道元の「無常仏性」に見出している。

＊3　大久保道舟編『道元禅師全集』上巻の六一六頁を意味する。以下道元の著作からの引用は同書による。引用にあたっては私見により適宜、かなづかい、句読点その他の表記を一部改変した。なお、道元の引用文には原則として現代語訳を付した。現代語訳では原文の微妙なニュアンスや語勢が失われるなど問題点も多いが、『正法眼蔵』本文解釈に定説と言えるべきものがない研究状況においては、自らの解釈を示す必要があると考えたからである。

＊4　一例をあげると、「吾我ヲ離ルルニハ、観無常是レ第一ノ用心也。（『正法眼蔵随聞記』、全下-四三〇）」とある。ほかにも、全下-四六〇などに同様の趣旨の言葉がある。

＊5　永安道原『景徳傳燈録』巻一七、雲居章、三二三頁参照。

＊6　「さとり」を分節／無分節という枠組みにおいて捉える議論は、井筒俊彦『意識と本質―精神的東洋を索めて』を参考にした。

＊7　前掲『景徳傳燈録』巻五、江西志徹章、八八頁参照。原文を以下示しておく。これは、次のような状況の中で発された言葉である。行昌〔江西志徹〕がまだ俗人だったころ、慧能ら南宗禅と対立していた北宗禅の刺客として慧能を殺害しようとしたが、慧能にすべてを見通され後悔して入門を乞うた。慧能は志徹を逃がし後で来るように言った。志徹は出家した後、慧能に会いに来て、慧能の恩に報いるために衆生救済をしたいと希望を述べた後でこう言った。「「弟子、嘗《かつ》て涅槃経を覧《み》るも、未《いま》だ常無常の義を暁《あきら》めず。乞う、和尚、慈悲をもって略為《ほぼため》に宣説せんことを。」と。祖曰く、「無常は即ち仏性也。有常は即ち一切の善悪諸法分別心也。」と。曰く、「和尚の説く所、大いに経文に違ふ也」と。師曰く、「吾れ仏心印を伝う。安《いずく》んぞ敢えて仏経に違はん。」と。曰く、「経は是れ仏性常なりと説くに、和尚は却《かえ》りて無常と言ふ。善悪の諸法乃至《ないし》菩提心は皆これ無常なるに、和尚却りて常と言ふ。此れ即ち相違にして、学人をして転《うたた》疑惑を加へしむ。」と。（中略）祖曰く、「汝、知るや否や。仏性、若し常ならば、更に什麼《なん》の善悪の諸法をか説かん。乃至、劫を窮むとも一人として菩提心を起こす者あること無けん。故に吾れ無常と説くは、正に是れ仏の説ける真常の道なり。また一切の諸法、若し無常ならば即ち物物皆自性有り。生死を容受すれども真常の性は遍からざる処有らんや。故に吾れ常と説くは、正に是れ仏の説ける真無常の道なり。（後略）」と。」

＊8　『正法眼蔵』「三十七品菩提分法」巻においては、このことに関連して「いまの観心無常、すなはち如来大円覚なり、（中略）観法無我は、長者長法身、短者短法身なり。現成活計なるがゆゑに無我なり。狗子仏性無なり、狗子仏性有なり。一切衆生無仏性なり。一切仏性無衆生なり。（全上－五〇四）」と言われ、「不生といふは、昨日説定法、今日説不定法なり。（全上－五〇五）」と言われる。

＊9　『正法眼蔵』「発無上心」巻（全上 - 五二八）で釈迦の「明星出現の時、我と大地有情と、同時に成道す。（原漢文）」という言葉を引用したあとで、道元は「しかあれば、発心・修行・菩提・涅槃は、同時の発心・修行・菩提・涅槃なるべし。」と、釈迦の修証が全時空の全存在と同時に行われるものであると主張している。

＊10　栄華の頂点でこの世の限界を見て発心するという話が発心譚の一類型としてある。たとえば、説教節「かるかや」では、筑紫六ヶ国を支配し隆盛を極めた繁（重）氏は、その栄華の頂点をなす花見の宴の折に、桜の蕾が散って盃に浮かんだのを見て、懐妊中の妻と幼い娘を捨てて二一歳の若さで高野山において出家した。『発心集』巻一 - 六では、筑紫の男が秋に自分の家の田の広大さに満足しつつ稲穂の波を見ているうちに無常を観じ、止める娘を捨てて高野山で出家した。

第二章 「さとり」と修行――『正法眼蔵』「現成公案」巻を読み解く

第一章では、「無常」に関する重層的な言説をてがかりとして、道元の世界観を検討し、とくに「無常仏性」に着目した。「無常仏性」とは、世界のありとあらゆるものが一瞬一瞬に変化するという意味で無常でありつつ、同時に、その一瞬が、永遠の「さとり」と一体の、修行をなす「永遠の今」として常住であるという事態である。ここで次に問題となるのが「さとり」や「修行」の内実である。本章においては、『正法眼蔵』全巻の冒頭に置かれた「現成公案」巻をてがかりに、道元における「さとり」と修行、それを担う自己、そして世界のありようを、さらに解明することを目指す。

第一節 「現成公案」の語義と成立

「公案」について

まず、巻名でもあり、また中心的モティーフでもある「現成公案」という言葉について簡単に説明しておこう。

「公案」とは、もともと「公府の案牘《あんとく》」という中国の法制用語であり、法例となる官庁の訴訟や裁判の文書、また、「解決が難しい訴訟問題」を意味していた。それが禅語として取り入れられて「裁かれるべきもの、処理されるべきものとして提示されている案件」を意味するようになり、さらには、「禅宗の師家が弟子など修行者を指導するに際して、修行者に示し参究《さんきゅう》させる先達の言行、問答」という意味で用いられるようになった。『正法眼蔵』中にも「趙州狗子《じょうしゅうくし》仏性」（趙州従諗《じゅうしん》〔七七八～八九七〕が「犬に仏性はあるか」と問われて「無」と答えたという問答）、「長沙莫妄想《ちょうしゃまくもうぞう》」（長沙景岑《けいしん》〔生没不明、唐代〕と弟子が真っ二つに斬《き》られた蚯蚓《ミミズ》のどちらに仏性があるのかをやりとりした問答）など多くの公案が登場する。

ここで、道元の「公案」に対する理解について若干触れておこう。師家が弟子を指導するための問題という意味での「公案」に対する道元の態度は両義的である。道元は、当時、中国で流行していた臨済宗の看話禅《かんなぜん》（公案禅）の指導方法、すなわち、師家が弟子に公案を与えて大疑団（「さとり」を得る契機となるような疑問）を起こさせて、思慮分別を突破させ見性《けんしょう》（自己の本性への覚醒《かくせい》）に至らせるという方法については、否定的であった。『正法眼蔵』「説心説性《せっしんせっしょう》」巻や「自証三昧《じしょうざんまい》」巻には、公案禅を確立した大慧宗杲《だいえしゅうこう》（一〇八九～一一六三）に対する道元の厳しい批判が見られる。このような方法では坐禅や公案参究が見性の手段に堕《だ》し易く、また、公案の内容が吟味されず、思慮分別を限界にまで追い詰めることばかりが重視されてしまうと考えたからである。

しかし、看話禅批判は、[*1]道元が公案を軽視したということを意味するものではない。道元が否定的評価を下したのは、あくまでも看話禅に対してであり、公案一般に対してではない。看話禅とは異なるかたちでの公案参究、つまり、公案の内容を吟味するとともに、「さとり」を得る手段ではなくて「さとり」それ自体を顕現する営為となるような公案参究については、道元は、自ら積極的に取り組んでいる。『正法眼蔵』それ自体が、先行する公案に対する道元独自の内容吟味と真理表出で成り立つものであるし、真字《まな》『正法眼蔵三百則』（道元が中国の禅籍から三百則の公案を抜粋し、上中下三巻に編集したもので、和文の『正法眼蔵』執筆の手控えと推定される）からは道元の公案重視が見て取れる。さらに和文の『正法眼蔵』中には、具体的な公案をあげて、この公案を参究・参学せよと、弟子たちに呼びかける文章も散見する。*2

「現成」について

他方、「現成」とは、あるかたちをとって目の前に顕現すること、また顕現して眼前に示されていることを意味する。つまり、もともとの意味に着目すれば、「現成公案」とは、「公案を現成すること」もしくは「現成した公案」ということで、「解かれるべきものとして難問がかたちをとって眼前に現れること、またそのように眼前に現れた難問」を意味する。

『正法眼蔵』全巻を示すにあたって、その冒頭の「現成公案」巻で、道元はこれから「答えることが難しい難問」を提示すると、告げ知らせているのである。もちろん、この「現成公案」という用語は、道元が自らの仏道世界を表現する際に使う用語の中でも重要なものの一つであり、「現成公案」という言葉に道元が込めた意味は、「解かれるべく眼前に提示された難問」というだけでは十分に汲《く》み尽くされないことは言を俟《ま》たない。この言葉の含意については、本章の論旨をふまえた上で、章末において取り扱うことにしたい。

「現成公案」巻の成立

「現成公案」巻本文の検討に入る準備作業として、まず、その成立について確認しておこう。『正法眼蔵』の冒頭に置かれている「現成公案」巻の奥書には「これは、天福元年中秋のころ、かきて鎮西《ちんぜい》の俗弟子楊光秀《ようこうしゅう》にあたふ。建長壬子拾勒（全上－一〇）」とあり、この「現成公案」巻が、天福元（一二三三）年陰暦の八月一五日頃、九州大宰府《だざいふ》の俗弟子の楊光秀に与えるために書かれたものであること、また、それが、その後、建長四（一二五二）年に『正法眼蔵』に収録されたものであることを示している。

「現成公案」が書かれたこの天福元年は、道元にとって大きな転機となった年であった。中国における足かけ五年の修行を終えて日本に帰国した道元が、帰国後六年を経て、ひたすら禅の教えに徹する「純禅」を弘布するために京都深草に観音導利興聖宝林禅寺《こうしょうほうりんぜんじ》（通称・興聖寺）を開創したのが、まさにこの年であった。自らが中国で学びとった仏法を広めるための根拠地を得た道元が、自己の体得した仏法の精髄をあきらかにしたのが、この「現成公案」巻なのである。

この巻を与えられた「俗弟子の楊光秀」については、「鎮西」とあることから、道元が中国からの帰途一時滞在していた肥後河尻において師事するようになった弟子で、大宰府の関係者ではなかったかとも推測されているが、記録が残っておらず、それ以上のことは分からない。ただ言えるのは、俗弟子に与えられたという言葉が示すように、道元は、この「現成公案」巻において、分かりやすく明快に、仏道の修行と「さとり」を、その背景にある世界観をも含めて述べているということである。

さらに注目されるのは、巻末に付された「建長壬子拾勒」という言葉である。この「建長壬子」とは、建長四年であり、道元の死の前年にあたる。この年の持つ意味は、『正法眼蔵』「八大人覚《はちだいにんかく》」巻の奥書から読みとることができる。

「八大人覚」巻末の奥書

「八大人覚」巻は、長年にわたって書き継がれた『正法眼蔵』の最終巻である。その奥書から、晩年の道元が、帰朝以来書き継いでいた『正法眼蔵』の草稿を、晩年になって全一〇〇巻とすべく編集していたことが分かる。その過程で、書き足されたのが、「八大人覚」巻奥書にいう「新草」、いわゆる十二巻本『正法眼蔵』である。

また、道元は、『正法眼蔵』全一〇〇巻において自らの仏法世界の総体を表すべく、これまで書き溜めた各種の草稿を取捨選択して『正法眼蔵』に組み込み、その配置なども検討したものと思われる。残念ながら、二五巻の予定だった新草の増補は十二巻で終わり、編集作業の途中、五三歳で病没したため、道元が最終的にどのように自らの仏法世界を表現しようとしたのか、完全には分からない。

しかし、「現成公案」巻の末尾に添えられた奥書「建長壬子拾勒」という言葉から、少なくとも、道元が、その死の前年において、自らの仏法世界へと人々を導くその最初の巻として、二〇年近くも前に俗弟子に与えた「現成公案」を選び、『正法眼蔵』に組み込んだことは確かである。道元は、この「現成公案」巻こそが、『正法眼蔵』全巻への導入をはかる巻としてふさわしいと考え、冒頭に据えたのである。[*3]「近代稀有の眼蔵家」と称された西有穆山《にしありぼくざん》は、「現成公案」巻こそ道元の教えの精髄であり、「開山（道元のこと）御一代の宗乗は、この巻を根本として説かれてある。御一代の仏法はこの一巻で尽きる。九十五巻（『正法眼蔵』全巻を意味する）はこの巻の分身だ。[*4]」とまで言い、「現成公案」巻が道元思想を理解する上で不可欠のものであるとした。次節以降、「現成公案」巻の叙述にもとづいて、その内容を吟味してみよう。

第二節　二つの次元──「諸法の仏法なる時節」と「万法ともにわれにあらざる時節」

「現成公案」巻冒頭にあげられた二つの「時節」

「現成公案」巻は次のような言葉からはじまっている。

> 諸法の仏法なる時節、すなはち迷悟《めいご》あり、修行あり、生あり、死あり、諸仏あり、衆生あり。万法ともにわれにあらざる時節、まどひなく、さとりなく、諸仏なく、衆生なく、生なく、滅なし。（全上－七）
>
> ［現代語訳］　もろもろの事物事象が仏法上におけるそれとして把握される時節には、迷悟があり、修行があり、生があり、死があり、諸仏があり、衆生がある。

事物事象すべてに「我」（自性）がない時節、迷もなく、悟もなく、諸仏もなく、衆生もなく、生もなく、滅もない。

ここで、注目されるのは、「諸法の仏法なる時節」と「万法ともにわれにあらざる時節」という二つの時節が、対照的に言及されているということである。[*5] この二つの時節について検討するにあたっては、「時節」についての道元の用法をおさえておく必要がある。この言葉は、道元においては、「真理に自己が触れ得た特権的な時間」という意味で用いられることの多い言葉である。

道元の時間論（一般的時間を問題にしているのではなくて、修行と「さとり」における「時」について解明することを目指している）については、「有時」巻に詳しいが、その要点を略説すると、[*6] 以下の通りである。まず、道元は、時を「有時」さらには「吾有時」として把握する。これは、存在とは、自己が時として、すなわち、ある一定の秩序をもって「排（配）列」してはじめて成り立つものだということを意味している。「時」＝「存在」は、配列全体の関係性において、当該のものとして成立する。「さとり」の特権的瞬間において、自己は、「空」そのものである全体世界、すなわち根源的無分節世界に連なる。それは、「時を超えた時」である瞬間と言ってもいい。そして、すべての時（とくに「さとり」を得られず迷誤の中で修行していた時）は、その特権的瞬間に連なりそれを支えるものとして、新たに自己によって意味付けられ、真理を宿す一瞬としての「吾有時」となるのである。

以上のような時間論をふまえて、まず、「諸法の仏法なる時節」から考えてみよう。

「諸法の仏法なる時節」と「万法ともにわれにあらざる時節」

「諸法の仏法なる時節」の「諸法」とは、もろもろの「法」（ダルマ）ということである。この「法」は、仏教では一般に、真理や教法、また事物事象を意味する言葉として使われるが、ここでは、後者、事物事象を意味している。では、もろもろの事物事象が、「仏法なる」時節とは、いったいどのような事態なのであろうか。このことを考えるために、これが、次に出てくる「万法ともにわれにあらざる時節」と対になっていることに着目したい。

「万法ともにわれにあらざる」の「万法」とは、前文の「諸法」と範囲を同じくする。さまざまな事物事象が、われにあらざる、すなわち「無我」となるとは、まさに、仏教の目指す「さとり」が体得されたということである。[*7] ここで仏教の「我」理解について補足しておくと、バラモン教など仏教以前のインド思想が、「我」（アートマン=自性=自己の中にある不滅の本質で、真理たるブラフマンの内在化したもの）をその思想的大前提としていたのに対して、仏教は「無我」を説く。あらゆる事物事象が無常であり、永遠不滅のものは何もないとする仏教は、不滅の本質（アートマン）という観点からの存在把握を否定するのである。

そして、修行とは、この「無我」の体得を目指すものである。苦からの解放をその目的とする仏教では、苦の原因を執着（いわゆる煩悩）に求め、そのような執着の原因は、ものごとを実体視することにあるとする。つまり、「無我」を体得することで、執着を離れ、苦からの解放が達成されるのである。そして、真の意味で「無我」が体得され、我執とそれにともなう苦しみが消滅するその一瞬が、「さとり」である。つまり、「万法ともにわれにあらざる時節」とは、「さとり」のその時節ということになる。

そして、「万法ともにわれにあらざる時節」が開悟成道の時を表すのであるならば、それと対になる「諸法の仏法なる時節」というのは、人が仏道の教えに触れ、仏道修行を志すその端緒を意味することと、容易に理解されよう。[*8] その時、人は、自分がこれまで世俗的世界においてよりどころにしてきた存在把握を転じて、仏道の観点から事物事象に対するようになる。では、俗世における存在把握と仏道の観点からのそれとはどのような違いがあるのか。以下、略述しよう。

俗世と仏道、存在把握の違い

世俗世界の存在把握というのは、事物事象を実体化し、独立自存のものとした上で、それぞれを序列化して構造化するものである。そして、そこで序列化された事物事象に対して、人は、価値付けし、より高い価値、望ましい価値を担うものを欲し、とどまるところがない。仏教の立場から見れば、これは、本来、独立自存ではあり得ないものを独立した実体として立てて、それに執着する煩悩にほかならない。

このような「欲望の体系」は、仏教の説く「平等」の教えに反したものである。仏教では、現実に存在するさまざまなものごとの差異を「差別《しゃべつ》」と呼ぶ。仏教的考え方からするならば、差異は、ものごとを捉える観点が生み出すものであるから、相対的なものにすぎない。しかし、世俗的世界においては、差異は固定され絶対化され、そこに序列がもちこまれる。

それに対して、仏教の説く「平等」は「無我」「空」によって裏付けられている。事物事象が本来「無我」であり、さまざまな因縁（直接原因と間接原因）が寄り集まって仮にそのようなものとして成り立たせられているにすぎないことを、仏教では「縁起」と言う。因果や因縁は仏教の根本教説であるが、これは、事物事象が永遠の本質をもったものでも実体でもないことを示すために説かれている。ある一つの事物事象が起こるためには、無限に遡及《そきゆう》し得る無限個のさまざまな原因があり、もし、一つでも原因が違ってくれば、その結果としての事物事象はまったく違ったこと、ものとなり得るのである。このような存在把握によって、存在の根拠（＝原因）は果てしなく拡散していく。因果の理は、究極的には、このような存在の無根拠性の主張を導く。その無根拠性は「空」「無我」「無自性」「縁起」と言われる。事物事象は、このような無根拠な「縁起—無自性—空」なる存在として、今ここでこのようにあるという点で同等なものである。このことを、仏教では「差別即無差別」「差別即平等」と言う。

発心とは何か

以上をふまえて「諸法の仏法なる時節」を考えると、それは、人が眼前に見ている諸事物諸事象——世俗世界を生きる人間にとっては、さまざまに価値付けされ、実体化され、執着される諸事物諸事象——が、本来、「縁起—無自性—空」であるはずのものとして把握される時、つまり、現在の自己のあり方や物事の捉え方の問題性が自覚される時である。伝統的な仏教用語を使用して言い表すならば、それは「発心」の時と言うことができよう。

人は、それまで自分が当たり前のものとして受け容れてきた「現実」が、実は、仮構されたもの、仮のはかないもの、違うようにもあり得たものにすぎず、その意味で「無常」で無根拠なるものであるということに、ある時、気付く。同時に、そのような「はかないもの」をあたかも常住であるかのように実体化して執着してきた自分自身にも気付く。そして、そのような生き方から脱却し、真実なるものを得たいと望む。これが「発心」である。「発心」とは、真なるリアリティーを求めて、仏道の世界に入ることであり、発心者は、仏道において修行し、「さとり」を目指す。「さとり」とは、不動の根拠を得ることではなく、無根拠であることを肯定することなのである。

このように、「現成公案」巻冒頭では、まず、仏道の最重要事項である修行と「さとり」が、二つの時節として提示される。道元にとっての「時節」とは、「さとり」を現し、またその端緒として発心するなど、「さとり」と自己とが関わる時なのである。この「さとり」と修行(発心)の時という二項は、「現成公案」巻はもちろんのこと、『正法眼蔵』全巻の叙述の基本的枠組みである。たとえば、「現成公案」巻の範囲でも次のような叙述が見られる。

> 人はじめて法をもとむるとき、はるかに法の辺際を離却せり。法すでにおのれに正伝するとき、すみやかに本分人なり。(全上|八)
>
> [現代語訳] 人がはじめて法(仏法=真理)を求めたその時、その人は、法(仏法=真理)からは遠く隔たっている。(それに対して)人が、法(真理)を正しく伝えられて体得する時、その人は、自らの本来性を発揮した「本分人」なのである。

この引用で言うところの、「人はじめて法をもとむるとき」とは、まさに前掲の「諸法の仏法なる時節」と呼応している。まさに発心の時である。そのとき、人は、自らの根源にある真理世界から呼びかけられていると言えるが、しかし、当人に即すれば、自己は、真のリアリティーからは遠く隔たった存在である。そのことを道元は、「はるかに法の辺際を離却せり」と表現する。

しかし、修行を続け、真なるリアリティーを体得したとき、すなわち、世界の真相を目の当たりにし、開悟成道し「さとり」を体得したとき、人は「本分人」、すなわち、真理に目覚めた人（＝覚者＝ブッダ）となる。つまり、自己の、そして世界の本来の姿を知り、本来的あり方を体現した人となるのである。

「本来あるところのものになる」という構造

ここで注目されるのは、「法すでにおのれに正伝するとき」の「すでに」と「正伝」という言葉である。「すでに」というのは、自己が修行する以前から、そのような本来的世界にあり、本来的あり方をしていたということを含意している。そのことに、修行を通じて気付き、本来性を発現させていくのである。『正法眼蔵』に先立って書かれ、『正法眼蔵』の言わば「露払い」として、『正法眼蔵』の要旨を端的に説明している「弁道話《べんどうわ》」では、この「本来あるところのものになる」という構造について、次のように説明している。

この法は、人人の分上にゆたかにそなはれりといへども、いまだ修せざるにはあらはれず、証せざるには得ることなし。はなてば手にみてり、一多のきはならんや。語れば口にみつ、縦横きはまりなし。（全上－七二九）

［現代語訳］　この法（真理）は、人々一人一人に豊かに具わっているとはいえ、まだ修行していない者には現れてこないし、（修行していても）さとっていない者には体得されない。（しかし、得るとか得ないとか言っても、それは、何らかの「物」のように受け渡しできるようなものではなく、真理を得たいという）執着から解き放たれた時に、（かえってその真理が）自分の両手いっぱいに与えられるのだ。だから、その真理は、一とか多数とか区切って数え上げることのできる程度のものではない。真理を両手いっぱいにして語れば、真理の言葉は口に満ちてきて、縦横きわまりなく自由自在に真理を説くのである。

真理は、それぞれの人に本来、具わっている。しかし、それは、修行しなければ現れないし、開悟成道しなければ、それを得ることはできない。しかし、ここで「そなはれり」とか「得る」とか言っても、それは何か実体化されたものとしてあるわけではない。そのことは、「はなてば手にみてり」という言葉からもあきらかである。何かそれが固定的な輪郭を持つ事物であれば、それはつかんでいた手を離して捨ててしまえば、なくなってどこかへ行ってしまうだろう。しかし、それは、むしろ、手でつかもうとすること、すなわち執着する対象を放ち捨てることによって、はじめて実感できるようなものである。「一多のきはならんや」という言葉も同様のことを表している。一つ、二つと数えることのできるものではなくて、むしろ、存在を固定的実体として一つ二つと数えることを捨て、存在の根源にある真のリアリティー（縁起―無自性―空）をつかむことが求められているのである。

さて、この「弁道話」の引用でも言われているように、道元は、人は本来的あり方に「すでに」あり、世界も本来的あり方に「すでに」あるのであるが、それは修行してはじめて現れてくる事態であるとしている。このことを、道元は、同じく「弁道話」の中で、「修証一等」として説明している。

修証一等とは何か

> 仏法には、修証これ一等なり。いまも証上の修なるゆゑに、初心の弁道すなはち本証の全体なり。かるがゆゑに、修行の用心をさづくるにも、修のほかに証をまつおもひなかれとをしふ。（全上－七三七）
>
> ［現代語訳］仏法では、修行と「さとり」は等しい。今行っている修行も、本来的な「さとり」にもとづいたものであるから、初心者の修行も本来的な「さとり」をあますところなく現している。それゆえに、修行の心構えを授けるにあたっては、修行に徹するだけで、「さとり」を期待してはならないと教えるのだ。

道元にとって修行とは、「さとり」を基盤として成立している。人はすでに「さとり」を得ているのである。このような考え方は、道元において強く打ち出されたものであるが、同時に、大乗仏教において繰り返し語られてきた事柄でもある。たとえば、道元は、『正法眼蔵』「諸法実相」巻で「初発心に成仏し、妙覚地に成仏す。（全上一三六八）」（菩薩の修行階梯《かいてい》の最初位である発心の時に成仏し、最高位である妙覚位において成仏する。）と言っているが、これは、道元も重視する『華厳経《けごんきょう》』の「初発心時便成正覚」（初発心の時、すなわち正覚《しょうかく》〔仏の正しいさとり〕を成就する）と軌を一にするものである。[*9] つまり、修行の端緒において、すでに求めるべき究極のさとりをすでに体得していると言うのである。

しかし、発心して修行をはじめたその時点では、自己がすでに「さとり」を得ているというその実感はない。そこで、とりあえずは「さとり」を、現在の自己とは離れたところに、いわば目的として設定して、それを求めて修行生活が開始される。そして、修行中のある特権的な瞬間において修行者は真なるリアリティー、すなわち、「縁起―無自性―空」を体得する。その時はじめて、修行者は、自分が「さとり」を体得する以前から、すでに「空」の次元に身をおいていたと自覚する。「さとり」は「発心」の目的であり、かつ「原因」であったのだ。本来の自己に還帰《かんき》するという循環構造においては、「さとり」という目的の実現は、その目的自体を基盤として可能となっているのである。

修行とは、すでに自らがいた「空」の次元を、自らの身心をもって体現することである。そうだとしたら、修行とは、「さとり」を得るための手段などとは考えられない。人が修行できるのは、すなわち、人が発心できるのは、すでに「空」の次元にいたからである。このことを自覚することが「さとり」であるとするならば、「さとり」は、修行を手段として、修行の結果得られるようなものではない。修行して自覚し続けることが、「さとり」を顕現することであり、それ以外に「さとり」はないのだ。

たとえば、『正法眼蔵』「三十七品菩提分法」巻の「「我常勤精進」を「我已得成菩提」とせり。「我已得成阿耨菩提」のゆゑに、「我常勤精進」なり。（全上－五〇七）」（自己がつねに修行に励んでいることこそがすでに「さとり」を得ているということであり、私がすでに「さとり」を得ているからこそ、つねに修行に励むのである。）という言葉は、このことを端的に表した言葉であり、このような主張は『正法眼蔵』のさまざまな箇所に見られる。「さとり」とは、物とは違って、一度手に入れればずっと保持できるというものではない。修行以外に「さとり」はないのだとすれば、修行し続ける以外に、「さとり」を保持する方法はない。修行をする一瞬一瞬こそが、「さとり」の顕現する一瞬、一瞬なのである。

そして、この二つの時節、つまり、発心して修行をはじめる時節と、その修行の中のある特権的な瞬間において「さとり」を体得する時節について、「現成公案」巻においては、それぞれ、「迷悟あり、修行あり、生あり、死あり、諸仏あり、衆生あり。」「まどひなく、さとりなく、諸仏なく、衆生なく、生なく、滅なし。」と説明している。次にこれについて検討しよう。

迷悟ありとなし

まず、「諸法の仏法なる時節、すなはち迷悟あり、修行あり、生あり、死あり、諸仏あり、衆生あり。」であるが、「諸法が仏法なる時節」というのは、先述のように、人が発心し、事物事象が、世俗世界のそれのようではなくて、実体のない無根拠な縁起的存在として把握されるべきものであることがあきらかになった時ということである。その時には、迷悟、修行、生死、諸仏と衆生があるとされる。

まず、迷悟について考えてみよう。迷悟とは、迷いと「さとり」であり、迷いとは世俗的世界における衆生のあり方、つまり事物事象を実体化しそれに執着するあり方である。人は、仏道に入るその端緒においては、捨てるべき世俗世界を迷いと捉え、「さとり」を自らが成就すべきものとして志向する。端緒においては、まさに、捨てるべき世俗世界と目指すべき「さとり」とが分節され、人は、「さとり」の体得を志す。つまり、迷いと「さとり」は、その端緒においては、捨てるべきものと目指すべきものとして、二元対立的に、確固として存在するのである。

そして、「迷悟あり」に続けて「修行あり」と言われる。つまり、迷苦を「さとり」へと転換させるものとしては、「修行」しかないと道元は説くのである。迷苦に満ちた世俗世界を捨て、「さとり」の世界へと超出するために、人は修行するのである。

次の「生あり、死あり」であるが、これは、「迷悟」のうちの「迷」についてさらに具体的に述べたものである。仏教では、人間の生死を輪廻転生において捉える。「さとり」を体得することは、二度と生死を繰り返さないように輪廻から解脱することであり、その意味で生死を超えたものとされる。修行の発端において、人は、厭《いと》うべき生死というかたちで生死を認識し、そこから解放されることを望む。
以上をふまえて、「諸仏あり、衆生あり」と一文が締めくくられる。これは発心した修行者にとって、自らを導くものとして諸々の仏があり、また、自らが真理を体得して成るべきものとして覚者（ブッダ＝仏陀）が想定されるということである。[*10] そして、そのような仏と対照的なあり方として、迷い苦しみの世界の衆生がいるということになる。

二元相対的認識と無分節の認識

ここで注目されるのは、迷悟にしても、衆生と仏にしても、生と死にしてもそれぞれ対立するものとして二元的、「差別」的に捉えられているということである。人が物事を認識するにあたっては、まず、認識主体と認識される対象とが二元的に分かれ、さらに、対象それ自身も、それ以外のものと対立的に分節化されることによってはじめて、そのものとしての存在の輪郭が確定する。たとえば、一脚の椅子を認識する場合、椅子は、それ以外のもの、つまりほかの家具や椅子の置かれる部屋や、さらには、それを認識するこの私とは異なる、独立した対象として把握されることによって、はじめて椅子として認識される。ただ、ここで注意しなければいけないのは、このような分節は、人が生きるというその必要性のため、ある特殊な観点からなされているということである。

たとえば、椅子が椅子として認識されるということは、そのような認識を必要とする「生」がその背後にあるということである。しかし、ともすれば、人は、ある生の必要上、そのようなものとして仮に分節していることを忘れ、それを独立自存のものとして実体化する。発心するということは、まさにこのような二元対立的分節の固定化・実体化を否定して、根源的無分節である「空」そのものを体得しようとすること、すなわち「さとり」を体得しようとすることである。

しかし、発心が、先述の「諸法実相」巻の引用にもあったように「初発心に成仏」するものであるといっても、それは構造的にそのようであると言うにとどまり、現実の発心者にとっては、自分自身は「はるかに法の辺際を離却せり」としてしか自覚されない。そこで、自己とは離れた彼方《かなた》に、目標としての「さとり」が設定される。修行の端緒において、人は、まず二元対立的、分節的認識方法から出発するしかないのだ。

しかし、その認識方法は、世俗のそれがすでにある分節を固定し強化するのとは違って、真のリアリティー、つまり、分節化を超えた無分節、さらに言うならば、無分節であるが故に、あらゆる分節化の源泉となり得る無分節の次元への超出を目指すものである。[*11] つまり、無分節を体験する、すなわち、「さとり」を体得し覚者となるための（成仏するための）分節なのである。修行においては、まず、迷いと対立したものとして「さとり」が目指されるが、その「さとり」とは無分節そのものの体験であり、それゆえに、その「さとり」の瞬間においては、「さとり」と「迷い」という二元対立的な分節は無化されるのである。

二段階の修行方法

道元が「現成公案」巻で前提としている修行方法とは、第一段階として、迷いと対立して「さとり」を立て、その「さとり」を目的とした上で、第二段階として、その目指したものが実は「空」

であり、「さとり」は自己の基盤としてすでに自己の「さとり」を目指す修行の立脚点となっていたと自覚するというものなのである。

この第二段階を表現しているのが、次の「万法ともにわれにあらざる時節、まどひなく、さとりなく、諸仏なく、衆生なく、生なく、滅なし。」という言葉である。ここでは、先述した「諸法が仏法なる時節」の叙述とは反対に、あらゆる分節が無化される世界について語られている。修行の端緒にあった、迷いを離脱して「さとり」を体得するという目的は、迷いと「さとり」という二元的分節そのものを無化し、空そのもの、すなわち無分節を体験するというかたちで実現されるのである。

さて、ここで注目したいのは、「諸法の仏法なる時節」と「万法ともにわれにあらざる時節」の二つの時節において、あるものとして、またないものとして、あげられる事柄はほぼ一致しているのにもかかわらず、「万法ともにわれにあらざる時節」においては、「修行」のみが落ちているということである。それは、発心の時点においては、さとりを目指す修行が必要であったが、「さとり」を体得したその瞬間においては、修行それ自体は、修証一等のものとして「さとり」そのものとなり、修行については、ことさらに言及する必要はなくなるということを含意している。道元はこのような叙述によって、修行とは何か、「さとり」とは何かという問題に対する自己の理解を端的に表していると言えよう。

第三節　第三の次元――「花は愛惜にちり、草は棄嫌におふるのみなり」

仏の「さとり」

以上、発心から修行を経て「さとり」へ、つまり、世俗世界を離脱して仏道修行をすることを通じて「さとり」の体得へという過程を、二つの次元をてがかりにして示した。さらに、その二つの次元の関係について、道元の叙述にそって考えてみよう。前節で検討した二つの文章の直後には、次のような文章が続く。

仏道もとより豊倹を跳出せるゆゑに、生滅あり、迷悟あり、生仏あり。しかも、かくのごとくなりといへども、花は愛惜にちり、草は棄嫌《きけん》におふるのみなり。（全上ー七）

［現代語訳］仏道とは、本来、多い少ないといったような二元対立的な分節化をはるかに超え出ているものである。そして、このような二元対立を超えた無分節を源としてこそ、二元対立的な生と滅、迷いと「さとり」、衆生と仏という分節化が新たに成り立つのである。しかも、このようにその源を無分節にもつとは言うものの、われわれの眼前では、花は惜しまれつつ散り、草は嫌われつつ生い茂るのである。

ここで言われる仏道というのは、仏の「さとり」という意味である。仏の「さとり」とは、先述のように、無分節の「空」そのものの把握である。「空」そのものとは、無分節の全体であり、そうであるが故に、多いとか少ないとか（豊・倹）、その他あらゆる差別を超えた、無差別平等なるものである。そして、さらに注目されるのは、「生滅あり、迷悟あり、生仏あり」という言葉に示されているように、差別を超えた「空」そのものを源として、もう一度、差別の世界が立ち現れてくると言われていることである。これは、空そのもの、すなわち、無分節をふまえつつ、分節された「差別」の世界が立ち現れることである。そして、そのような差別の世界の様相が、「花は愛惜にちり、草は棄嫌に生ふるのみ」と表現される。そして、花が散り、草が生えるというのは、まさに「生滅」を具体的に言い換えたものである。

無分節と分節

引用した文章において、「仏道もとより豊倹を跳出せるゆゑに、生滅あり、迷悟あり、生仏あり」と、無分節故に分節があるという言い方がなされ、そのすぐあとで、「かくのごとくなり（＝豊倹を跳出）といへども、花は愛惜にちり、草は棄嫌におふるのみなり」と、無分節であるにもかかわらず分節があると言われる。つまり、無分節と分節とは、順接と逆接とで同時に連結されているのである。これは、無分節と分節との間の、相矛盾した二重の関係を表している。無分節と分節とは、現れた事態としては、対照的なものであるから、両者を逆接で連結するということは理解しやすい。しかし、道元は、両者を逆接で連結するだけではなくて、順接でも連結する。これはどのような意味であろうか。なぜ、無分節から分節へと経緯が順接、つまり当然の成り行きとして把握されるのであろうか。

このことを理解するためには、道元における「さとり」について考える必要がある。先述のように、「さとり」とは、無分節の「空」そのものの把握であった。「空」そのものとは、あらゆる意味付けを超えた無意味そのものでもある。人は、このような無意味、無分節にとどまり続けることは不可能であり、「さとり」を得た人は、無分節の世界から、分節化された世界に戻らざるを得ない。この無分節の次元から分節の次元へと還帰することは、同時に他者のいる世界へと還帰することであり、言わば利他行の世界が開けることである。この地点において、道元における「異類中行」という利他の問題が出てくるが、これについては、第五章で触れることにしたい。

このように、無分節の世界から再び分節の世界へという成り行きの必然性故に、無分節と分節が順接によって連結されるのである。ただし、ここで再び戻ってきた「差別」の世界は、その人が、修行の端緒において、つまり発心において離脱した世界と同じではあり得ない。もちろん、二つの世界は重なっており、「さとり」を体得した人が、何か別の世界に行ってしまうのではなくて、ごく当たり前の現実世界を生きるということは確かに言える。しかし、その人にとっての、現実世界の立ち現れ方が、違ったものとなってくるのだ。俗世では分節が絶対化され、分節されたものに名が与えられて、名の恒常性に対応して、分節されたものそれ自体も固定化されていた。そして、その固定化されたものに対して、人は、欲望し執着した。そして、そのような執着の中心にあるのが、我執すなわち吾我への執着である。それは自己同一性のあくなき追求でもある。人は、何かに執着しそれを自分のものとすることで、さらにそのものの所有者としての自我を強固なものとしようとする。

しかし、無分節をふまえ分節を行いつつ、それが本来は、無分節なるものを、自らの生の必要性に応じてある視点から切り取っているということを自覚しているならば、そのような実体化は起こらないはずである。分節しつつ、つねにその相対性、視点拘束性が意識されているのである。そこにおいては、分節化したものに対する「名」を世俗世界と共有しつつも、その「名」の用法を一般的な用法から意図的にずらすことによって——たとえば、逆説や象徴など——、「名」の恒常性によって、実は、そのものとしてその「名」において把握されている当のものの本来的無分節性が見えなくなっているということが、つねに想起されなければならない。道元にとっては、そのような想起も、修行の一環だったのである。

「花は愛惜にちり、草は棄嫌におふるのみなり」

ここで注目されるのが、「花は愛惜にちり、草は棄嫌におふるのみなり」という言葉である。この言葉は、先述したように、眼前の事実を指している。それまでの『正法眼蔵』本文の叙述は、迷悟にしても、衆生と仏にしても、生滅にしても、言わば抽象的概念である。しかし、ここに来て、花が散る、草が生えるといったようなきわめて具体的イメージが語られる。つまり、修行者の眼前の今、ここの事実として、無分節の分節が実現されていることが強調されるのである。

ここで、「愛着」なり「棄嫌」なりと言われているのは、まさに分節化と結び付いて生じる感情である。美しく咲いた花が散り落ちることを惜しみ、雑草が生え広がるのを嫌うというあり方は、まさに、花と草を分け価値付ける人間の視点から、つまり、花を美しいものとして愛で、雑草を抜いて庭を整えるという人間の側の生活上の必然から見た場合に成り立つものである。落花や雑草の繁茂を喜ぶのではなくて、それを悲しみ嫌うというあり方の中に、無分節の分節の一つのかたち――しかし自己にとっては今ここで立ち現れている唯一のかたち――があるのだというのが道元の主張である。[*12] もちろん、根源的なるものの分節の論理的可能性ということから言えば、落花や雑草の繁茂を喜ぶというあり方も含めて、いかなるあり方も可能である。[*13] しかし、人間は、自己の生の視点から落花を惜しみ雑草の繁茂を嫌う。このこと自体を道元は否定するわけではない。そのようなあり方は自己にとっては、今ここに立ち現れている唯一の現実である。「花は愛惜にちり、草は棄嫌におふるのみなり」の「のみ」という言葉は、まさに、このような愛着や棄嫌というのが人にとって、抜き差しならないあり方として現れているということを示していよう。

しかし、道元は、そのような落花を悲しみ雑草の繁茂を憎むというあり方が、自己の、ある固有の視点や価値観に拘束されていることをわきまえるべきであるとする。それは、本来、無分節なものを人が固有の視点から分節化してはじめて成り立つということを確認することにおいて、人は、無分節なるものを自覚し、無分節の分節としての生を生きることが可能となるのである。

以上のような論点は、「現成公案」巻で「のこれる海徳《かいとく》、つくすべからざるなり。（全上―九）」（仏法の功徳を象徴する海の功徳の具体的ありようをすべてあげ尽くすことはできない。）と言われるような、自己の視点を相対する修行の継続という主張につながってくる。道元は、大海に漕《こ》ぎ出してあたりを見渡すとはるか彼方の水平線は丸みを帯びて見えるが、海そのものは丸いわけでも四角いわけでもないし、それはかたちだけの問題ではなくて、実にさまざまな「海徳」（海としてのはたらきのありよう）があり、それは無限であると言う。この箇所で、さらに「宮殿のごとし、瓔珞《ようらく》のごとし。

（全上―九）」（人間にとっての水も、魚にとっては宮殿や飾りである。）と、一水四見を引いているのは、世界は、それぞれの視点に拘束されて多様なありようを示すということを主張するためである。

つまり、世界としての分節はさまざまなかたちであり得るのであり、自己にとって立ち現れている分節は、「ただわがまなこのおよぶところ（全上―九）」（自分の眼力の及ぶ範囲）にすぎず、その意味で決して唯一のものではなく、ほかの分節の可能性もある。「方円とみゆるよりほかに、のこりの海徳山徳おほくきはまりなく、よもの世界あることをしるべし。（全上―九）」（海は四角く見えたり、丸く見えたりするが、それ以外にもさまざまなありようがあり、山もまた同じであり、種々の世界もまた同じようなのである。）と言われるように、さまざまなありようがあるということを知るべきなのは、そのことによって、自らに立ち現れている分節を相対化することで、分節化の根源である無分節の次元を浮かび上がらせることができるからである。ひとたび無分節を体得し、それを再分節して現実世界に還帰した修行者は、さらにさまざまな分節を試みることによって、その根源にある無分節を浮かび上がらせ続けるのである。

道元による公案の読み換え

この「花は愛惜にちり、草は棄嫌におふるのみなり」という言葉の典拠についても触れておきたい。これは、『天聖《てんしょう》廣燈録』所収の以下のような公案からの言葉である。

問、「如何かこれ和尚の家風」。師（牛頭精）云、「花は愛惜に従うて落ち、草は棄嫌を逐うて生ず」[14]
［現代語訳］「和尚の禅風はどのようなものか」と弟子が問う。師（牛頭精）は言う、「花は愛惜に従って散る。草は棄嫌を追ってはびこる。」と。

この『天聖廣燈録』所収の公案の「花は愛惜に従うて落ち、草は棄嫌を逐うて生ず」とは、道元の「花は愛惜にちり、草は棄嫌におふるのみなり」と用語的には重なっているが、意味は必ずしも同じものではない。このような引用のしかたは道元をはじめ禅僧が頻繁に行うところである。これは、誤解や理解力不足にもとづくものではなくて、先人の言葉を鵜《う》呑《の》みにせず言葉の指示する当のものを自分なりの言葉でもう一度言い取り直すということからきているのである。

『天聖廣燈録』所収の牛頭精の言葉は、愛惜や棄嫌を起こすから、それに従って、花が落ちたり、草がはびこったりするのだということである。つまり、これは有名な風幡《ふうばん》問答にも見られるような発想であり[15]、愛惜や棄嫌などという執着を起こすから花が落ちる、草が茂るということがことさらにクローズアップされて認識されるのであるという意味で、愛着すればするほど花は落ちるし、嫌がれば嫌がるほど草ははびこるというのだ。つまり、愛惜や棄嫌という心のあり方を否定しているのが、この牛頭精の言葉であるということになろう。

それに対して、道元の「花は愛惜にちり、草は棄嫌におふるのみなり」では、落花を惜しみ草の繁茂を嫌うということ自体が否定されているわけではない。もちろん、ほかの文脈において道元が、愛惜や棄嫌に代表されるような心の動きを我執としてあってはならないものと否定することは十分に考えられる。しかし、この「現成公案」巻冒頭の文脈では、道元は、無分節の分節としての絶対的現実を表現する言葉として、この牛頭精の言葉を言わば換骨奪胎して用いているのである。

このように公案の意味を当初のものとは変えて読み込んでいく営為は、まさに前述の「海徳を尽くす」一つのかたちでもあったとも言えるのである。

第四節　「現成公案」とは何か

修行と「さとり」と「空」

以上、「現成公案」巻の冒頭の一節を解釈することで、道元の思想の基本構造について解明した。簡単に論旨をまとめておくと、以下のようになる。

修行の端緒において、人は、本来、無分節なる「空」そのものを分節し、それを固定化することによって成り立つ世俗世界、またその世俗世界の中で固定化され実体化されたものに執着する自己を脱却することを目指す。これが発心である。その時、人は、無分節なる「空」そのものを体験すること、すなわち「さとり」を目指す。本来、この無分節なる「空」そのものは、分節の根源にあるものであり、人も実は、この次元に立脚しているのであるが、それは構造的にそのようになっているというにとどまり、修行の端緒においてそれを実感することはできない。発心者にとって、実は脚下にあるはずの「さとり」は遠く彼方にあるように見えるのである。

そこで、発心者は、自己の迷いを脱却して「さとり」に到達すべく修行を続ける。釈迦の菩提樹下の瞑想を源とする坐禅とはまさに、無分節なる「空」そのものの直感的把握を実現する営為であろう。また、一水四見のように自己の認識の枠組みを相対化することで、認識の根源にある無分節を浮上させることも重要な修行である。ちなみに言えば、後者の一環として公案参究がある。

そして、そのような修行を続けていくうち、ある特権的な瞬間に、「空」なる無分節を体得する。そのとき、その瞬間に連なる全時間空間が、無分節そのもの、「空」そのものとなる。その瞬間において、自己が目指して修行してきた「さとり」が、実は、修行の当初から自己の修行を支えてきたことが実感される。無分節なる「空」そのものの次元があるからこそ、自己の修行が可能であったのだ。これを「修証一等」と言う。

この特権的瞬間をふまえて、さらに修行者は、分節化された世界を生きていく。しかし、それは、分節を実体化し固定化した世俗世界とは違って、無分節に立脚した分節である。そこにおいて人は、つねに自己相対化を行うことで根源へと迫り続ける。つまり「さとり」と「一等」なる修行を続けていくのである。

道元にとっての現成公案

本章を終えるにあたって、以上のような論旨をふまえて、「現成公案」とは何かということを考察しておこう。

「現成公案」という言葉の、そもそもの出典は、『景徳傳燈録』巻一二、陳尊宿章ならびに巻一九、雲門章の以下のような一節である。

師、僧の来るを見て云く。「見成公案、汝に三十棒を放《ゆる》す。[*16]」

［現代語訳］睦州和尚（陳尊宿）は、僧がやって来るのを見ると言った。「おや。判決の下しがたい難しい案件が起こったぞ。本当なら三〇棒を喰らわせるところだが、今日のところは許してやろう。」（許してやるから向こうへ行け）と。

この引用文の語ろうとするところは、睦州が、師に求法し何か答えを教えてもらって安心したいという、弟子たちの安易な期待を打ちのめして指導したということであろう。この引用文における「現成公案」という言葉は、解決のつかない難問が出現するというほどの意味であり、これが、中国禅における基本的な用法である。圜悟克勤《えんごこくごん》（一〇六三〜一一三五）の『碧巌録《へきがんろく》』においてもそれは「難問出現」という意味である。[*17]

しかし、先述のように道元の使う「現成公案」という言葉には、「難問出現」という意味に加えてさらに独自の意味が込められている。まず「現成公案」巻の叙述を見てみよう。

うを水をゆくに、ゆけども水のきはなく、鳥そらをとぶに、とぶといへどもそらのきはなし。しかあれども、うをとり、いまだむかしよりみづそらをはなれず。只用大のときは使大なり。要小のときは使小なり。（中略）しかあるを、水をきはめ、そらをきはめてのち、水そらをゆかんと擬する鳥魚あらんは、水にもそらにも、みちをうべからず、ところをうべからず。このところをうれば、この行李《あんり》したがひて現成公案す。このみちをうれば、この行李したがひて現成公案なり。このみち、このところ、大にあらず小にあらず、自にあらず他にあらず、さきよりあるにあらず、いま現ずるにあらざるがゆゑにかくのごとくあるなり。（全上－九～一〇）

［現代語訳］魚が水を泳ぐとき、泳げども水の果てはない。鳥が空を飛ぶとき、飛べども空の果てはない。けれども、昔から、魚や鳥は水や空を離れない。ただ、水や空がたくさん必要なときはたくさん使うし、少しだけ必要なときは少しだけ使う。（中略）そうではあるのに、水の果てをきわめ、空の果てをきわめてから、水や空を行こうとする鳥や魚が、もし、いたとしても、水にも空にも、自分の道を得ることも、自分の場所を得ることもできないだろう。自分の場所を得たら、それによって自分の今ここにおける修行も真なるものとして成就（現成公案）する。自分の道を得たら、自分の今ここにおける修行も真なるものとしての成就（現成公案）なのである。（無分節の根源に通じる）自分の道や場所は、大でも小でもないし、自でも他でもなく、以前からあったわけでも、今現れたわけでもないから、（私たちが修行する）今、ここにこうして道や場所があるのだ。

この箇所では、魚や鳥が泳ぎ飛ぶことが、修行に喩えられている。同じような喩えが見られるのは、『正法眼蔵』「坐禅箴《ざぜんしん》」巻所収の、道元が、宏智正覚《わんししょうがく》（一〇九一～一一五七）の「坐禅箴」にならって自ら作った「坐禅箴」である。その一節に「水清《す》んで徹地なり、魚行《ゆ》いて魚に似たり、空闊透天なり、鳥飛んで鳥の如し（原漢文・全上－一〇〇）」（澄んだ果てしない水の中をどこまでも泳ぐことによってはじめて魚は魚となるし、広く果てしない空を飛ぶことによって鳥は鳥となる。）とある。つまり、人は、坐禅修行をどこまでも行うことによってはじめて人たり得るというのである。ここでは、坐禅を、魚が泳ぎ、鳥が飛ぶことに喩えているが、『正法眼蔵』「現成公案」巻の前掲の箇所でも、坐禅に代表されるような修行の喩えとして、魚の遊泳や鳥の飛行を用いている。そして、その遊泳や飛行が限りないと言われるのは、「修証一等」のものとしての修行が限りないということである。なぜなら、その修行は、「さとり」を得て終わるわけではなく、「さとり」は、修行を通じてのみ顕現するからである。

「さとり」とは根源的無分節である「空」そのものを体得するものであったが、この根源的無分節は、認識によって完全に対象的に把握されるようなものではないから「きわめられない」と言われる。「さとり」において把握するべき世界のこの「きわめ難さ」つまり、無限定性こそが、「修行」の無窮性を保証するものなのである。そして、「さとり」は無限定な「きわめ難い」ものであるとは言え、自己の修行において、そこに通じる「みち」や「ところ」が開かれるのである。

このことについて、引用した「現成公案」巻本文では、「このところをうれば、この行李したがひて現成公案す。このみちをうれば、この行李したがひて現成公案なり。」と言われ、「現成公案」という言葉が用いられている。この言葉の主語は、「行李」すなわち修行であろう。「したがひて」という言葉は、『正法眼蔵』の用例では「〜に従う」という用法が圧倒的に多いことを考えると、これは、直前の「このところをうる」「このみちをうる」ことに従ってということになろう。つまり、無分節の根源へ通じる「みち」や「ところ」が開かれることであり、それによって、自己の修行（行李）が修行として成就するのである。この修行の成就こそが、「現成公案」という言葉で示されている意味だということになろう。

そして、ここで言われている「みち」や「ところ」は、「大にあらず小にあらず、自にあらず他にあらず、さきよりあるにあらず、いま現ずるにあらざる」、つまり、大小、自他という二元相対を超えているし、また、昔からつねにあったものでもないし、今、新たに生まれたものでもないと言われる。このような否定を連ねて行く表現方法は、『正法眼蔵』ではよく使われるもので、言語や概念を超越した無分節の「空」そのものを指し示すための表現である。「このみち」や「このところ」は無分節の「空」へと通じるが故に、今、ここにおいて、自らのなす修行が確かなものとして成就しているというのである。

このように無分節の次元に根差しているが故に、今、ここが成り立っているということを、たとえば、「山水経《さんすいきょう》」巻では、「空劫已前《くうごういぜん》の消息なるがゆへに、而今の活計《かっけ》なり。（全上ー二五八）」（世界成立以前つまり無分節のありようを伝えるものであるからこそ、今、ここの生き生きとしたはたらきがある。）と表現している。今、ここは、通常の分節化された時空とは異なる次元によって支えられ、それ故に、その次元へと還帰する、今、ここ、この私による修行が成り立つのであり、そのような修行の成就を道元は「現成公案」と呼んでいるのである。

「難問出現」と「修行の成就」

先述のように、「現成公案」という言葉は、その典拠である、『景徳傳燈録』においては、睦州が自分に答えを求める弟子に浴びせかけたものであった。『正法眼蔵』で道元が「現成公案」という言葉を使う時には、睦州が揶揄《やゆ》し突き放すために言った「現成公案」（難問出現）という用語法のニュアンスを残しながらも、さらに意味を展開していた。

ただし、道元による展開においても、もとの「難問」という言葉の含意は残り続ける。「難問」とは、答えることが困難であるが故に限りなく問い続ける必要がある問題である。このことは、「現成公案」が、「修行の成就」でありつつ、その修行にはゴールがなくつねに継続される必要があるということを示す。修行の継続性の主張は、「現成」が決して完成ではなくて、つねに途上であり続けることを表すのである。「成就」でありつつそれは行き止まりの完成ではないのだ。

また、「参究すべき祖師たちの言動、問答」という当時の標準的な「公案」という言葉のニュアンスも、道元の使う「現成公案」には含意されている。ある修行者の行い成就した修行は、それはそれとして一つの成就のかたちを取る。その成就は、無分節なる「空」そのものの、ある特定の時空（「このみち」「このところ」）における顕現であり、後世の修行者たちにとって、参究の対象となるのである。

先に「海徳をつくす」ということに関連して述べたように、道元が先人の言葉や経論の言葉を解釈する時には、意図的に通常の意味を拡張したり、ずらしたりして使用することがある。ここでも「現成公案」に関して意味の拡張やずらしが行われているのである。これは、経論などに対する理解不足を示すものではなくて、経論や語録のすべての言葉を、真理を開示するものとして捉え、また、意味の固定化によって表現の指示する対象が実体化されてしまうことを避けようとする道元の姿勢の現れである。ここでも、そのような立場から「現成公案」という言葉が解釈されている。この場合、「現成」と「公案」とがそれぞれに意味を持っているというよりも、「現成公案」という熟語として修行に関する成就、つまり修行のあるべき姿が表現されているのである。[18]

このように、「現成公案」という言葉が、修行に関連しての「成就」を意味する言葉だということは『正法眼蔵』のほかの巻の用例からも確認される。たとえば、「坐禅箴」巻では「行仏さらに作仏にあらざるがゆゑに、公案見成（＝現成）なり。（全上－九二）」（修行者が仏として修行するということは、ことさらに仏になろうと意図して行うことではないから、その修行が修行として成就するのである。）と言われ、「諸悪莫作」巻においても「この善の因果、おなじく奉行の現成公案なり。（全上－二八二）」（この善の因も善の果も、おなじく、修行〔奉行〕が成就するのである。）と言われており、両方の引用において「現成公案」は、まさに修行に関する「成就」を意味する。[19]

従来、この「現成公案」という言葉は、「真理の現前成就」と解釈され、真理は眼前にすでに成就されている、と理解されてきた。[20] もちろん、修行の成就は、真理の成就でもあることから、両者が相反する事柄ではないことは確かなのであるが、しかし、修行という不可欠の契機が抜け落ち、現実においてすでに真理が成就されているということが前面に出て主張されることになると、それは、道元の考える「現成公案」の意味からは大きく隔たってしまう。[21]「現成公案」巻の末尾が「仏法の証験、正伝の活路、それかくのごとし。常住なればあふぎをつかふべからず、つかはぬをりもかぜをきくべきといふは、常住をもしらず、風性《ふうしょう》をもしらぬなり。風性は常住なるがゆゑに、仏家の風は、大地の黄金なるを現成せしめ、長河の蘇酪《そらく》を参熟せり。（全上－一〇）」（仏法の真理の顕現、そして正しい継承は、風性常住だから扇を動かさないのではなくて、だからこそ扇を動かすという言葉の中に見て取れる。風性は常住だから扇を動かす必要はない、動かさなくても風を感じられるなどというのは、常住についてもわかっていないし、風の本性についても分かっていない。風性が常住であるから、仏道において修行を通じて起こす風は、大地が黄金であることを実現し、黄河を流れる水を蘇酪として熟させるのだ。）と結ばれているように、修行による「参熟」（参は参学修行である）が修行者の世界を荘厳《しょうごん》し続けるのである。

以上、修行と「さとり」を軸として『正法眼蔵』「現成公案」巻について考察した。ここで示された修行と「さとり」の循環構造は、道元の仏法の基礎構造として、『正法眼蔵』すべての巻を貫いているのである。その基本構造が冒頭の一節にいわば凝縮したかたちで示されているからこそ、道元は、本巻を『正法眼蔵』の冒頭に据えたということができよう。

●注

＊1　『正法眼蔵随聞記』全巻の末尾におかれた巻六－二七には「古人モ、看語・祇管坐禅トモニ進メタレドモ、猶坐ヲバ専ラ進メシ也。又話頭ヲ以テ悟ヲヒラキタル人有トモ、其モ坐ノ功ニヨリテ、悟ノ開クル因縁也。マサシキ功ハ坐ニアルベシ。（全下－四九四）」とある。これは、当時、最新流行であった看話禅（公案禅）にともすれば気を奪われがちな弟子たちへの戒めの言葉である。

ここからは、道元が坐禅を重視し公案参究を軽視していたという理解が導き出せそうにも思えるが、道元が否定的評価を下したのは、あくまでも看話禅に対してであり、公案一般に対してではない。

＊2　たとえば、「観音」巻冒頭に、雲巌と道吾の観音用手眼に関する公案をとりあげて「雲巌道の大悲菩薩用許多手眼作麼の道を挙拈して、参究すべきなり。（全上－一六九）」（雲巌の言った「観音菩薩が多くの手眼を使ってどうするのか。」という言葉を取り上げて参究せよ。）とあり、その後、内容的理解に関する道元自身の詳細な参究が展開される。

＊3　近年、十二巻本に見られる三世の因果の宣揚こそが「正しい」道元の思想であり、「晦渋」で「曖昧」な七十五巻本に見られる道元の思想は天台本覚思想に影響された「誤った」ものであるという主張が見られるが（袴谷憲昭『本覚思想批判』）、十二巻本が執筆されている段階でなお、『正法眼蔵』全巻の冒頭に「現成公案」巻が道元の手によって意図的に据えられたという事実からすれば、晩年の道元が七十五巻本における自らの思想を否定し、十二巻本を書いたと解釈することは困難であると思われる。

＊4　西有穆山『正法眼蔵啓迪』上、二七八頁。

＊5　巻頭のこの二文に注目し、これを中心として「現成公案」巻を検討した論文に、佐藤正英「現成公按のはじめの二節をめぐって―注解の試み」（『実存主義』八二）、角田泰隆「『正法眼蔵』「現成公案」巻冒頭の一節の解釈」（『印度学仏教学研究』五六－一）、渋谷治美「道元における循環の問題―『正法眼蔵』第一巻「現成公按」読解試論」（『近世・近代日本社会の展開と社会諸科学の現在』）などがある。

なお、石井清純「『正法眼蔵』「現成公案」の巻の主題について」（駒澤大學佛教學部論集二八）は、それまでの「現成公案」解釈の吟味と用例の検討を踏まえて「現成公案」巻の全体像を呈示しており、示唆的である。

＊6　道元の時間論について詳細は、拙論「道元の証の世界についての一考察―その時間論を手がかりとして」(『倫理学年報』第三七集)、拙著『道元―自己・時間・世界はどのように成立するのか』「第五章　時・自己・存在」を参照されたい。

＊7　「万法ともにわれにあらざる」の「われにあらざる」の解釈としては、私見のように「無我」とする解釈と、「あらゆる物事をみな己見(個々の立場からの視点や分別による見方)によって見ない」(注5角田前掲論文八四頁)、「或る一つのまとまりを持つものとしての事象事物が、自己には依存していない」(注5佐藤前掲論文一三頁)とする解釈がある。つまり「われ」を諸存在の自性(我＝アートマン)と理解するか、それとも、諸存在に対するところの主体としての自己、つまり、修行者自身と理解するのかということである。私見によれば、「現成公案」巻には、ほかにも「自心自性は常住なるかとあやまる。……万法のわれにあらぬ道理あきらけし」という表現があり、「無我」と解釈するほうがより文脈に即している。

＊8　「諸法の仏法なる時節～」については、『正法眼蔵随聞記』巻四の「諸法皆仏法ナリト通達シツル上ハ、悪ハ決定悪ニテ、仏祖ノ道ニ遠ザカリ、善ハ決定善ニテ、仏道ノ縁トナル。(全下－四六四)」が参考になる。『正法眼蔵随聞記』のこの一節では、すべての事物事象について、それが仏法の教えのもとにあるという観点から見てみると、仏道を実現する契機となる善と、仏道から遠ざかる契機となる悪に分かれると言われている。『随聞記』の趣旨をふまえて、本書では、「諸法の仏法なる時節～」も、伝統的注釈からはじまり現在でも主流の解釈である「すべてのものが仏道の真

実を表しており、迷・悟、生・死、衆生・仏などの差別相は差別相として諸法実相である。」という方向性ではなくて、「仏道を志し、仏道的観点に立つと、仏道の成就である「さとり」とそれに反する生き方である「迷い」等が分節化されてくる。」という意味にとりたい。この方向での解釈として参考になるのが注5角田前掲論文八二頁である。

＊9　華厳思想で重視される「海印三昧」をテーマにした「海印三昧」巻が『正法眼蔵』中にある。また、そもそも中国禅の成立において華厳思想の果たした役割は大きなものである。華厳思想と道元の関係については、鎌田茂雄「華厳教学と道元」（『仏教教学と道元』講座道元第六巻）を参照。

＊10　仏についての道元の解釈は両義的である。一方では自らの修証を保証する超越的存在として捉えつつも、他方では「仏祖」という言い方からも分かるように、修証一等の修行を行う者はみな「さとり」に立脚しているという意味で「仏」とみなす。

＊11　無分節／分節論についての詳細は、注6前掲拙著第四章「「さとり」と修行」を参照されたい。なお、この議論の枠組みについては井筒俊彦『意識と本質』から示唆を受けた。

＊12　この「愛惜」「棄嫌」については古来解釈が大きく分かれている。一つは、両者を克服すべき煩悩、執着として捉える見方で、もう一つは、迷悟一如として両者を、迷いでありつつも、愛憎の底に愛憎を超える「如是の実相」と見る見方である。内容的な面からの解釈は本文に譲るとして、文脈、そして、この直後に、「迷を大悟するは諸仏なり」と、迷が肯定的に語られることを考慮すると、後者の解釈が妥当と思われる。

＊13　分節の相対性、偶然性について、道元は、「山水経」巻などでは一水四見をてがかりにして説明する。一水四見とは、唯識派で説かれた考えで、人間には水と見えるものも、魚には家や道路

であるし、天人には瑠璃でできた大地、地獄人には血膿で充満した川に見えるというように、立場が異なれば存在のありようも異なって見えるということで、「唯識無境」の実例とされた。

＊14　水野弥穂子校注『正法眼蔵』（一）、五三頁、脚注七参照。

＊15　風幡問答とは、『景徳傳燈録』巻五、慧能章、『無門関』第二九則等所載の六祖慧能と弟子の僧たちとの以下のようなやりとりである。六祖が刹幡（説法をする印として寺に揚げる幡）を揚げると二人の僧が議論をはじめた。一方は「幡が動く」と言い、他方は「風が動く」と言ってゆずらなかった。六祖が「心が動く」と言ったところ、僧たちは慄然《りつぜん》とした。僧たちは外的な対象物に気を取られてしまっており、それが主体と相関関係にあり、心が動くから対象も動くということを失念している。そのことを指摘したのが六祖慧能の「心が動く」という一言なのである。

＊16　『景徳傳燈録』巻一二、陳尊宿章、二一四頁参照。読み下しは私見による。ほぼ同文が、巻一九、雲門章（前掲書三七三頁）にある。陳尊宿章の「放你三十棒」について『正法眼蔵』「夢中説夢」巻には「現成公案見成（＝現成）は放你三十棒、これ見成の夢中説夢なり。（全上－二四一）」とある。

＊17　『碧巌録』第九則本則の著語に「見成公案、還《は》た見るや。便ち打つ。（入矢義高ほか訳注『碧巌録』上、一四三頁）」、第十則評唱に『景徳傳燈録』巻一二のそれとほぼ同文が（同一五五頁）、第五一則垂示に「且《まず》は只だ箇の現成公案を理会《りえ》せよ。（『碧巌録』中、一八七頁）」とあるが、脚注にも示されているように、どれも文脈的には「難問出現」という意味である。なお道元は、『碧巌録』についても、その著者である圜悟克勤についても高い評価を与えている。このことに関連して詳細は、鏡島元隆『道元禅師と引用経典・語録の研究』第四章第四節「道元禅師と碧巌集」（一六

二〜一八〇頁）参照。

＊18　「現成公案」という『景徳傳燈録』所載の言葉をもととして、『正法眼蔵』では、「公案現成」「現成の公案」「現成する公案」などという表現が展開されている。

＊19　ほかにも、たとえば、「坐禅箴」巻では「磨作鏡は道理かならずあり。見成（＝現成）公案あり。虚設なるべからず。（全上－九三）」（瓦を磨いて鏡となすという修行に関する公案の言葉には必ず仏教の真理が含まれている。修行が成就するのである。それは虚しい行為ではない。）、「諸悪莫作」巻では「恁麼の参学は、見成（＝現成）せる公案なり、公案の見成なり。主より功夫し、賓より功夫す。（全上－二八〇）」（このような〈莫作＝無分節なる「空」そのもの〉の修行参学は、成就する修行であり、修行が成就することである。）などがある。また用例としては、修行の成就でありつつ、それが真理の顕現である（修証一等）というニュアンスの強い「現成公案」の使われ方も目立つ。たとえば、「諸悪莫作」巻の「奉行の現成これ公案なりといふとも、生滅にあらず、因縁にあらず。（全上－二八一）」（修行が成就するということは、それが真理として成り立つということであるが、それは成るといっても、生滅とか因縁などとは関係がない。つまり、無分節なる「空」そのものが顕現される時には、二元相対的な枠組みが突破されるのである。）などがその例である。外にも多くの用例があるが、これについては、拙論「道元における「さとり」と修行―『正法眼蔵』「現成公案」巻をてがかりとして（『日本研究所紀要』第四号）を参照。

＊20　たとえば、『新版禅学大辞典』の「現成公案」の項では「公案は、政府の法令、動かすことのできない法則や真理をいう。眼の前に現れているものが、そのままの相において絶対の真理であること。」と説明されている。

＊21　注5石井前掲論文は、「現成公案」とは、「道元禅師においては、基本的には、ある全体状況を、具体的な事象を以て表現することを意味」し、「時間的空間的に制限された状況を、ある具体的事象（行為）によって認識する（自己に収束する）こと」（二三六頁）であるとし、行為すなわち修行という観点から「現成公案」を捉えるべきだと主張する。朝日隆「『正法眼蔵現成公案』の新しい読み方」（宗学研究三七）、吉津宜英「「一方を証するときは一方はくらし」の一句の解釈について」（宗学研究三五）も「現成公案」を修行と結び付けて解釈している。また、南直哉『「正法眼蔵」を読む—存在するとはどういうことか』では、「現成公案」を従来のように「本証妙修パラダイム」にもとづいて「現実がそのまま真実だ」と解釈する読みが批判され、これは「存在するとはどういうことか」という問いかけとして解釈されるべきであると主張される。また、田中晃『正法眼蔵の哲学』では「厳密に云えば、万事万物が直ちに真理なのではなく、万事万物が斯くあることが真理なのである。」（一八八頁）と言われ、現実の単なる絶対肯定ではないことに注意を促している。

第三章　道元における「仏性」――『正法眼蔵』「仏性」巻を読み解く

さて、前章の末尾で「風性常住」に関して言及した。この「風性」は、仏教で宇宙万物の構成要素とする五大（地・水・火・風・空）の一つであるが、公案としては、「仏性」を意味している。つまり、仏の本質である仏性を持っていることと、修行（扇を動かすこと）との関係を、この公案は問題にしているのである。

本章においては、この「仏性」の問題を、前章までに検討した道元の世界観、実践観をふまえて検討し、道元思想の大乗仏教全体の中での位置付けについて、若干の考察を試みたい。

「仏性」とは、「如来蔵」とも呼ばれ、端的に言えば、「仏の本性」である。衆生はこの本性を宿すが故にさとり成仏（＝覚者と成る）できると考えられ、その意味で、修行や成仏の原動力であり、また、成仏の可能性を意味するとも考えられた。「仏性」説は、大乗仏教における修行や「さとり」に関する理解の軸と言っても過言ではない。大乗仏教の大乗仏教たるゆえんは、自己と生きとし生けるものとの「共同成仏」を説くところにある。自己の「さとり」を目指す修行が、自己だけにとどまらず他者へ波及するという構造を支える要となっているのが、この仏性説なのである。それ故、仏性説をどう捉えるかは、大乗仏教の本流を受け継ぐと自負する道元にとっても、重要な課題であった。

主著『正法眼蔵』全八七巻中の一巻である「仏性」巻は、質・量ともに充実したものであり、そこでは縦横無尽に道元の「仏性」観が展開される。[*1]『正法眼蔵』のほかの巻と同様に、「仏性」巻でも、経典や語録から「仏性」に言及した文章が引用され、独自の解釈が加えられる中で、道元なりの仏性に対する理解が示される。次節以降では、「仏性」巻の道元の叙述をてがかりとしながら、道元の「仏性」観を解明し、それが、何に根差し、何を目的としているのかを解明することを通じて、道元思想の射程を示すことを目指す。

第一節　仏性／如来蔵思想の展開

『宝性論』における如来蔵説

道元の「仏性」思想の検討にあたり、まず、道元に先立つ大乗仏教における「仏性」思想の展開について、本章の議論と関わる限りにおいて見ておきたい。

「仏性」思想は、インドの大乗仏教において成立し、日本、中国、朝鮮、チベットなど東アジアにおける仏教思想の発展に寄与し、広範な影響を与えた。「仏性」思想は、大乗仏教の菩薩行の主張、すなわち、自利利他の修行によって、誰もが開悟し成仏する可能性を持っているという主張を支え発展させるもので、大乗仏教の中心的教理の一つである。また、中国、日本をはじめとするいわゆる北伝仏教においては、世間の無常－苦－無我－不浄に対して、仏性の常－楽－我－浄が説かれ、その仏性が一切衆生において顕現するとされたことにより、この世界を絶対肯定的視点から観ずるという傾向も強まった。

中国や日本では、「仏性 buddha-dhātu」（直訳すると「仏の基盤」）という言葉が一般に使用されたが、インドにおける用例はあまり多いとは言えず、インドではむしろ「如来蔵 tathāgata-garbha」が使われる場合が多かった。この tathāgata とは「如来」を意味し、garbha とは「胎」を意味する。母胎にもその中の胎児にも、両方の意味で使用される言葉である。

インドの中期大乗仏教においては、『如来蔵経』『勝鬘経《しょうまんきょう》』『不増不減経《ふぞうふげんきょう》』『涅槃経』『楞伽経《りょうがきょう》』など、如来蔵経典と呼ばれる一連の経典が作成された。中でも如来蔵思想を集大成し体系化した代表的論書が『宝性論《ほうしょうろん》』（『究竟一乗《くきょういちじょう》宝性論』、沙羅末底作）である。[*2]『宝性論』は、如来蔵章、菩提章、功徳章、仏業章、称讃功徳章などからなり、如来蔵についてさまざまな観点から検討が行われている。中でも注目したいのは、「有垢真如《うくしんにょ》に関して、一切衆生が如来蔵を有する」という命題の三義を説く、如来蔵章・一切衆生有如来蔵品第五の冒頭である。[*3]ここでは、有垢真如と無垢真如との対比を前提として議論が進められる。まず有垢真如とは、衆生の体性（本性）である煩悩に穢《けが》れた真如（真理）のことである。それに対して、無垢真如とは、煩悩とは一切関係しない、諸仏の自性（本質）である真如そのものである。『宝性論』では、有垢真如、すなわち、衆生が如来蔵を有する（悉有仏性《しつうぶっしょう》）理由について、以下のような三つの観点から説明される。

（1）衆生が、如来の智慧の中に入っているから、「如来蔵」を有する。
（2）本来、清浄である真如は、衆生にも如来にも平等不二であるから、「如来蔵」を有する。
（3）如来の種姓《しゅしょう》（家柄）においてその果が仮説されるから、「如来蔵」を有する。

まず、（1）に関して、『宝性論』によれば、「衆生が如来の智慧の中に入っている」ということは、如来の智慧のはたらきが「遍満《へんまん》」（真理が無限に広がり満ちること）していることである。そして、このことは、法身（如来の本質）の二側面によって説明される。つまり、法身には、清浄なる法界 dharma-dhātu を現観（明瞭に認識）する智慧そのものとしての法身のみならず、それが、言語化され認識可能なかたちとして具体化され、法界より「等流《とうる》」（必然的推移）した、聖教としての法身もある。如来の智慧のはたらきが「遍満」しているということは、如来の智慧による言葉により、つねに衆生が語りかけられているということである。衆生に対して、如来の力が発動し、教えというかたちではたらきかけているから、一切衆生が仏性を有していると言うことができるのである。

（2）は、如来と衆生の、真如における平等性を主張するものである。「真如」とは、「縁起の如くあるがまま」「本性清浄」「本性空」である。『宝性論』では「真如」であるということについて、如来と衆生には違いはないとする。いわゆる仏性論争では、すべての衆生に仏性があるかどうかの「無差別性」が問題となったのであるが、『宝性論』では、衆生同士という論点を超えて、如来と衆生との無差別性（＝「縁起―無自性―空」における同一性）が説かれている。如来は「無垢の真如」であり、衆生は「有垢の真如」であるが、両者ともに「真如」である点で平等であり、このことを

「如来蔵」を有すると言うのである。

さらに、(3)では「如来の種姓」を、成仏という果を先取りして説くもの(その果が仮説される)として捉える。「如来の種姓」とは、仏の家の出身者ということである。ある人が成仏するであろう時、その成仏を先取りして、その人を「如来の種姓」と言うことができるのである。そして、『宝性論』では、この「種姓」について、「本性住の種姓」と「修得完成された種姓」の二面から説明する。「本性住の種姓」とは、真如そのもの、法身としての種姓である。他方、「修得完成された種姓」とは、真如そのものによってはたらきかけられた衆生が修証をなし、その修証によって保たれる種姓である。「本性住の種姓」は、(2)の「真如における如来と衆生の平等」という論点と、また、「修得完成された種姓」の方は、(1)の「如来の法身の遍満」における教法という論点と類縁性を持つと言えよう。

このように、『宝性論』によると、一切衆生が「如来蔵」を有するということは、衆生が如来と「真如」(縁起―無自性―空)において平等であり、衆生は、遍満する如来から等流した教法によってはたらきかけられ、それにこたえて修証する存在であるということなのである(あとの議論との関係から、如来蔵が、所有されるものとして実体化されていないことと、「遍満」(如来の智慧の遍満と等流する教法)というあり方、はたらきかけられ修行するという衆生の受動/能動性、真如としての「縁起―無自性―空」という論点に注目しておきたい)。

『仏性論』における如来蔵説

さて、『宝性論』は勒那摩提《ろくなまだい》によって五一一年に漢訳されたが、[*4]漢訳本はほとんど流布せず、かわりに、『宝性論』にもとづいて作られたと推定される『仏性論』が、中国でも日本でも、「一切衆生悉有仏性」を説く代表的論書として重視された。『仏性論』は、天親（世親とも、五世紀）作、真《しん》諦《だい》（六世紀、陳代）訳と伝えられるが、現在は、『宝性論』の中核をなす如来蔵章を、真諦が大幅に修訂増補した上で訳したものと考えられている。[*5]この増補は、真諦が中国における「仏性」理解の方向性をふまえて行ったもので、これを検討することは、道元に先行する中国仏教における「仏性」理解の動向の一端の解明につながる。

以上から、『仏性論』における如来蔵思想を検討するにあたって、ここでは、「顕体分」の如来蔵の三義をとりあげたい。[*6]如来蔵を三側面に分けて説明するこの部分は、小川一乗氏が主張するところによれば、内容的には、前述の『宝性論』の如来蔵の三義に関連するが、『宝性論』には逐語に対応する箇所はなく、『仏性論』著述にあたって真諦が付加した部分と考えられる。

さて、『仏性論』によれば、この「如来蔵」という言葉は、衆生が、如来すなわち仏を蔵する（能蔵）とも、衆生が如来に蔵される（所蔵）とも解釈され、また如来が、衆生の中に隠されていて表に現れていない（隠覆蔵）という意味にも理解される。[*7]如来蔵が、「能蔵」「所蔵」「隠覆蔵」という三側面から理解されたことは、道元の「仏性」思想を考える上でも、重要な導きの糸となるので、このそれぞれの側面について簡単に説明しておこう。

まず、「能蔵」とは、衆生が如来を蔵するという意味で、衆生の心の中に仏の本質が宿るということである。仏の本質を潜在的に宿しているということは、それ故に修行すれば開悟が可能であると展開され、衆生の中に成仏への可能性があると捉えられる。心に仏の本質を宿すという、このような考え方は、初期仏教の、たとえ煩悩によって汚されていようとも、それ自体清らかな「さとり」の心である「自性清浄心」の系譜を引くものである。「本来清浄」という心の捉え方の延長上に、「能蔵」としての「如来蔵」思想が発展していくのである。

それに対して、「所蔵」つまり、衆生が如来に蔵される、如来が衆生を蔵するという考え方は、大乗仏教思想の発展の中で顕著になってきた傾向と連動しているものと思われる。如来という言葉のサンスクリット原語は、tathāgata であるが、これは tathā（元来は、「このように」という副詞で、「真実ありのままに」という意味に解される）と、gata（行った、去った）または āgata（来た）が結び付いてできた言葉であると理解されている。当初は、真理の世界へと至り、輪廻の世界から去って二度と戻らないというように、迷いの世界→さとりの世界という方向性で考えられることが多かったが、のちには、如来の語源的説明として、「真如より出る」と説明された。[*8] このような如来解釈は、真如より出て迷苦に満ちた輪廻転生の世界へと来るという主張を含意しており、菩薩があえて成仏をせず現世にとどまり、衆生を救済するという大乗の利他行の思想と重なる。

このような「如来」概念の拡張と重なり合うかたちで、如来蔵を「所蔵」として解する説が成立していると思われる。つまり、如来は、迷いの世界を解脱して「さとり」の世界へと到達したものであるが、そこにとどまらず、もう一度迷いの世界へやって来て衆生を救い、衆生界を仏の世界へ転換させようとするのである。その意味で、仏の世界によって衆生界が包み込まれる（所蔵）ということができるのである。

そして、如来が衆生の中に隠れて現れないという「隠覆蔵」は、すでに仏によって蔵されている(所蔵)ことによって、仏の本質を蔵している(能蔵)にもかかわらず、実際には、その本質は、煩悩によって覆《おお》い隠され表れていないということだ(隠覆蔵)。しかし、修行し開悟することによって、本来の仏の本質を顕現することができるのである。

『宝性論』と『仏性論』の落差の意味

以上説明した『仏性論』の「如来蔵」の三義を、『宝性論』における一切衆生が如来蔵を有するという説明と比較してみると、興味深い事実が浮かび上がってくる。それは、『宝性論』における「如来蔵」の説明では、『仏性論』の言う「能蔵」の面は強調されていないということである。つまり、『仏性論』は『宝性論』をもとに真諦が作成した論書であるが、『宝性論』ではとくには強調されていなかった「能蔵」に力点を置いているのである。

前述のごとく、『宝性論』では、如来蔵を有するということを、衆生が如来と「縁起―無自性―空」なる本質において同質であり、遍満する如来の教法にこたえて修証する存在であるということと等価なものとして説明する。このうちの「如来の遍満」という論点は、まさに『仏性論』の「所蔵」に対応するものであるが、「能蔵」に特化した説明は『宝性論』の三義には見られない。つまり、『宝性論』では、「能蔵」的方向性でも説明可能な「如来蔵を持つ」ということを、「所蔵」的方向性で説明しようとしていたと言えよう。

もちろん、先行する『涅槃経』に「一切衆生悉有仏性」とあり、『華厳経』では如来が衆生を含み、同時に衆生が如来を含むことを主張しているのであるから、インド仏教における如来蔵思想全体が「能蔵」の側面を抑制しているとまでは言えないし、中国の『仏性論』において、仏性／如来蔵が、全面的に実体化されて理解されているとも言えないのだが、抽象的な「理」よりも具体的な「事」を尊重し、また、生滅する「用」に対して「体」を不滅のものとする中国的思惟方法のもと、このような「能蔵」の主張が、後述するように、所有されるべき何らかの実体化された「もの」というイメージを生み出し、増幅させていく傾向があったと言うことは可能であろう。[*9]

そもそも、「仏性」を有するとか、「如来」を「蔵する」と言っても、それは決して、私たちが日常的なイメージとして考える、何らかの物体を所有するということと同じようには考えられないことは言うまでもない。仏教的な思惟方法にもとづくならば、世俗の世界は、本来、実体化できない存在を、固定的なものとして実体化し、それに執着すること（煩悩）によって成り立っており、本来実体化できないものを実体化するという転倒を犯しているが故に、迷い苦しみに満ちているとされる。とすれば、仏性／如来蔵にしても、自性清浄心にしても、何か固定的な物体が衆生の心に宿っているという方向で捉えるのは誤りにほかならず、「如来の遍満」「所蔵」「縁起―無自性―空」に重点をおいて捉えるべきであることはあきらかなのだ。この問題に関して、「仏性」の原語である、「buddha-dhātu」の「dhātu」をてがかりとしながら、以下に若干の補足をしておこう。

buddha-dhātu のdhātu について

仏性／如来蔵を扱った最重要経典と言えば、『涅槃経』であるが、『涅槃経』では、「仏性 buddha-dhātu という言葉がもっぱら使用される。[*10]『涅槃経』のdhātu解釈をめぐっては、現在諸説あるが、一般に、buddha-dhātu のdhātu とは、『華厳経』系の思想の基本概念「界」を意味する（『華厳経』は、『宝性論』に大きな影響を与えている）。「界」とは、通仏教的には、たとえば地水火風空識を六界というように構成要素を指すのであるが、『華厳経』では、法界、すなわち真理の顕現としての全世界（＝場、『宝性論』でいう「清浄なる法界」）を指す。そして、その全体世界では、法界縁起によりあらゆる事物が互いを縁となしつつ融合、交流する。この場は、縁起という関係によって成り立っている非実体的世界という意味で「縁起―無自性―空」なる世界である（『宝性論』では、これを真如と呼んでいた）。そして、この場においては、あらゆるものが関係しあって成立しているが故に、一即一切、一切即一（無限に関わり合う事物事象の相互関係。個が全体を映し出し、全体は個に宿る。）が成立している。それ故に、「一」としての衆生がすなわち、真理としての全世界を宿すことができるのである。この「一」に宿された、縁起する「縁起―無自性―空」なる場としての真理のことをbuddha-dhātu（仏性）といい、衆生に宿された仏の本質、成仏への可能性とされたのである。

中国禅における「仏性」理解

さて、インドで興隆した仏性／如来蔵思想は、中国に伝播しおおいに発展した。[*11] とくに、五性各別説の法相宗と一切皆成《いっさいかいじょう》説の天台宗の間で、「仏性」の有無をめぐって盛んに論争が戦わされた（三一権実《さんいちごんじつ》論争）。五性各別説とは、人間は生得的に、声聞定《しょうもんじょう》性、縁覚定性、菩薩定《ぼさつじょう》性、不定性、無種性の五つのカテゴリーに分けられ、小乗の声聞と縁覚、救いから疎外された悪人である無種性は「不成仏」だとする主張である。それに対して一切皆成説は、一切の者が一仏乗の統一的真理に帰し成仏可能であると主張する。声聞乗、縁覚乗、菩薩乗の三乗の区別は絶対的なものか、それとも最終的には一乗に帰するのか、三乗と一乗どちらが真実で、どちらが仮（権）なのかという論争は、一切衆生は仏性を持つのかどうかという論点に集約される。この仏性問題をめぐって、天台宗と法相宗は論争をまじえ、さらに両宗のみならず中国仏教全般において大きな問題となった。

中国禅では、「仏性」は「心性」と重ねられ受け容れられ、それをどう理解するのかをめぐっては、さまざまな議論が行われた。たとえば、敦煌《とんこう》から発見されたいわゆる北宗系[*12]の初期禅宗伝燈史である『楞伽師資記』（唐代の七一六年頃に成立と推定）の中で、もっとも分量をさかれている四祖道信の段においては、道信の思想の核心として、心の動静にかかわらず、心の本体が仏性であることを観ずる「守一不移」説が説かれている。また、四祖道信と五祖弘忍に仮託して作られた偽経である『金剛三昧経《こんごうざんまいきょう》』においても、「守一」説（一心に具わる真理を守る教え）と、達磨の「二入四行」説（教理によってさとる理入と修行によってさとる行入、そして無所求行をはじめとする四行を説く教え）とをもとに、仏性思想が展開されている。

しかし、北宗系の仏性論は、仏性を実体化して捉えるような傾向を、次第に胚胎させるに至った。このような傾向は、人間の、自己と対象とを分裂させ、その分節されたそれぞれを実体化して捉えるという、日常的な認識方法故に、つねに、根強く存在するものであるとも言い得る。このような傾向におちいった北宗禅に対する批判を旗印として台頭してきたのが、八世紀末に現れた馬祖道一（七〇九〜七八八）や石頭希遷（七〇〇〜七九〇）の禅なのである。彼らの伝統を受けた多くの禅の祖師たちは、「仏性」という観念が、ともすれば、はらみがちなこの実体化傾向を否定すべく、「仏性」をめぐるさまざまな公案を生み出していく。

このような公案の代表的なものが、たとえば、『無門関』の冒頭におかれた、犬に仏性があるかないかを問題にした趙州の「狗子仏性」であり、蚯蚓を二つに斬って、もし仏性があるのならばどちらにあるのかを問題にした「長沙莫妄想」の公案である。これらの公案のテーマは、仏性を実体化する傾向に対する批判である。「狗子仏性」については次節で説明するので、ここでは「長沙莫妄想」の公案について見ておこう。それは以下のような問答である。

長沙景岑（生没年不詳、唐代）に竺尚書が「蚯蚓を二つに斬ると両方ともに動く。仏性はどちらにあるだろうか。」と質問したところ、長沙は「莫妄想（妄想するな）。」と答えた。さらに竺尚書が「動いているのはなぜか。」と重ねて質問すると、長沙は「風火（肉体の構成要素）が未散なのだ。」と答えた。この話は、道元が「仏性」巻の締めくくりで引用している。道元はこの話を通じて、仏性とは肉体を司る霊魂、生命原理のような実体化されたものではないことを強調する。そのような考え方は、不滅の霊魂を立ててしまうような「妄想」にほかならない。仏性とは、不滅の霊魂、固定的実体などではなくて、ここにこうして自分がいること（「風火未散」）、さらに言えば、今、ここで、この自分が修行をしていることのうちに立ち現われ、また、そのような事態を可能ならしめている真理であるというのが、道元の主張なのである。

道元が見て取ったように、「狗子仏性」にしても「長沙莫妄想」にしても、仏性を、自己の修行・成仏という主体的な行為から切り離して、実体的に客体化する傾向を厳しく非難する。『涅槃経』に言うように、生きとし生けるものに仏性があるならば、畜生にもあるのかという、一見、もっともに思われる問いが前提としている、仏性の実体化が批判されているのだ。仏性を実体化し個物に内在するものとして捉える傾向は、まさに、先述した「如来蔵」の三側面のうちの「所蔵」の面が軽視され、「能蔵」ばかりが強調されることによる。このような傾向は、仏性をめぐる参学者の関心が、その有無にのみ向けられたことにより、さらに助長されていくのである。

それに対して、道元は、「いまの人も仏性とききぬれば、さらにいかなるかこれ仏性と問取せず、仏性の有無等の義をいふがごとし。（全上―二二）」と指摘している。道元は、「仏性」と言うとその有無にばかり関心を矮小化させ、「仏性」そのもののあり方を探求しようとしない風潮を批判しているのである。では、道元において、「仏性」はいかなるものとして理解されたのであろうか。この問題について次に考えてみたい。

第二節　道元の「仏性」

道元に批判された「仏性」理解

道元の「仏性」理解について検討するにあたって、まず、道元が否定すべきものとした「仏性」

理解について確認しておきたい。

道元が批判する仏性の捉え方は、仏性を、衆生に内在する種子のようなものとして捉えるものである。それに従うならば、種子が水や日光などの縁を与えられて発芽し花咲き実がなるように、仏性も何らかの縁があればさとりの花を咲かせ成仏できると捉えられる。しかし、道元は、仏因となる仏性さえあればいつかはさとれる、とするような考え方を「自然外道」として厳しく批判する。

さらに、道元の批判する「仏性」理解は、「仏性」を先尼外道（永遠不滅の実体我を主張するセニカと呼ばれたバラモン僧の一派）の「我」（アートマン）や、「霊知」説における「霊知」「霊性」「識神」と捉えるような見方である。そのような見方によるならば、「仏性」はあたかも永遠不滅の霊魂、外界を捉える感覚知覚のようなものとなり、さらには真理を把握する認識能力となってしまい、真理を認識すれば、死後肉体が滅んだあと、「仏性（＝霊魂）」は永遠不滅の本体界に到達できるなどと理解されるのである。道元は、このような考え方も、外道のものであり仏教ではないと厳しく非難する。

「仏性」種子説も霊知説も、「仏性」を個物に内在する固定的なものとして捉えている点で、道元にとっては批判すべきものであった。先に、道元は有無を問うことにのみ腐心するような仏性理解を批判したと述べたが、道元が有無を問うことを否定したのは、そのような問いが、最終的には「仏性」を実体化し、個物に内在するものとして捉えてしまうことになるという危険性を鋭く意識していたが故であると思われる。

それでは、道元は、実体化し個物に内在するものとしては捉えない「仏性」理解として、どのようなものを打ち出そうとしたのであろうか。次にこのことについて考えてみよう。

『涅槃経』の道元による解釈

「仏性」巻の冒頭で、道元は以下のような『涅槃経』の著名な一節を掲げ解釈を加える。

> 釈迦牟尼仏《しやかむにぶつ》言、「一切衆生、悉有仏性。如来常住、無有変易。」
> これ、われらが大師釈尊の獅子吼《ししく》の転法輪なりといへども、一切諸仏、一切祖師の頂𩕳眼睛《ちんにんがんぜい》なり。（中略）世尊道の「一切衆生、悉有仏性」は、その宗旨いかむ。「是什麼物恁麼来《ししもぶついんもらい》」の道転法輪なり。あるいは、衆生といひ、有情といひ、群生といひ、群類といふ。悉有の言は、衆生なり、群有也。すなはち悉有は仏性なり。悉有の一悉を衆生といふ。正当恁麼時は、衆生の内外すなはち仏性の悉有なり。（全上一－一四）
> ［現代語訳］釈迦牟尼仏がおっしゃった。「一切衆生、悉有仏性、如来常住、無有変易。」
> この言葉は、われわれのおおいなる師である釈迦牟尼仏が、（『涅槃経』獅子吼品の中で）百獣の王獅子の吼え声のように、真理の法輪を転じて説法した言葉であるが、（釈迦一仏のみならず）あらゆる仏、あらゆる祖師におけるもっとも肝要な点を述べた言葉である。（中略）釈迦が言う「一切衆生、悉有仏性」は、何を意味しているのか。「是什麼物恁麼来」という言葉を説法しているのである。また、「衆生」と言ったり、「有情」と言ったり、「群生」と言ったり、「群類」と言ったりする。ここで言われている「悉有」という言葉は、「衆生」のことであり、「群

有」のことである。つまり、「悉有」（衆生、群有……）は仏性である。「悉有」のそれぞれが、そのものとして絶対的なものとなった（一悉）のを「衆生」と呼ぶのである。真理が顕現するまさにその時（「正当恁麼時」）、衆生の内も外もすべてが、仏性として絶対的存在なのである。

この『涅槃経』の一節を道元は、釈迦の説法であり、諸仏にとってまた祖師たちにとってもっとも重要な教え（頂𩕳眼睛）であるとする。そしてさらにこの言葉を解釈するにあたってその焦点を「悉有仏性」に絞る。そしてその上で、「是什麼物恁麼来」と展開する。この言葉は、六祖慧能が弟子の南嶽に対して発した言葉であり、[*13]「これ、何ものか、恁麼に来る」と読み下され、「いったい、これは、何ものがこのように来たのか」を意味する。この問いは、単に新参の弟子に名前と出身地を問うているともとれるが、しかし、それは同時に、「これから修行しようとしているお前は何ものか、なぜ修行などするのか」という、「本来の面目」についての問いであると言えよう。師匠慧能から、このように問われた弟子南嶽は、その場ではうまく答えられず、八年たってから、師匠に答えを提示した。その答えは、まず、「説似一物、即不中」である。これは、「何ものであるか、それを措定して示そうとしても、すぐに外れてしまう」ということを意味する。これは、六祖慧能の問いの言葉に含まれていた、「什麼」「恁麼」という言葉の含意する不定性を理解しそれをふまえた答えであると言えよう。

まず、「恁麼」とは、第一章でも述べたように「このような」を意味する中国の俗語であり、中国禅宗においては、言葉によって固定化できない真理の当体という意味で使用される言葉である。

そして「什麼」とは「何、どのような」を意味するが、この公案の文脈においては、「恁麼」と同様に、答えとして固定化しようとしてもしきれない、問いとして残り続け、「何であるのか」「どのようなものか」と問い続けなければならない真理の当体と言うことができよう。

六祖は、南嶽に対して、修行、つまり、真理の体得を目指した営為をはじめるにあたって、体得すべきものについて理解しているのか、また、真理とは「恁麼」なるものであった場合に、それを体得するということはいったい何なのか分かっているのかを問うている。

それに対して、八年かかって南嶽は答えを出す。その第一の答えが、前述の「説似一物、即不中」である。これは、その真理の当体を言語化しようとしても外れてしまう、すなわち言葉によって固定化しようとしてもできないということで、「恁麼」や「什麼」の含意を南嶽なりに敷衍したものと言えよう。

そして、その答えに対して師匠である六祖慧能は、本当に理解しているのかどうか確認しようと、「修証をなすのかどうか」と聞く。つまり、真理の当体は固定化できないということをおさえた上で、真理の体得（証、さとり）と修行とは可能なのかを問うているのである。その問いに対して、弟子である南嶽は、「修証はなきにあらず、染汚することを得じ」と答える。これは、「真理の当体を固定化できないといっても、真理の体得である証（さとり）と修行がある。そして、真理の当体を汚さないように努めるのが修行であり、さとりなのだ」という意味である。

「染汚」というのは、煩悩であり、仏教的に言えば、ものごとを実体化してそれに執着することである。真理の当体を「染汚する」とは、真理というものを、何らかの固定的な永遠の真理と捉え、それを手に入れようと捉われることである。しかし、このような、手に入れようとするのではない、真理との関わり方が、禅の修行では目指されている。では、そのような真理との関わり方にもとづく修行とはどのようなものであろうか。さらに、この真理とのそのような関わり方を端的に示す言葉である「是什麽物恁麽来」を、なぜ道元は「仏性」巻の冒頭という重要な場所に置いたのか、また、仏性ということと、「是什麽物恁麽来」ということはいったいどのように関係するのかという疑問も出てくる。これらの問いは互いに深く関連しあって一つの問題群をなすが、これについては、後述するとして、まず、「仏性」巻の通奏低音とでも言うべき、「悉有仏性」について検討してみよう。[*14]

道元独自の「悉有仏性」解釈

さて、「悉有仏性」という『涅槃経』のこの言葉は、通常は、「悉《ことごと》く仏性あり」と読み下されるが、道元は、これを「悉有は仏性なり」と、漢文としては異例の読みをする。[*15]「悉く仏性あり」と言った場合には、存在者（衆生）から離れて、仏性という何らかの固定的なものがあり、あたかも、容器の中に何らかの物体が入っているように、その存在者の中に仏性が入っているというように受け取られるおそれがある。そのために、道元はこのような表現を使っているものと思われる。

道元にとって、仏性とは、存在者の中に入っているかいないか、あるのかないのかということで問題とされるべきものではない。そのような捉え方では、存在者と仏性とは、それぞれ別個のものになってしまう。仏性は、存在の全体に関わらせて（前節の言葉で言うならば、遍満や法界の等流としての教法、所蔵などと関わらせて）理解すべきだというのが道元の主張である。

そして、「衆生」について道元は、「悉有」であるとする。その「悉有」は、ある場合には「衆生」と言われ、また、「有情」とも、「群生」とも、「群類」とも言い換えられているが、共通するのは、多数性において捉えられた存在者、つまり量としての存在者ということであろう。そして「悉有」と並置される「衆生」とは、「悉有」でありつつ「悉有の一悉」であると言う。

では「悉有の一悉」とは何か。「悉有」とは、あらゆる存在であり、存在者の全体という意味で全体存在、全体世界である。道元の多用する言葉で言い換えるならば、「尽十方界」であり、そのありようについて、術語を用いて言うならば、「縁起—無自性—空」なる動的場としての全体世界と言うことができる。そのような全体世界を担って、全体世界の不可欠な構成要素として個々の衆生はある。つまり、悉有を担う一つのありようとして、個々の衆生があり、同時に、個々の衆生として、全体世界が立ち現れていると言えよう。つまり、「衆生」は、全体世界の一発現（一悉）であることによって、「悉有」という全体を体現しているのだ。「悉有の一悉を衆生といふ」（悉有〔全体〕が、一つのものにおいて、ことごとく〔あますところなく〕発現している）という言葉は、このことを言っているのである。これは、如来蔵に関して前述したことにあてはめて言うならば、「所蔵」が、「能蔵」として発現していると言うこともできよう。

それでは、個々の衆生が「悉有の一悉」であるということがあらわになる事態とは何か。これは、まさに修行と一体の「さとり」である。世俗世界を生きる凡夫にとっては、世界は、個々の個物の集積から成り立っており、自己があり対象があるという二元対立的見方によって世界は分節されている。そのような世界の見方を脱して、「縁起─無自性─空」なる全体世界を体得することを目指すことが発心であり、その発心が実り修行が完成し、自己（＝世界）が成就（＝現成）するのが「さとり」の時である。その「さとり」の時を、道元は、「仏性」巻の引用文にあるように、「正当恁麽時」と言っている。[*16]

「正当恁麽時」とは、中国宋代の俗語としては「まさにその時」というほどの意味であるが、禅宗では伝統的に、「さとり」の瞬間という意味で使用されてきた。「仏性」巻で、「正当恁麽時は、衆生の内外すなはち仏性の悉有なり。」と言われているように、「さとり」の時、衆生の内も外も、すなわち、衆生が関わる限りでの全体世界は、仏性であるところの悉有にほかならない。つまり、先述のように、私たちが、世界において出会うさまざまな存在者も私たち自身も、悉有つまり、「縁起─無自性─空」なる世界（所蔵）の一発現としての仏性なのであり、このことが、身をもって体得されるのがこの「正当恁麽時」なのである。

このように考えるならば、仏性を、個々の衆生という容器の中に入っている何らかの物体（たとえば種子）などとするような捉え方がまったく的外れであるということは当然である。あえて、喩えを使って言うならば、「仏性」とは、道元にとって、個々の存在者における「破れ目」のようなものとも言えるだろう。その「破れ目」は、動的場たる「縁起─無自性─空」の次元へとつながっており、その「破れ目」ゆえに、個々の存在者は、自己完結しきることも、実体化された固定的存在者となることもできないのである。

「仏性海」と「遍界不曾蔵」

「仏性」と「悉有」に関しては、「仏性」巻のほかの箇所では、「仏性海《ぶっしょうかい》」という言葉を用いて説明される。「仏性海」は「山河大地皆依建立《せんがだいちかいえこんりゅう》」することによってできたものであるから、「山河をみるは仏性をみるなり、仏性をみるは驢腮馬觜《ろさいばし》をみるなり（全上－一七）」と説明される。これはどういうことか。

この「仏性海」は「山河大地皆依建立」であるとは、インドの十二祖馬鳴《めみょう》尊者の言葉である。「仏性海」の「海」は、すべてを包み込み果てしなく広く深いものであるから、「仏性海」とは、個々人に発現している、「縁起―無自性―空」なる動的場としての「悉有」ということができよう。「皆依」とは、まさにこの縁起を指し示す言葉である。これは、「全依なり、依全なり」と敷衍されていくことからも分かるように、すべてのものが、すべてのものと相互に関係しあいながら、一つの全体世界を形成しているということである。

そして、修行者が見るところの山河大地は、実は、「縁起―無自性―空」なる世界の一発現としてあるというのが道元の主張である。山河大地とは、「山水経」巻をはじめとする『正法眼蔵』の用例では、存在のあるべきありようを開示しているという意味で、確固たる存在というイメージで使われる言葉である。

道元は、山河大地というのは、「皆依」して、つまり「縁起―無自性―空」によって成り立っているものであるが、修行者が「さとり」を体得した「正当恁麼時」には、その「縁起―無自性―空」なる存在者が確固として見えてくるとする。そして、その時、山河大地は、「仏性」（「縁起―

無自性—空」の一発現としてある個々の存在者）として現れてくる。驢馬《ろば》のあごや馬の口といった、ほんの瑣末《さまつ》な日常に出会う存在者の一つ一つが、「悉有」を体現しているという意味で、「仏性」そのものなのである。

この「縁起—無自性—空」としての「悉有」について、道元は、さらに、「仏性」巻のほかの箇所では、「遍界不曾蔵《へんかいふそう(すん)ぞう》」（遍界かって蔵《かく》さず）であるが、「満界是有《まんかいぜう》」ではなく、「亘古亘今《かんこかんこん》」であり、「悉有を会取《ういしゅ》することかくのごとくなれば、悉有それ透体脱落なり。（全上－一五）」と展開する。「遍界不曾蔵」とは中国の禅僧、石霜慶諸（七九七～八八八）の言葉であり[*17]、全世界に真理はあらわになっていて、何一つ隠れていないことを意味する。道元は、「悉有」すなわち、「縁起—無自性—空」なる全体世界は、世界の真実相としてあらわになっており、もし人が修行し、さとったとき、世界はまさにそのようなものとして発現してくると言いつつ、しかし、これは「満界是有」ではないと断じる。「満界是有」という有の全肯定は、永遠の本体界における存在者のあり方である。世界を「縁起—無自性—空」なるものとして時間的相（無常）のうちに捉え、時間があるからこそ、修行し続ける（＝さとり続ける）ということも可能だと考える道元にとっては、永遠の本体界というような考え方は容認できるものではなかったのである。時間のうちに全体世界を捉えるという道元の考え方は、「亘古亘今」という言葉のうちに込められている。この言葉は、文字通りには「古に渡り、今に渡る」ということであるが、道元においては、ただ単に時間の全体、永遠ということではなく、「無量無尽の過現来、ことごとく新なりといふがゆゑに、この新は新を脱落せり。（全上－四六二）」（はかりしれない無限の過去・現在・未来の時間、それらがすべて新たな時であるのだから、この新たな時は、瞬間、瞬間に新たなものと成り続ける。）とも言われるように、つねに変化し、新たなものとして現れてくる時間を指す。

そして、「悉有を会取することかくのごとくなれば、悉有それ透体脱落なり。」と言われるように、「悉有」を、「縁起―無自性―空」であるのみならず、さらに流動変化する全体と捉えるならば、「悉有」それ自体が、「悉有」であるありように充足するのではなく、新たな全体として顕現（＝現成）されてくる。

注目されるのは、ここで用いられる「透体脱落」という言葉が、「身心脱落」と重なる言葉であるということだ。「身心脱落」とは、道元にとって身も心も執着から離れて「さとり」を体得することである。道元は、さとりにおいて自己と世界が、「縁起―無自性―空」なるものとして一体となると考える。自己がさとった時に、世界もさとり、自己が身心脱落した時に、世界も身心脱落する、そして、脱落して空そのものとなった上で、新たに、世界を顕現（現成）するのである（世界の新たな現成は、同時にそれを現成させる主体としての自己の新たな現成でもある）。

全体世界が顕現すると言った場合、それは自然にそのようになるということではなくて、修行者がそのようなものとして発現せしめるということである。このことを『正法眼蔵』のほかの巻で道元は、「尽力現成」と端的に言っている。このような、悉有の脱落と現成との継続が、道元における修行（さらにはそれと一体となった「さとり」）にほかならなかったのであり、仏性とは、まさにこのような継続において新たなるものとして発現し続けるものなのである。

修行によって発現する仏性

それでは、ここまでの議論を、先述の「是什麼物恁麼来」についてもう一度考えながら、まとめておきたい。

本節では、「悉有」と「仏性」という二項が、道元の仏性理解を考える際の要となるという観点から、「悉有」と「仏性」との関係を考えた。従来の諸注釈においては、「悉有は仏性である」という道元の言葉をめぐって、存在と仏性が即自的に結び付けられ、「存在はそのままで仏性そのものである」というような解釈が行われた。[*18] このような考え方は、道元の「仏性」理解の説明というより、むしろ、道元が否定した「所蔵」を看過して、「能蔵」のみを強調し、さらに「能蔵」されるものを実体化するという仏性理解に近くなってしまう危険性を持つ。「悉有」と「仏性」とが、即自的に結合するとなると、そこには、修行というファクターは入ってこなくなる。その意味で、このような考え方は、道元が否定しようとした本覚論（衆生はありのままでさとっているから、修行は不要であるという論）的仏性理解とも言えよう。

しかし、前述のように、道元は、両者を即自的には結び付けない。全体世界（「縁起―無自性―空」なる場）としての悉有は、個々の衆生にとって最終的には「仏性」として発現するにしても、その発現は、衆生の修行によってつねに支えられて、はじめて可能になるものである。たえざる修行によって、「悉有」と「仏性」とはかろうじて結び付いていると言えよう。このことを道元は、「仏性」巻のほかの箇所において、「仏性の道理は、仏性は成仏よりさきに具足せるにあらず、成仏よりのちに具足するなり。仏性かならず成仏と同参するなり。（全上―二〇）」と言っている。仏性が成仏よりも前に具わっているとは、仏性を何らかの固定的実体として考えるような思考方法にもとづいている。しかし、「仏性」、すなわち「悉有」の個々の衆生への発現は、成仏を介してはじめて可能になる。このことを、道元は、「のちに具足する」とか「同参する」とか言っているのである。この「同参」とは、「参学をともにする」という意味を持つ。「仏性」は、成仏にともなわれてはじめて立ち現れるものなのである。

「身心脱落」「透体脱落」に関連して触れたように「修証一等」すなわち、修行し続けること以外に、「さとり」は成り立ち得ず、修行の一瞬、一瞬がさとりの一瞬、一瞬であると主張した道元の修証観によるならば、「仏性と成仏が同参する」ということは、「仏性」とは、修行によってこそ成り立つものであるということである。

『正法眼蔵』「現成公案」巻冒頭の「仏道をならふといふは自己をならふ也。自己をならふといふは、自己をわするるなり。自己をわするるといふは、万法に証せらるるなり。（全上―七）」（仏道修行とは、自分とは何かを探究する営みであるが、自己を求めて実は固定的自己などないことがわかる。自己とは、全事物事象と関係し合うことで成り立っている。）という言葉が端的に示しているように、修行とは、世俗世界において実体化された自己を、「縁起―無自性―空」なる場、全体世界としての万法、すなわち「悉有」へと開いて行くことである。自己を開いて行くというのは、実体化された自己を、ほかの諸事物事象と相互相依する関係においてある自己へと転換するということである。つまり、閉じた自己から開かれた自己へと転換することを、道元は、「自己をわするる」と言っているのである。このような自己の転換こそが、「自己をならふ」ことなのである。

そして、この相互相依する諸事物事象の全体は、「万法」であり「悉有」であり、さらに、「仏性」巻冒頭で言われるように、「恁麼」（什麼）とも、また、「何」とも言われる。この全体と修行者はさとりの瞬間に一つとなり、さらに、この「縁起─無自性─空」の全体を自ら現し言語化しようとする。言語化はこの世界を他者に知らせるためになされる。世界の真相である「空」へと、生きとし生けるものを導くことは、利他行であり、修行者にとってなすべき行いである。しかし、ある時間、空間に拘束される有限な修行者は、この全体を把握しようとしても、完全には把握しきれない。それ故に、全体の把握、言語化は、不完全なものであらざるを得ないが、その不完全性においてのみ真理が顕現されるのである。

「是什麼物恁麼来」とは、そのように、言葉を超えた体験であるが故に、「このように来たっている」としか言いようのない真理との一体化、「縁起─無自性─空」の体得の惹起を言い表している。そして、その言語を超えた体験を、たとえ不十分なものであろうとも言語化し、世界を顕現し伝えていくことこそが、道元にとっての修行であり、「さとり」にほかならなかった。そのような修行や「さとり」の基盤となっているのが「悉有」であり、その「悉有」の個々の修行者における発現が「仏性」にほかならなかったのである。

「狗子仏性」の公案をめぐって

さて、前節に述べたように中国においては、仏性を内在的な成仏への種と捉えるような、仏性を実体化する説が横行するようになった。禅宗においてもその傾向が見られたが、同時にそれを戒《いまし》め批判する公案も登場した。そのうちの代表的なものについては道元も「仏性」巻で言及している。ここでは、そのうちから「狗子仏性」の公案についての道元の解釈について触れておきたい。[*19]「趙《じょう》州《しゅう》無《む》字《じ》」としても知られる「狗子仏性」とは、趙州真際大師とある僧との次のような問答からなる公案である。

> 趙州真際大師に、ある僧問う「狗子還有仏性也無」（狗子還《はた》仏性有りや也《また》無しや。）
> 趙州曰く「無。」
> 僧曰く「一切衆生、皆有仏性、狗子為甚麼無。」（一切衆生皆仏性有り。狗子甚麼《なに》としてか無き。）
> 趙州曰く「為他有業識在。」（他《かれ》に業識有る為なり。）（全上―三二より抜粋）

もとの公案では、ある僧が趙州に対して、「あらゆるものに仏性があるのであれば、犬にも仏性はあるのか。」と聞いた。これは、当然あるという答えを想定しての問いであるが、その期待を裏切って趙州は「無」と言った。これは、仏性を自己の修行の中で主体的に顕現すべきものとして捉えず、他人事のように考え、畜生にすら仏性があり仏に成れるのであれば自分も成仏できるだろうと誤解している僧侶の姿勢を厳しくただす言葉であろう。

それに対して質問者の僧はまだ自己の仏性理解の問題性を自覚できず、「（『涅槃経』では生きとし生けるものがすべて仏性を持っていると言われているのに）なぜ犬に仏性がないのか。」と重ねて質問したところ、「犬は業識（煩悩）があるからだ。」として、仏性とは煩悩を離れて「さとり」を求める修行の中にしか現れないのだから、欲望のままに生きている動物には仏性などないと言い、仏性があればそれ以上何も必要ないという誤解におちいっていた僧に修行の不可欠性を説き、自覚を促したのである。[20]

このようなもとの公案の意図を十分に理解した上でさらに道元は、自分なりの解釈を公案の一句一句に施していく。ここでは、趙州の最後の言葉に対する道元の解釈を見ておこう。

趙州いはく、「為他有業識在。」

この道旨は、為他有は業識なり、業識有、為他有なりとも、狗子無、仏性無なり。業識いまだ狗子を会せず、狗子いかでか仏性にあはん。たとひ双放双収すとも、なほこれ業識の始終なり。（全上－三二）

［現代語訳］趙州は言った。「為他有業識在。」と。

この言葉の趣旨は次のようなものである。「為他有」（他《た》との関係において成り立っている存在）は、業識（不完全な認識）をもって今ここで生きている修行者である。それは、業識を持った存在であり、他によって成り立つ存在であるとともに、また、「空」なる存在としての犬（修行者）でもあり、また「空」なる存在としての仏性でもある。業識を持った存在として、今ここで修行に徹していく存在であるのだから、犬（修行者）に仏性があるのかどうかなど理解することも必要ない。犬（修行者）はどうして対象として仏性を把握することなどできるのか。たとえ、犬のことも仏性のことも二つながら収めたり、突き放したりして、それをあるとかないとか試行錯誤して考えたとしても、これは修行者が業識（不完全な認識）において重ねていく修行であるのだ。

ここで道元は、普通は、「他《かれ》に業識有るためなり」と読み下される「為他有業識在」を「為他有」と「業識在」に分けて解釈する。これは『涅槃経』の「悉有仏性」を「ことごとく仏性有り」ではなくて「悉有は仏性なり」と読み下したのと軌を一にする読み換えである。この読み換えを通じて道元は、業識を持つ存在、すなわち、今、ここ、この私に限定されているという有限性を持った存在である修行者が、有限なる今、ここで、修行を通じて、空（「無」）を体現する存在であるということを強調する。たとえば、「有時」巻において、修行する一瞬一瞬としての「有時」は、不完全であり有限なものであり、その意味でつねに「半有時」（不十分な有時）、「錯有時」（錯誤としての有時）であるが、そうでありつつ、修行において他ではあり得ない今、ここにおいて真理を顕現するのだと言っていたのと同じ事態がここで想定されているのである。

そして、「業識いまだ狗子を会せず、狗子いかでか仏性にあはん。」という言葉は、業識を持つ存在ではあるが修行に徹する修行者は、仏性やその担い手について客観的対象的に理解することなど必要ないということを意味していよう。業識とは、一般に、過去の行為（業＝カルマ）の因縁によって生起する精神現象であり、端的に言えば煩悩であるが、道元は、自己の有限なあり方として捉える。しかし、その有限は、修行において、無限なる真理を顕現するものとしての有限である。だからこそ、対象的に、つまり、自己の修行の問題に関わらせることなく他人事として犬に仏性があるかないかなどということにこだわるなと道元は言う。

そして、最後に、「たとひ双放双収すとも、なほこれ業識の始終なり。」と言われる。ここで議論のレヴェルがさらに上がったと考えられる。つまり、たとえ、犬の仏性の有無の問題について試行錯誤して考えたとしても、それは、自己の修行の一環だというのである。「放収」とは、師が弟子を引き付けたり突き放したりして指導することであり、修行の現場を背景にした言葉である。犬と仏性とを引き付けたり突き放したりして自分で試行錯誤することは、誤りに誤りを重ねることでしかないが、先に言及した「有時」巻で「錯有時」と言われ、さらに錯誤を重ねるという意味で「錯々有時」と言われるように、それはそれでしかあり得なかった修行として肯定されるのである。

無仏性と有仏性

以上、道元の「狗子仏性」に対する解釈を検討した。道元は、狗子については仏性があるとする常識的理解を覆すという意味で「一切衆生無仏性のみ仏道に長なり。（全上－二八）」（一切衆生無仏性と説く方が有仏性と説くより優れている。）、「一切衆生なにとしてか仏性ならん、一切仏性あらん。もし仏性あるは、これ魔党なるべし。（全上－二八）」（どうして一切衆生が仏性であったり、仏性を有したりするだろうか。仏性などを持っているのは悪魔の仲間である。）と言っており、「無仏性」という表現を重視した。しかし、道元は同時に、「有仏性といひ、無仏性といふ、ともに謗となる。謗となるといふとも、道取せざるべきにはあらず。（全上－二八）」（有仏性と言っても無仏性と言っても完全な答えにはならず、その意味で誤りであるが、たとえ誤りとなっても自分で言語化しなければいけない。）

と言い、「無仏性」が最終解答であるわけではなくて、さらに問題を問い直し、自ら、答え直していくべきだとする。[*21] そこで、道元は、ある場合には「有仏性」の公案を取り上げ解釈していく。まず公案は以下のようなものである。これは、先ほどの趙州の公案に続くものである。

> 趙州、僧有りて問う「狗子還有仏性也無。」（狗子還《はた》仏性有りや也《また》無しや。）
> 趙州曰く「有。」
> 僧曰く「既有、為甚麼却撞入這皮袋。」（既に有ならば、甚麼《なに》としてか却《また》この皮袋に撞入する。）
> 趙州曰く「為他知而故犯。」（他《かれ》、知りて故に犯すが為なり。）（全上－三二一〜三二二より抜粋）

もとの公案では、同じことを問われた趙州が今度は犬に仏性があると言う。それに対して弟子の僧は「仏性を持っているのになぜ、畜生の姿をしているのか。」と問う。それに対して、趙州は、「彼は仏性があることを知っていて、だから大丈夫だと思って罪を犯したが、仏性があっても罪を犯せば畜生道に堕《お》ちる。」と答える。

この公案の最後の趙州の言葉に対する道元の理解は特徴的なものである。道元は、この言葉について「知而《ちに》のゆへに故犯《こほん》あるべきなり。しるべし、この故犯すなはち脱体の行履を覆蔵せるならん。」（全上－三二二）（仏性を持った存在である犬〔修行者〕は真理を認識しており、わざわざ自分から畜生の姿を取っているのである。わざわざ畜生の姿を取ることは、解脱して涅槃を実現する行いを蔵しているのである。）と解釈している。

このように、さとった存在がわざわざ迷いの世界の中に身を置いて、人々を教え導くことを「異類中行」と言う。これは大乗仏教の利他行の極北である。ここで「狗子」は仏性を持ち、仏でありながら、仏であることに安住せず、畜生の姿を取って修行し他者を導くものとされているのである。これは、大乗仏教の目指す「共同成仏」の一つの表現なのである。

第三節　道元と親鸞の仏性論

本節では、道元の仏性論が大乗仏教の展開においてどのような意義を持っているのかをさらに明確にするために、親鸞《しんらん》の仏性論との比較を試みる。

さて、道元と親鸞と言えば、いわゆる鎌倉新仏教の祖師の中でも、さらには、日本仏教思想史上においても、その思索の徹底性において一、二を争う仏教者である。彼らは、当人たちの意図かどうかは別にして、[*22]それぞれ、日本曹洞宗、浄土真宗の開祖として仰がれ、禅思想、浄土思想という別々のカテゴリーにおいて、その思想内容が検討されてきた。もちろん、そのようなカテゴリー分けが間違っていると言いたいわけでもないし、それぞれが、別々の宗派の教義的正統性の源泉として宗学の中心的対象とされていることについて、何らかの異論を唱えるべきだと言いたいわけでもない。しかし、親鸞と道元を、それぞれの宗派の開祖としてのみ見るのではなくて、インド、中国、日本と大きな展開を遂げた大乗仏教の思想家として見る視点もあってもよいのではないだろうか。このような視点から、本節では両者の比較を試みたい。道元の仏性論についてはすでに述べたので、親鸞の仏性理解について略述しておこう。

親鸞の「仏性」観

では親鸞の仏性思想について検討してみよう。[*23] 私見によれば、親鸞の「仏性」論には、大きく分けて、①『教行信証《きょうぎょうしんしょう》』総序や「信」巻の阿闍世《あじゃせ》成仏《じょうぶつ》の引用に顕著に見られるような闡提《せんだい》成仏論と、②『教行信証』「真仏土」巻や『唯信鈔文意《ゆいしんしょうもんい》』などに見られるように、如来常住説と関わらせて、真如や仏の法身を仏性と捉える文脈がある。①は、善導《ぜんどう》や源信、法然らから受け継いだ、善根を断たれた「闡提」つまり罪悪深重の凡夫ですら救われるという前提的考えをふまえて、阿弥陀仏から信心として仏性を与えられることによって浄土往生が可能となるというものである。これは、先述の『仏性論』の三つの如来蔵説に対応させるならば、阿弥陀仏から与えられた仏性を衆生が持つということで「能蔵」に対応するだろう。しかし、阿弥陀仏から信心としての仏性を与えられるという言い方は、仏性を受け渡しできるような何らかの事物として捉える傾向を生みがちである。そこで、「所蔵」に対応する②の仏性を真如や法身との関係で捉える見方が強調されなくてはならない。

結論を先取りして言えば、親鸞の仏性説は、②の面をも強調することで、仏性の超越的側面を回復しようとしたところに特徴があると言える。以下、親鸞の②の仏性説について、『唯信鈔文意』の一節をてがかりとして検討してみよう。

涅槃おば滅度といふ、無為といふ、安楽といふ、常楽といふ、実相といふ、法身といふ、法性といふ、真如といふ、一如といふ、仏性といふ、仏性すなわち如来なり。この如来、微塵世界にみちみちたまへり。すなわち、一切群生海の心なり。この心に誓願を信楽するがゆへに、この信心すなわち仏性なり。仏性すなわち法性なり。法性すなわち法身なり。法身はいろもなし、かたちもましまさず。しかれば、こころもおよばれず、ことばもたへたり。

この一如よりかたちをあらわして、方便法身とまふす御すがたをしめして、法蔵比丘《ほうぞうびく》となのりたまひて、不可思議の大誓願をおこしてあらわれたまふ御かたちおば、世親菩薩は尽十方無《じんじっぽうむ》礙光如来《げこうにょらい》となづけてたてまつりたまへり。この如来を報身とまふす。（中略）この報身より応・化等の無量無数の身をあらはして微塵世界に無礙の智慧光をはなたしめたまふゆへに、尽十方無礙光仏とまふすひかりにて、かたちもましまさず、いろもましまさず、無明のやみをはらひ悪業にさえられず、このゆへに無礙光とまふすなり。無礙はさわりなしとまふす。しかれば阿弥陀仏は光明なり。光明は智慧のかたちなりとしるべし。（親鸞全三－和文篇一七〇～一七二）[*24]

［現代語訳］涅槃（さとり）を、滅度（煩悩の滅却）と言い、無為（自力を離れた他力）と言い、安楽と言い、常楽と言い、実相（真実の姿）と言い、法身（仏の本質）と言い、法性（真理の本質）と言い、真如（真理）と言い、一如（絶対の真理）と言い、仏性（仏の本質）と言う。仏性とはすなわち如来そのものである。この如来は、いついかなる世界にも満ち溢れている。つまり、生きとし生けるものの広大な世界を包み込む「心」である。この心において（われわれ衆生は）誓願を信じ喜びを得るのであるから、この信心はそのまま仏性の本質である（信心は自

分が起こすのではなくて、仏（＝色形を超えた真理）によって起こさせられるものなのである）。仏性（仏の本質）はそのまま法性（真理の本質）である。法性とはそのまま法身（真理そのもの）である。法身は色もかたちもおありにならない。だから、心も及ばず、言葉によっても表せない。

この一如（＝色形を超えた真理）からかたちを現して、方便法身と申し上げる御姿を示現なさって法蔵比丘と名乗られて、不可思議のおおいなる誓願を起こして現れなさった。そのお姿を、世親菩薩は「尽十方無礙光如来」とお名付けになったのである。この如来を報身と申し上げる。（中略）この報身から応化身をはじめとする、はかりしれないほど多い身を示現して、いついかなる世界にも、何ものにもさえぎられない無限の智慧の光を放たせなさる。それ故、仏とは、「尽十方無礙光仏」と申し上げる光であって、かたちもなければ、色もなく、はかりしれないほど深い闇を照らし、どのような悪業にも妨げられず、それだから無礙光（遮られない光）と申し上げるのである。「無礙」という言葉は「妨げがない」ということである。つまりは、阿弥陀仏は光明であり、光明は智慧を表したものと理解すべきである。

この引用文において仏性は、涅槃、滅度、無為、安楽、常楽、実相、法身、法性、真如、一如、如来などと並置されている。まず、「涅槃」とは、本来は釈迦が八〇歳で入滅（「滅度」）し完全な「さとり」に到達し、輪廻転生を解脱したこと、すなわち、仏の死を指していたが、『涅槃経』は釈迦の肉体の死を超えて、仏としての本質（仏性）は永遠であるとして、前述のように、「如来常住、無有変易」と説いた。つまり、涅槃は、永遠の真理であり真実の姿、(「真如」「法性」「実相」「一如」)であり、さらに、それを感覚的な言葉で表すならば永遠の安らぎ(「安楽」「常楽」)となる。「無為」とは涅槃とともに使用されることの多い言葉である。因縁によって作られたのではない不生不滅のものという意味であり、また、真如を説明する言葉である。

そして、この引用文の「如来」は、真如や無為等と並置されており、たとえば『無量寿経』などの浄土経典に登場する阿弥陀仏などの具体的な姿かたちを持った人格的存在者ではない。[*25] それは、「微塵世界」(細かな塵ほどの極微の世界)にまでも遍満しており、「一切群生海の心なり」と言われるように、衆生が輪廻転生する迷苦に満ちた生死の海の全体をも包越するもの、すなわち、全世界を包み込みつつ全存在をそのものに対して超越するように促すものとしての「心」である。この場合の「心」とは、もちろん個人的な心理作用や霊魂を意味するのではなくて、たとえば『華厳経』で「三界唯一心」などと言われる「縁起―無自性―空」なる場であり、その場における全体作用を指す。

「縁起―無自性―空」について親鸞自身の言葉によるまとまった説明こそ、その著作中には見当たらないものの、『教行信証』では「縁起―無自性―空」に言及した経論の引用が散見する。[*26] 前掲の引用文から、親鸞は、究極的なものを、「縁起―無自性―空」なる場(＝浄土)として捉えていこうとしたと言えよう。

以上のことをふまえると、仏性、涅槃、無為、実相、安楽、常楽、真如、一如、如来、心などと言われるものは、まさにこの「縁起―無自性―空」なる場、そしてその場にはたらき、場を成り立たせている全体作用について、それぞれ別の角度から言い取ったものであると言うことができる。そもそも仏教においては、「縁起―無自性―空」を体得すること、「縁起―無自性―空」なる場へと自らが位置付くことこそが成仏、すなわち、「さとり」なのである。しかし、浄土教の立場では、末世の凡夫は煩悩故に独力でさとることが不可能であり、それ故に、阿弥陀仏に帰依することが不可欠である。つまり、阿弥陀仏がすべての衆生を浄土へ往生させようと立てた誓願を信じなければならない。なぜなら、その信によってはじめて、浄土に往生し、そこで成仏することが可能となるからである。

「この心（一切群生海の心）に誓願を信楽するがゆへに、この信心すなわち仏性なり」とあるように、この「縁起―無自性―空」なる場というものに立脚してこそ、自らが本来、身を置くべき「縁起―無自性―空」なる場へ回帰しようということが可能となる。そのような回帰を願う心こそが、阿弥陀仏の誓願への信心であり、成仏を可能にせしめる仏性であり、それは、衆生の本来性の自覚でもある。

信心と言うと、何らかの非合理的なことを理性を超えて信じるというイメージも一般にはあるが、ここで親鸞が言おうとしている「信心」とは、自らの本来性の取り戻しにほかならない。阿弥陀仏の誓願への帰依において凡夫はその取り戻しを成就するのである。このような帰依において（親鸞においてはこの帰依自体も本来性からの促しによる）、人はこの「縁起―無自性―空」なる場へとつらなることができるのである。

さらに、引用文において親鸞は、仏性すなわち空なる場を、如来（仏）の「法身」として説明する。法身とは、報身《ほうじん》や応化身と並ぶ仏身の一つである。[*27] 報身や応化身が感覚的具体性において把握される仏身であるのに対して、法身は、不生不滅の仏の本質である。このことを親鸞は、「法身はいろもなし、かたちもましまさず。しかれば、こころもおよばれず、ことばもたへたり。」と説明している。法身とは、感覚的にも捉えられないし、認識によって対象化することも言語化することも不可能だと言うのである。しかし、その法身は、単なる何もない虚無ではなく、「この一如よりかたちをあらわして、方便法身とまふす御すがたをしめして」と言われているように、つねに自分自身を具体的形象として顕現する。

　引用中の方便法身とは、親鸞が『愚禿鈔《ぐとくしょう》』において「法身について二種あり。一には法性法身、二には方便法身なり。（親鸞全二－漢文篇九）」と言っているように、二種類の法身のうちの一つである。法性法身とは、あらゆる感覚や対象化作用を超えた法身そのものとも言うべきもので、「縁起―無自性―空」なる場とその作用と言えよう。それに対して、方便法身とは、認識を超越した法性法身が自らを、何らかのかたちあるものへと表したものである。この二つの法身は、別々のものとしてあるというよりも、場の作用そのものと、その作用を具現するものとして分かち難く結び付いている。その意味で一つの事態を異なる角度から言い取ったものである。

　方便法身の「方便」とは、一般に衆生の機根（能力・性質）に応じて教化するための手立てである。ここでは、「縁起―無自性―空」なる場とその作用を、衆生が感得可能なかたちにして示し教えることである。穢土（厭《いと》い捨てるべき穢《けが》れたこの世）における煩悩的存在である衆生を自らの本来性に目覚めさせるのが方便の役割である。方便こそが、「縁起―無自性―空」の次元に自己が本来立脚していることを忘却して、存在を実体化し執着する衆生に、自らの本来的なる空性を自覚させるのである。

そして浄土思想の場合、方便法身とは、まず法蔵菩薩であり、法蔵菩薩が成仏してなった阿弥陀仏である。裏を返して言うならば、人格的存在者としての法蔵菩薩も阿弥陀仏も、その本性は、「空」なる場の作用の具現した「かたち」である。「かたち」を通じてそのはたらきを自覚させることで、衆生を「縁起―無自性―空」なる場、すなわち浄土へと導こうというのが法蔵菩薩の誓いなのである。

親鸞において阿弥陀仏は、最終的には、光そのものとして、また無限の慈悲と智慧として捉えられる。何ものにも妨げられずすべてを平等に照らし出す光とは「縁起―無自性―空」を象徴的に表現したものである。空なる場においては縁起によってすべてのものが結び付きあい作用しあいながら、場が形成されていく。このような場の、結合しあうという特徴を強化することを慈悲と言い、そのような場自体を自覚し他者へと伝達することを智慧と言う。智慧と慈悲とは「空」なる場の作用である。阿弥陀仏はまさにこの智慧と慈悲とを形象化したものである。「空」なる場の作用としての智慧と慈悲は、光として顕在化され象徴的に表現され、さらに表現の具体性を強めて、人格的存在者としての阿弥陀仏になる。

阿弥陀仏は、浄土信仰では伝統的に報身と捉えられ、衆生の機根に応じて自らの身を変化させて示現する応化身とは区別されるが、少なくとも、先に引用した『唯信鈔文意』の「この報身より応・化等の無量無数の身をあらはして」という言葉や『愚禿鈔』の仏身に関する叙述においては、報身と応化身とは、その具体化の度合いの違いとしてしか捉えられていない。[*28] つまり、法身→報身→応化身というように、抽象的、超越的なるものが、穢土の現実に即して顕現され具体化されていくのである。

親鸞にとって仏性とは、まさに、この具体化を通じて「かたち」として表現されるところの認識超越的な「縁起―無自性―空」なる場であり、その作用であった。この場とは、先述のように、如来蔵思想そのものの中に、「所蔵」というかたちで組み込まれていた、全体的なる場である。親鸞は仏性を「縁起―無自性―空」なる場として捉えることによって、インドから東アジア各地へという如来蔵・仏性思想の展開の中で、実体化され内在的なものとして捉えられ、その有無に関心が矮小化されがちであった仏性観を再検討し、その原点に戻ったと言えるのである。

道元と親鸞の仏性観の共通性

以上、道元と親鸞の仏性説の検討から両者の共通性が浮かび上がってきた。インドの地に成立した仏性（如来蔵）思想は、その広がりとともに、仏性を実体化して捉える傾向が次第に目立ってきた。とくに中国においては、三一権実論争の中で、衆生における仏性の有無が問題の焦点とされ盛んに議論されたため、そのような傾向が強まった。しかし、それは、仏教本来の無自性説に反するものであった。そのような中で、仏性実体化の流れに抗して、仏性を「縁起―無自性―空」に関わらせて捉えていこうとする動きも出てきた。そのような動きを顕著に担った日本の仏教思想家が、道元であり親鸞であったのだ。彼らは、それぞれその思想背景は異なっているが、ともに大乗仏教をその真髄において捉えていた点では共通している。彼らは、実体化され内在的なものとして捉えられ、その有無というようなところに関心が矮小化されがちであった「仏性」を、もう一度、その本来である「縁起―無自性―空」の文脈に置き直して理解したのである。

●注

＊1　道元の仏性論については、これまで多くの論考が発表されている。代表的なものの一端をあげれば、和辻哲郎「道元の「仏性」」（『思想』一九）、増永霊鳳「道元禅師の仏性観」（『日本仏教学会年報』二一）、高崎直道「道元の仏性論」（講座道元六）などがある。何燕生「道元の仏性論」（『文化』六三巻三・四号）は、道元を禅思想史の中に位置付けようとした労作である。菅野覚明・宮川敬之「『眼蔵』を読む」（講談社PR誌『本』）は、「仏性」巻についてもこれまでの読み（伝統的宗学と和辻哲郎以来の近代的註釈）を大胆に見直し、新たな読みを提示する意欲作で、示唆的な論点を多く含む。

近年、道元の仏性論に対する注目すべきアプローチとして、「批判仏教」の論客である袴谷憲昭氏の、七十五巻本における道元の立場を本覚論に「汚染」された「曖昧、晦渋」なものと断じ、その仏性論についても否定的に捉える見方があり、一定の支持を得ている。袴谷氏の所論は「如来蔵思想はアートマン思想であり、仏教思想とはいえない」という主張を基盤としているが、本稿で述べるように、確かに仏性／如来蔵思想の展開の過程で、「所蔵」（衆生が如来に包まれているという側面）を軽視して、「能蔵」（衆生が如来を有するという側面）を強調し、如来蔵を衆生の中にある何らかの実体的なものとする傾向が強く見られたこともあった。このような如来蔵を実体化しがちな傾向に限って言うならば、仏性／如来蔵批判は当を得ているとも言えるが、しかし、如来蔵思想の真骨頂は、それが「能蔵」であると同時に「所蔵」でもあることにあると言え、その意味で、この批判は限定的なものと言えよう。

また袴谷氏と並んで「批判仏教」の論客として知られる松本史朗氏は、仏性内在論と仏性顕在論とを区別し、七十五巻本の道元は、仏性顕在論の立場から仏性内在論を批判しているが、十二巻本の道元は、「深信因果」の縁起説の立場から仏性顕在論すらも批判していると指摘する。しかし、松本氏が十二巻本における道元の仏性顕在論批判の例としてして出す道元の文章の解釈には再考の余地があるように思われる。

たとえば、松本氏は十二巻本「四禅比丘」で「山河大地をみるは如来をみるなり」「微塵をみるは法界をみるにひとし」（全上－七二）という考え方を「仏性顕在論」であり道元はこれを批判していると指摘しているが（松本史朗『道元思想論』四頁）、同巻の記述を見てみると、道元は同時に「なんぢ微塵をみるは法界をみるにひとしといふ、たみの王にひとしといはんがごとし。また何ぞ法界をみて微塵にひとしといはざる。」と言っており、これは「微塵を見るのは法界を見ることだとばかり考えず、法界を見て微塵に等しいというべきである。」という意味である。微塵とは個々の事物事象である。そこに真理が宿るとばかり考えず、真理がどのように個々の事物事象に宿るのか、また事物事象そのものとなるのかを考えよと言っているのである。ここで道元が批判しようとしているのは、微塵の中に真理が宿るのだからそれ以上何も必要ないという考えであり、それに対して真理を個々の事物事象が現すことこそが修行であり、修行こそが法界と微塵とをつなぐものであるということを打ち出そうとしているのである。

このことを裏付けるのは、この「微塵をみるは法界をみるにひとし」をテーマとした一段の直前で道元が無為自然を説く道家を自然外道になぞらえて批判していることである。修行しなくても個々の事物事象に真理が宿るのだからおのずからさとるのだという修行不要論を仮想敵として道元は批判を行っているのだ。

＊2　中国の伝承では堅慧作、チベットの伝承では弥勒造、無着註とされている。なお、『宝性論』に関しては、宇井伯寿『宝性論研究』、高崎直道『如来蔵思想の形成』、同『宝性論』、小川一乗『仏性思想』、『小川一乗仏教思想論集一　仏性思想論Ⅰ』、『同二　仏性思想論Ⅱ』（小川前掲書をも収める）を参考にした。

＊3　宇井前掲書五二〇頁、高崎前掲書二〇頁、小川前掲『仏性思想』三三頁参照。とくに、如来蔵の三義の説明に関しては、小川前掲『仏性思想』第三章「『悉有仏性』の意味」を参考にした。

＊4　大正蔵（大正新脩大蔵経の略称。以下同じ。）三一、八一三～八四八頁所収。

＊5　大正蔵三一、七八七～八一三頁所収。『仏性論』に関しては、「斯かる原典があったとなすよりも、真諦が翻訳講述の必要上別の論を（『宝性論』に―頼住註）付加したとなす方が考え易い。」（服部正明「『仏性論』の一考察」『仏教史学』四－三・四、三〇頁）という見解が定説とされている。真諦が『宝性論』の主要部分である如来蔵品を翻訳し、さらにそれに関係する論を補い『仏性論』としたと推定される。成立についての詳細は、拙論「道元の仏性論―「仏性」思想展開の観点から」

（『日本仏教綜合研究』第五号）註5を参照されたい。

＊6　サンスクリット語『宝性論』と真諦訳『仏性論』の比較検討に関しては、小川一乗「『宝性論』と『仏性論』」（平川彰編『如来蔵と大乗起信論』）を参考にした。とくに、『宝性論』における「如来蔵を有すること」の三義の説明が、『仏性論』では「如来蔵品」の三蔵説に言及した部分で対応しており、さらにその言及は原典に捉われず自由に行われているという指摘（同書二四二頁）は示唆的である。

＊7　大正蔵三一、七九五頁下。この三義の説明は、たとえば元暁『大乗起信論・海東疏』などに見られるように、以後中国仏教圏において広く受容された。

＊8　山口益『空の世界』三八頁参照。

＊9　このことの傍証としてあげられるのが、『涅槃経』のチベット重訳における、「仏性」の訳語の変化の問題である。サンスクリット原典における tathāgata-garbha は、漢訳に際しては、ほぼ「仏性」と訳されたが、曇無讖訳『涅槃経』をさらにチベット語に訳す際には、興味深いことに、この言葉は saṅs rgyas kyi raṅ bshin と例外なく訳される。この言葉は、サンスクリット語の buddha-svabhāva、buddha-prakṛti にあたり、「仏の自性」を意味する。このような漢訳からチベット訳における変化が起こった背景としては、中国仏教が、「仏性」という術語を「何らかの形而上的観念的な固定された実体として把握しようとした傾向」にあったからと考えられる（注2小川前掲『小川一乗仏教思想論集二』二八〜二九頁参照。小川は『涅槃経』だけでなく、『法華玄賛』のチベット重訳においても、「仏性」の訳語をめぐって同様のことが起こっていると指摘する）。

＊10　ただし下田正弘『涅槃経の研究―大乗経典の研究方法試論』においては『涅槃経』における

仏性は、「仏塔」とからめて表現されており、dhātuは、本来「仏舎利」であり、「場」と解されるべきではないと主張されている（同書二六九頁、二七八〜二八七頁）。拙論は、仏性／如来蔵思想のインドにおける思想的到達点である『宝性論』を中心として、インドの仏性／如来蔵思想をおさえ、その後の展開を検討することを目的としているので、『宝性論』で言及される法界dharma-dhātuをもとに、buddha-dhātuのdhātuの含意するところを検討した。

＊11　中国仏教における仏性理解に関しては、鎌田茂雄『中国仏教史』第四巻、第五章「諸学派の興起と展開」第二節「涅槃学派」を参考にした。中国仏教では、不滅の「体」と生滅する「用」を説く体用論が仏性説にも適用され、とりわけ梁の武帝によって、成仏の根拠としての不滅の識神を想定するという一種の霊魂不滅説が仏性説に関連して説かれ、後代に大きな影響を与えたという指摘（三四七頁）は、示唆的であった。「能蔵」が強調され、仏性が実体化される背景の一つとして、体用論の影響があると考えられる。

＊12　北宗とは、一般に、神秀の系譜を引く法系で、洛陽、長安など北方に広まった。南方に広まった慧能系の南宗禅が頓悟を説いたのに対して、北宗禅では漸悟（段階的修行による開悟）を説くと言われるが、この頓漸の区別や、南宗禅、北宗禅の区別すら南宗禅の側からのレッテル張りであり、実態を反映していない点も多いと近年、指摘されている。なお、神秀は皇帝から重用されたが死後法脈は長くは続かず、南宗禅が全盛期を迎えた。柳田聖山『初期禅宗史書の研究』（『柳田聖山集』第六巻）参照。

＊13　この言葉の出典は、『天聖廣燈録』巻八（続蔵〔大日本続蔵経の略称〕一三五、三二五c）、『景徳傳燈録』巻五、南嶽懐譲章（大正蔵五一、二四〇c）である。また、真字『正法眼蔵三百則』

中巻第一則にも収められる（全上−二一九）。詳細は、鏡島元隆『道元禅師と引用経典・語録の研究』四四二〜四四六頁参照。

＊14 注1菅野・宮川前掲論文は、和辻哲郎以来の近代的道元解釈の伝統、すなわち、「悉有」をAll-sein（普遍的実在）として、これが「仏性」であることを「仏性」巻の読みの中心に据えてきた伝統に対して批判する。その上で、存在論としてではなく、修行−嗣法論として（菅野）、構造−現象論として（宮川）、「仏性」巻を読み解く。本稿は、基本的には、「悉有」が「仏性」であるという『涅槃経』の「仏説」を、「仏性」巻の中軸であると見る点ではこれまでの解釈を踏襲するが、本文でも述べたように、従来、無媒介に結び付けられがちであった「悉有」と「仏性」とが、自己（＝世界）の現成を媒介として結合することを、インド以来の仏性／如来蔵思想の展開（如来の遍満としての教法、仏の種姓としての修行、「所蔵」の強調）をふまえて主張しようとするものである。

＊15 道元の経典や公案の読みの特異性については、鏡島元隆『道元禅師と引用経典・語録の研究』第二章「道元禅師と引用経典・語録の形式的・内容的考察」を参照。

＊16 道元の考えるさとりや修行、時間、自己、世界、言語等に関して、詳細は拙著『道元―自己・時間・世界はどのように成立するのか』を参照。

＊17 出典は『宗門統要集』七である。真字『正法眼蔵三百則』上巻第五八則所載（全下−二一二）。なお「遍界不曾蔵」という言葉は、道元が留学中に老典座と弁道をめぐるやり取りをした際に投げかけられたものであったことが、『典座教訓』（全下−二九九）に見える。

＊18 従来の注釈には、大きく分けて道元の直弟子である詮慧《せんね》と、その弟子の経豪による『御聞書抄』からはじまり後に江戸宗学において著された諸注釈書や、典拠を調査した『渉典録』などのい

わゆる古註と、近代の和辻哲郎以来の、宗門から離れた自由な立場による新註がある。それぞれの「悉有仏性」に対する解釈については、宮川敬之「解釈の隘路」(注1菅野・宮川前掲論文「『眼蔵』を読む」)参照。

＊19 「狗子仏性」の公案に関する道元の解釈については、全上－三二～三三参照。

＊20 なお、この公案は前半の「趙州曰く「無。」」で切られて無門関第一則に収められ、「無字」の公案とされた。そして、この「無」をある種形而上学的に捉えてこの無字を参学することが求められた。

＊21 たとえば、「仏性」巻末では「生のときも有仏性なり、無仏性なり。死のときも有仏性なり、無仏性なり。(全上－三四)」と言う。もちろん、これとても他の答えを排除するような最終解答ではない。

＊22 道元は、禅宗という限定された呼称を嫌い、自己の立脚点はあくまでも釈迦以来連綿と伝えられてきた仏教であると主張する。そのような点を勘案すれば道元にとって「日本曹洞宗」の開祖とされることは、必ずしも本意とは言えないであろう。一方、親鸞は自己をあくまでも法然の弟子として捉えており、別に一宗を立てる意図は持っていなかった。宗派としての浄土真宗の成立は、親鸞の墓所を守ったその子孫たちによるものである。

＊23 親鸞の仏性観について、また、両者の比較について詳しくは、拙論「親鸞の「仏性」思想について―その源流と展開」(『人文科学研究』第三巻)、「道元と親鸞の「仏性」観をめぐる比較思想的探究」(『「いのち」の流れ』峰島旭雄先生傘寿記念論文集編集委員会編)を参照されたい。

＊24 『定本　親鸞聖人全集』(法蔵館)第三巻の和文篇一七〇～一七二頁を表す。以下、親鸞の引

用に関しては本書を用いた。ただし、句読点、かなづかい、漢字の字体等の表記については、私見により適宜改変した。

＊25　浄土思想において阿弥陀仏は人格的存在とみなされる。『無量寿経』所収の法蔵神話によれば、遠い過去に世自在王仏の下で、ある王が出家して法蔵菩薩（比丘）となった。法蔵菩薩は、生きとし生けるものすべてを救うために五劫思惟して四八の誓願を立てた。中でも王本願と呼ばれる第十八願は「念仏するすべての衆生が浄土に往生できるまで自分は成仏しない。」というものであった。そして法蔵菩薩は長い間修行して、十劫以前に成仏して阿弥陀仏となった。つまり、念仏するすべての衆生はすでに救われているということになる。この神話においては、因位の法蔵菩薩、果位の阿弥陀仏ともに人格的存在とされているが、親鸞は、それら人格的存在はあくまでも衆生を導くための方便としての具体的形象であり、それらは最終的には、「はたらき」としての抽象的真理に還元されると考えている。

＊26　空についての引用の一例をあげれば、『教行信証』「真仏土」巻における、善導『観経疏』「玄義分」の中の引用である『大品般若波羅蜜経』の釈迦の言葉「性空なれば、すなわちこれ涅槃なり。（親鸞全一－二六二）」がある。ここでは、「涅槃」も含めてあらゆるものが「化」（その時、その場における顕現）として無常なものであることに関連させて「空」が主張される。また、親鸞にとって、仏性が実体性のない空として捉えられていたことは、同巻に『涅槃経』の言葉である「仏性はなほ虚空のごとし。（親鸞全一－二四〇）」をたびたび引証していることからも分かる。

＊27　一般的には、報身とは修行の報いとして得られた仏身のことで、応化身とは、教化対象の機根に応じて種々のかたちをとって化現した仏身である。また応身と化身を分けて、仏の姿で現われ

たものを応身、衆生の姿で現われたものを化身と呼ぶこともある。なお阿弥陀仏は法蔵菩薩が修行して得られた化身であるので報身とされた。

＊28 『愚禿鈔』には、「報身について、三種あり、一には弥陀、二は釈迦、三は十方。応化について、三種あり、一は弥陀、二は釈迦、三は十方。（親鸞全二－漢文篇九～一〇）」とあり、報身と応化身が重ね合わされている。

第四章　道元の善悪観──『正法眼蔵』「諸悪莫作」巻を読み解く

本章においては、前章までの議論をふまえて、道元の実践論の要ともなるその善悪観について、『正法眼蔵』「諸悪莫作」巻をてがかりとして検討する。これまで第一章においては、「無常」に関する道元の多様な言説のうちでも道元の思想の核心を反映する「無常仏性」を通して、「無常」とは不滅の本質を持たず、他との関係においてあるということで、「縁起─無自性─空」を意味することをあきらかにした。第二章においては、このような「縁起─無自性─空」なる真理世界を体得することが「さとり」であり、それは修行の根拠でもあることをあきらかにした。目的が実は根拠であるという循環構造は一言で言うと「修証一等」であり、これは道元の思想の軸である。第三章においては、第一章の「無常仏性」や第二章の「風性（＝仏性）常住」において問題となった「仏性」に対する道元の理解をあきらかにして、さらに、道元の世界観、存在観について検討した。この第一〜三章においてあきらかになった、世界観、存在観、人間観をふまえ、では、具体的場面においてどのような行為が要請されるのか。この問題を、本章では行為の基準となる「善悪」を取り上げて考えてみたい。

さて、「諸悪莫作」巻が示衆された延応二年（一二四〇）は、道元の思想的主著たる『正法眼蔵』

の著述が軌道に乗りはじめた年でもある。同年には、「有時」巻、「山水経」巻など道元の思想を考える上で見逃すことのできない重要な巻が著されている。これらの巻と同様に、この「諸悪莫作」巻も、道元の思索や文体の特徴が十分に発揮されており、とくに、道元の表現の独自性の真骨頂とも言うべき漢文の意図的読み換えや熟語の分解と組み換えなどが縦横無尽に行われている。本章では、とくに、この独自な表現に着目して一語一語丁寧に読み解く。それを通じて、道元の文体を支える道元の思索の特徴を浮き彫りにしたい。

七仏通戒偈

『正法眼蔵』では、語録や経典の言葉を道元自身が解釈するかたちで思索が展開されていくが、この「諸悪莫作」巻も、冒頭に掲げられた七仏通戒偈《しちぶつつうかいげ》が叙述の軸となっている。七仏通戒偈とは「諸悪莫作　衆善奉行《しゅぜんぶぎょう》　自浄其意《じじょうごい》　是諸仏教《ぜしょぶつきょう》」である。巻名の由来ともなっているこの偈は、釈迦牟尼仏と、それ以前にあらわれた毘婆尸仏《びばしぶつ》、尸棄仏《しきぶつ》、毘舎浮仏《びしゃふぶつ》、拘留孫仏《くるそんぶつ》、拘那含牟尼仏《くなごんむにぶつ》、迦《か》葉仏《しょうぶつ》の六仏からなる過去七仏によって、共通して説かれたものとされ、それ故、七仏通戒偈と呼ばれている。パーリ語経典の中では、「すべて悪しきことをなさず、善いことを行い、自己の心を浄めること、これが諸仏の教えである」というかたちで伝わっている。

止悪修善を説くこの偈は、釈迦以来伝えられている偈の中でも、仏教の基本的な精神を端的に表したものとして、もっとも重要なものの一つに数えられており、今日に至るまで、広く誦唱されている。通常、「諸悪なすことなかれ　衆善奉行すべし　自ら其意を浄む　是れ諸仏の教なり」と読み下されるこの偈の意味は、明白であるように思われる。しかし、道元は、この一見、単純明快に見える偈にきわめて独自な解釈をほどこしつつ自己の思索を展開していく。以下、この偈に対する道元の解釈をたどってみよう。

第一節　「諸悪莫作」をめぐって

「諸悪」とは何か

まず、七仏通戒偈の冒頭の「諸悪」に対する道元の解釈から見て行こう。

> いまいふところの「諸悪」といふは、善性・悪性・無記性のなかに悪性あり。その性これ無生なり。善性、無記性等もまた無生なり、無漏《むろ》なり、実相なりといふとも、この三性の箇裏《こり》に、許多般《こたはん》の法あり。諸悪は、此界の悪と他界の悪と同不同あり、先時と後時と同不同あり、天上の悪と人間の悪と同不同なり。いはんや仏道と世間と、道悪、道善、道無記、はるかに殊異あり。
>
> 善悪は時なり、時は善悪にあらず。善悪は法なり、法は善悪にあらず。法等、悪等なり、法等、善等なり。（全上－二七七[*1]）

ここで道元は、まず悪について、善・悪・無記（善でも悪でもない）の三性のうちの一つであるとして、悪を三性の一つと捉える仏教の善悪観の基本事項をおさえた上で、さらに、悪も善も無記も「無生」であると言う。「無生」とは、「不生」と同様の意味を持ち、無生無死、生死を超越した永遠の真理を意味する。『正法眼蔵』の用例でも、そのような使われ方をされており、[*2] 本文では、さらに、「無漏」(煩悩によるけがれのないこと、清浄)や「実相」と並置されていることから、この文脈においては、そのような、存在の真実のあり方という意味を含意しつつ、文字通り、「生じない」ということで、「存在の真実のあり方においては、善・悪・無記という性質上の違いは、本来は生じてはいない。」と解釈するのが妥当であろう。[*3] われわれが日常的に善であるとみなし、また悪であるとみなしているものは、いかなる場合にも無条件に善であり、悪であるとは言えない。つまり、本来的には、善悪の固有性、独立自存性(自性、我性)は存在しない、というのである。

では、そのように、善悪が相対的なものであり、無自性(それとしての固有性、自存性を持たない)であることを主張することに、いったいどのような根拠があるのだろうか。それについて道元は、引用文の最後の部分で「善悪は法なり、法は善悪にあらず。」と言っている。「法」はここでは事物事象すなわち存在を意味すると考えてよいだろう。善悪とは、事物事象について言われるのであるが、事物事象そのものは、そのような善悪という価値評価を超えていると道元は主張する。そして、その理由として「法等、悪等なり、法等、善等なり。」と言う。つまり、「法」が平等であるから、善悪も平等だと言うのである。この「法」の平等については、第一章ですでに言及したが重要な論点であるので、ここでもう一度善悪という観点から確認しておきたい。

全事物事象が平等であるとは、全事物事象が相互相依しあって、そのものとなっているということであり、また、その相互相依を支えているということにおいて、どの事物事象も、同等であるということである。そして、ある観点に立って、Aを善とすれば、それに対応して、非Aは悪となるが、Aそのものは、善でも悪でもない。無自性である。観点を変えれば、今度は非Aが善となり、Aが悪となることもあり得る。Aも非Aも、そのものというレヴェルにまで還元するならば、平等なのである。道元は、Aと非A、善と悪というような差異の根底に、平等性を見出そうとしているのである。

しかし、このことは善と悪という差異を完全に無化してしまうことではない。差異は差異としてありながらその差異が無自性のものであり、相互相依によって生まれた仮のものであることを知ることによって、その差異への執着を超越するのである。凡夫の日常的世界は、差異性を絶対化してしまって、事物事象を相互相依の関係性においてではなく、要素として自己完結したものとして把握することで成り立っている。そのような世界にいる凡夫にはこの平等性は見えてこないが、道元はこの世俗世界の深層に、善悪を超越した平等なる次元を見出そうとしたのである。

叙述の順序を転倒して、先に引用の最後の文を解釈したが、以上述べたことをふまえるならば、道元が善も悪も無記も無生であり、さらに、「無漏」「実相」であるといった意味があきらかになるであろう。「無漏」とは、無執着であり、煩悩のない清浄な状態である。また「実相」とは、世界や存在の真実の姿ということである。先に述べた、平等が実現された状態、すなわち、事物事象が「縁起―無自性―空」なる次元にあって、自己完結的でも独立自存でもない状態こそが、「無漏」であり、「実相」なのである。煩悩とは、本来、関係性において成り立っているにすぎない存在を、それ自身として立てて、それに執着することであるから、平等が実現されているということは、そのような執着が超えられているということであり、そして、それこそが真実なる姿（「実相」）にほかならないのである。

そして、道元は、このように善・悪・無記が「無生」にして平等であると言いながら、善・悪・無記のそれぞれの中（「三性の箇裏」）に、さまざまな差異をもった事物事象（「許多般の法」）があるという。まず、「その性これ無生なり。善性、無記性等もまた無生なり、無漏なり、実相なり。」と、本来の次元における平等、無自性を述べ、さらに、しかしながら、日常の次元においては、相対的な善悪が、多種多様なかたちで成立しているということを、「といふとも」という逆接でつないでいるのである。

さらに、次の「諸悪は、此界の悪と他界の悪と同不同あり、先時と後時と同不同あり、天上の悪と人間の悪と同不同なり。」という一文は、悪が、さまざまな観点から条件付けられて、多種多様なかたちで現象してくることを述べており、これは「許多般の法」を具体的に例示したものである。[*4]この文の中で、解釈上、触れておきたいのは、「同不同」である。この言葉は、文字通りには、「同じことも異なることもある」を意味するが、ここでは、文脈的にも、また「殊異」と形式上並置されていることからも、「不同」にアクセントを置きつつも、それらは、本来的には平等なのだという理解を含意して「同」の字が添えられていると考えられよう。

そして、次の「いはんや仏道と世間と、道悪、道善、道無記、はるかに殊異あり。」であるが、まず語句解釈的なことから言うと、「道悪、道善、道無記」は、諸註の見解が分れるところであり、[*5]

用例からは、「道」を「いう」ととり、その下に返り点を付けて、「悪と言い、善と言い、無記と言い」と読む読み方も可能であるとはいえ、「自証三昧」巻にも「仏祖道の道自道他、かならず仏祖の身心あり。（全上－五五九）」（仏祖の道においては、仏道における自己であろうと仏道における他者であろうと、すべて仏祖の身心として行じていくのである。）とあるように、ここでも、「仏道における悪」「仏道における善」「仏道における無記」と解釈するのが適切であろう。[*6]というのは、道元は仏道における善悪観を真正な善悪観として特権化しているからである。この一文の文意は読んであきらかな通り、世間的な善悪観と仏道におけるそれとは違うというものである。

ここで注意しておかなければならないことは、先にさまざまな立場によって、異なった善と悪とが生まれると言ったが、仏道は、決して、そのようなさまざまな立場のうちの一つとして、相対化されているわけではないということである。道元の考えによるならば、さまざまな立場によって、異なった善と悪とが生まれるということが可能であるのは、そもそも、善も悪も無自性であるからなのであって、善も悪も本来空であり無自性であるという仏道の立場に立ってこそ、善と悪との相対性も成り立つというのである。この前の一文で言及されている「此界」と「他界」、「先時」と「後時」、「天上」と「人間」との差は、しょせん、並列的な二者の間での差でしかないが、「世間」と「仏道」との差は、質的、絶対的な差だと道元は捉える。道元は、仏道の善悪を特権的なものとして際立たせるために、善・悪・無記のそれぞれに、「仏道」を意味する「道」の字を冠したのである。

そして、前の文を受けて、仏道の善悪観、すなわち、道元が真正であると考えていた善悪観の一端をあきらかにしたのが、最後の「善悪は時なり、時は善悪にあらず。善悪は法なり、法は善悪にあらず。法等、悪等なり、法等、善等なり」である。人が、日常的な次元で出会う個々の善悪は、本来的次元においては、無自性であり、平等であるというのであるが、道元はそれを、「時」と「法」とをてがかりとして述べている。

まず、時についてであるが、この文脈において道元は、時を、その時その時として、すなわち、因縁の仮和合（仮に組み合わさって成立すること）するさまざまな局面として捉えている。その局面は、ある観点を前提にすれば、善とか悪とか価値判断することはできるが、その局面それ自体は、そのような価値判断を超えている。「法」については先述したように、現実の次元における事物事象の、善悪などの性質として発現する差異性は、本来的な次元における平等性をベースとしている、と言われているのである。

以上、善悪が本来、無自性であり、平等であることを、道元の叙述にそって考察してきた。大乗仏教においては、「縁起―無自性―空」の考え方にもとづいて、生／死、空／色、煩悩／菩提など、対立するものの「相即」「不二」「一如」を説く。この段落において「法」の平等を介して善悪の「相即」を説く道元も、この大乗仏教の根本教説の線でその善悪観を展開していることになるが、この文章に続く次の一段以降、ただ単に、大乗仏教における言わば常識的な善悪観でもある善悪の「相即」を主張するにとどまらず、（もちろん、それはふまえながらも）さらに、善悪に関する議論が深まって展開されていく。以下、見ていこう。

「諸悪なすなかれ」から「諸悪さらにつくられず」へ

まず、道元の言葉を引用しておこう。

しかあるに、阿耨多羅三藐三菩提を学するに、聞教し、修行し、証果するに、深なり、遠なり、妙なり。この無上菩提を或従知識してきき、或従経巻してきく。はじめは、「諸悪莫作」ときこゆるなり。「諸悪莫作」ときこえざるは、仏正法にあらず、魔説なるべし。しるべし、「諸悪莫作」ときこゆる、これ仏正法なり。この「諸悪つくることなかれ」といふ、凡夫のはじめて造作してかくのごとくあらしむるにあらず。菩提の説となれるを聞教するに、しかのごとくきこゆるなり。しかのごとくきこゆるは、無上菩提のことばにてある道著なり。すでに菩提語なり、ゆゑに語菩提なり。無上菩提の説著となりて聞著せらるるに転ぜられて、「諸悪莫作」とねがひ、「諸悪莫作」とおこなひもてゆく。諸悪すでにつくられずなりゆくところに、修行力たちまちに現成す。

この現成は、尽地・尽界・尽時・尽法を量として現成するなり。その量は「莫作」を量とせり。

正当恁麼時の正当恁麼人は、諸悪つくりぬべきところに住し往来し、諸悪つくりぬべき縁に対し、諸悪つくる友にまじはるににたりといへども、諸悪さらにつくられざるなり。「莫作」の力量見（現）成するゆゑに、諸悪みづから諸悪と道著せず。諸悪にさだまれる調度なきなり。一拈一放《いちねんいっぽう》の道理あり。正当恁麼時、すなはち悪の人をかさざる道理しられ、人の悪をやぶ

らざる道理あきらめらる。（全上－二七七～二七八）

ここで道元の主張していることをかいつまんでまとめてみると、次のようになる。仏道修行を、プロセスとして叙述するならば、それは、仏教の教えを「聞」き、そして、「さとり」（「阿耨多羅三藐三菩提」「無上菩提」）を得ようと「修行」し、それを「証果」していく過程として、とりあえずは理解されよう。道元は、その「深遠」かつ「妙」なる過程がどう進行していくのかを、この「諸悪莫作」という言葉を軸として説明する。

まず、その過程の一番はじめは、聞教である。このとき、人は教えの導き手（「（善）知識」）や「経巻」から「諸悪莫作」と教えられる。この言葉は、「さとり」、すなわち、絶対的真理、無分節の真理そのものを表現した言葉である（「これ仏正法なり」「菩提の説となれる」「無上菩提のことばにてある道著なり」「無上菩提の説著となりて」）。そして、この言葉は、「はじめは」、すなわち、「聞教」の端緒においては、「諸悪なすなかれ」という禁止の言葉として聞こえる、と言われる。

まず、この「諸悪」であるが、これは、文字通りには、もろもろの悪であり、前述で、「諸悪は、此界の悪と他界の悪と同不同あり、先時と後時と同不同あり、天上の悪と人間の悪と同不同なり。」と言及されたような、時間／空間に条件付けられた、多種多様なかたちで現象してくる悪のことである。

次に、「はじめは」という言葉であるが、これは、前述のように「現成公案」巻で、「人はじめて法をもとむるとき、はるかに法の辺際を離却せり。」と言われるところの、「はじめて」と、同じものとして理解することができよう。その「はじめ」の時点において、人は、まだ、仏法の真理から遠く隔たったところにいると自ら考えてしまっている。そして、そこに響く「諸悪莫作」という言葉は、さまざまな悪をつくるなという「無上菩提」からの呼びかけ、「悪をなすな」という禁止の言葉として捉えられる。

人は、自分は現在、非本来的なあり方（たとえば第二章で言及した「はるかに法の辺際を離却せり」と表現されるような事態）にあることを自覚し、発心し修行を志す。その修行の端緒において、修行者は、「諸悪莫作」の言葉を「悪をなすな」という禁止の言葉として聞き、その言葉に従い、悪、すなわち、仏法への背反をなすまいと願い、実践していくのである（「諸悪莫作とねがひ、諸悪莫作とおこなひもてゆく」）。仏道を志し、出家する者はその入門に際して、必ず戒《かい》を受けなければならないと道元は強調し、受戒を非常に重んじる。その時に授けられる戒が禁じているのが、まさに、これらの個々の悪なのである。

ここで、戒律について簡単に付言しておくと、戒律とは、規範を守ろうとする精神である戒と、守るべき個々の規範である律からなる。本来は別のものであるが、中国や日本では一つの熟語として「戒律」と言い、戒と律とは不離一体であるとの観点から、両者が混用される傾向がある。また、受戒とは、教団への入門儀式として律の遵守を教団の僧侶の前で誓うことによって、仏弟子として悪をなさず善を行おうという精神に目覚めることである。かたちの変遷はあるにせよ、受戒は初期仏教以来行われてきたものである。

道元は、三帰戒《さんきかい》、三聚浄戒《さんじゅじょうかい》、十重禁戒《じゅうじゅうきんかい》からなる独自の十六条戒を主張しており、戒律を重視した。そのことは、たとえば、十二巻本「受戒」巻の「西天東地、仏祖相伝しきたれるところ、かならず入法の最初に受戒あり。戒をうけざれば、いまだ諸仏の弟子にあらず、祖師の児孫にあらざるなり。（中略）成仏作祖、かならず正法眼蔵を伝持するによりて、正法眼蔵を正伝する祖師、かならず仏戒を受持するなり。（全上－六一九）」（インドでも仏祖が法を伝えるところでは、入門の最初に戒を受けることになっている。戒を受けていなければ仏弟子でも祖師の子孫でもない。〔中略〕仏や祖師になる者は必ず真理を伝え保持するのであるから、真理を受け継ぐ祖師は、必ず戒を受け保つのである。）という言葉からもうかがわれる。道元は、仏祖代々が伝持し相伝してきた戒を重視していたのである。なお、戒には小乗戒（声聞戒）と大乗戒（菩薩戒）があり、前者は悪を行えば失われるが、後者は一度受ければ未来永劫《みらいえいごう》に失われないとされ、道元もそのことを強調している。つまり、戒とは、先述の仏性と同様に有無によって捉えられるものではなくて、本来性の自覚の一形態なのである。

　さて、本文の解釈に戻ると、この「「諸悪莫作」とねがひ、「諸悪莫作」とおこなひもてゆく」その修行は、自己が意識的に行う行為であるとも見えるが、実は、人が自分自身の力によって行うのではなく（「凡夫のはじめて造作してかくのごとくあらしむるにあらず」）、「無上菩提の説著となりて聞著せらるるに転ぜられて」いるのだ、と道元は言う。「無上菩提」の持つ力が、「諸悪莫作」という言葉を通じて、本来的次元、真理そのものからの呼びかけの力としてはたらき、その力の作用によって促され、人は修行している、と言うのだ。修行とは、従来の自己のあり方を非本来的なものであるとし、さまざまな方法によってそれを根本的に転換させる営為であろうが、このような転換を根底的に支えているのは、「無上菩提」（＝真理そのもの）なのである。一見、修行者が自分自身の持つ力によって修行していると思える事態は、実は「無上菩提」によって促されて現実化しているのである。

このように考えるならば、「さとり」を実現させ得るのは、決して、自己が修行したその功績によって、「さとり」という成果を得、目標を達成するからではない。ある超越的なはたらきが、すでに自己自身を貫いており、それを自覚することが修行なのである。「さとり」とは、自覚によって自己のあり方が根本的に変容することであり、その時、真理そのものがあらわになるのである。

そして、道元は、この「さとり」の時、「諸悪すでにつくられずなりゆく」と述べる。「諸悪」が作られないということは、「諸悪」が「無作」であるということである。つまり、ここでは、「諸悪莫作」が、「諸悪なすことなかれ」という禁止ではなくて、「諸悪は莫作（＝無作）なり」「諸悪はつくられざるなり」と展開されていくのである（比較思想的観点から見ると、モーゼの十戒も、ヘブライ語原文では、「〜せよ」「〜するな」という命令文ではなく、神を畏《おそ》れる者は「かならず〜する」「〜することはできない」であった。また、アウグスティヌスにおいても、悪はそれ自身何の形相も持たないものであり、「善の欠如」privatio boni と理解された。これらのことは、道元の主張に相通じている。時空はるかに隔たった東西の宗教思想に、このような共通した善悪観が見られるのである）。

確かに「莫」には、禁止のみならず否定の用法もあることはあるが、この「諸悪莫作」の「莫作」を「なすなかれ」ではなくて、「無作」の意味に読むことは、漢文の読みとしては破格である。本書においてこれまで指摘したように、『正法眼蔵』では経典や語録から採った仏祖の言葉が解釈される際、漢文の語法としては破格の読みがなされることがしばしばある。たとえば、前述のように「仏性」巻では、『涅槃経』の「悉有仏性」という一句が、通常読み下されているように「(一切衆生は)ことごとく仏性あり」とは読まれず、「悉有は仏性なり」(全存在は仏性そのものである)と読まれ、また「有時」巻では、「有時」が「ある時」ではなく、「有は時なり」(存在は時である)と読まれた。これらは、単なる恣意的読み換えでも、ましてや、漢文の知識不足に由来する誤読でもない。道元は、究極的な立場に立って常識的読みをずらしつつ、そのずらしの幅に真理を読み込もうとしているのである。

この「諸悪莫作」についても、道元は、これが通常のように「諸悪なすなかれ」という禁止に読まれることをいちおうは認めつつも、究極的な立場からは、「諸悪はつくられざるなり」と読まれなければならないと主張する。そして、この二つの読みの落差を通じて、修行と「さとり」との、また、修行者と仏祖との連続性と非連続性を提示しようとしているのである。

「諸悪莫作」と「さとり」

さて、「諸悪莫作」を、「諸悪なすことなかれ」ではなく、「諸悪がつくられざる」と読むことを必然とする、この究極的な立場とは、前述の「本来的な次元」をふまえた立場である。本来的次元とは、本書においてこれまで述べてきた、真理そのもの、「縁起—無自性—空」そのものの次元である。「縁起—無自性—空」とは、すべての事物事象が、自性を持たず、つまり、それ自身としての存在性を持たず、相互相依して互いを成り立たせあっていることである。それは、たとえば麦の穂が一本では立つことができないが、たくさん束ねることで束を立てることができるのに喩えられる。われわれの日常的な認識は、本来、独立の要素として存在しているのではなく、関係性の中でそのものとして成り立っているにすぎない事物事象を、独立的自己完結的なものとして実体化して捉えている。そして、その事物事象を対象として自己に対立させ、主体と客体との二元対立図式を作ってしまっている。しかし、仏教は、そのような誤った認識によって成立している凡夫の日常的な世界の根源に、まったき無分節の次元を本来的次元として見出す。

そして、このような本来の次元へと自己が帰順することこそが「さとり」であると考えられる。であるなら、この本来的次元への帰還が実現された時、本来的なるもの、真理そのものへの背反、すなわち、仏法への背反は存在し得ない。つまり、悪は、もはや存在し得ないのである。そのことを指して、道元は「諸悪すでにつくられずなりゆく」と言っているのである。

さて次に、この「諸悪すでにつくられずなりゆく」という文において、「すでに」と完了形が使われていることも注目される。この完了形には、すでに成就しているという本来性の意味が込められている。修行者は、聞教し、修行し、証果するのであるが、証果の時、自己は、「すでに」根源的かつ本来的次元に位置付いていたことを、改めて自覚するのである。つまり、修行してさとるという過程を支えているのは、自己が本来そこに根差していた、根源的な次元なのである。

そして、すでに悪が作られなくなるということが「修行力」の「現成」であると言われる。悪が作られなくなるとは、前述のように、本来的な次元に位置付いたということであり、その意味で、「さとり」である。その「さとり」を顕現するのが、「修行力」の「現成」だと言うのである。この修行については、「衆善奉行」についての節で詳しく扱う。

次にこの「修行力」が「現成」した時に、いったいどれほど（「量」）のものが「現成」されるのかと言うと、「尽地・尽界・尽時・尽法」を「量」としての「現成」であり、またそれは、「莫作」を「量」として「現成」することであると言われる。まず、「量」について考えてみると、たとえば、「仏教」巻に「仏および教は大小の量にあらず（全上－三〇六）」とあるように、仏道の真理は、有限量を超えており、量としては「無限」と言わなければならないと理解されているが、この箇所でも、それと同じことが主張されている。「修行力」が「現成」した時、すなわち、「さとり」において本来的な次元が顕現される時、その次元は、全時空、全存在（「尽地・尽界・尽時・尽法」）のすべてを包括する「無限」として現れるのである。

そして、さらに注目されるのは、「尽地・尽界・尽時・尽法」を、道元は「莫作」と言い換えていることである。この「莫作」については、今まで「諸悪」と関連させて、「（諸悪）なすことなかれ」「（諸悪は）つくられざるなり」と解釈されてきたのであるが、この箇所では、「諸悪」という言葉とは切り離されて、「莫作」単独で使用されていることが注目される。このときの「莫作」とは、「尽地・尽界・尽時・尽法」と等置される。

この「莫作」には、今までの「莫作」の意味には収まりきらない奥行が感じられる。ここで言われる「莫作」が、「なすなかれ」という禁止、そして「つくらざる」という否定を超えた使われ方をされているということは注目しておきたい。この箇所では、道元もこれ以上は述べておらず、詳細は後段で検討したいが、後の議論において重要となる問題でもあるので、先取りして一言説明しておくならば、この「莫作」は、本来的次元そのものであり、またその次元のあり方、つまり無分節を表す言葉なのである。

さて、次の「正当恁麼時」とは、文字通りには「まさにその時」を意味するが、禅語録では、「さとり」の成就するまさにその時と解され、「さとり」の瞬間を意味する言葉である。その瞬間において、諸悪は、もはや諸悪ではなくなり、諸悪の中で生きつつも（「諸悪つくりぬべきところに住し往来し、諸悪つくりぬべき縁に対し、諸悪つくる友にまじはるににたりといへども」）、人と悪とは無関係なものとなる（「諸悪さらにつくられざるなり」）と、道元は主張する。そして、その時は、悪は自ら悪として名乗りをあげないし（「諸悪みづから諸悪と道著せず」）、自らはっきりとその姿を現すこともない（「諸悪にさだまれる調度なきなり」）。なぜならば、その時、「莫作の力量」が「現成」しているからだ、と道元は言う。この「莫作の力量」の現成とは、先に、「莫作」を「量」として「修行力たちまちに現成す」と言われていたことと同じ事態を指している。すなわち、本来的次元が顕現されたということであり、そのときは、本来的次元への背反としての悪は存在し得ないのである。

悪とは、善・悪・無記の三性の一つという「諸悪莫作」巻冒頭の記述にも見られるように、つねに善と対立したものである。修行の端緒においては、仏道における悪を避け、善を志向する意図的努力が要請される。そこにおいては、善と悪とを二分し互いにそれぞれ排他的に独立したものという見方が取られる。そのような修行を重ね、坐禅瞑想《めいそう》などを通じて身心の執着を解脱して、世界の真相としての無分節なる本来的次元へと還帰することで、相対的な善悪を二つともに超えた世界が体得されるのである。このことは、後段で、「諸悪たとひいくかさなりの尽界に弥淪《みりん》し、いくかさなりの尽法を呑却せりとも、これ莫作の解脱なり。（全上―二八三）」と言われる。諸悪が全世界をおおい、全存在を呑み込んでいたとしても、その悪は、もはや悪としては存在しないものであり、自己が本来的な次元を体現することにおいて、悪の本来的非存在性があきらかになるのである。

そして次の「一拈一放（一をとって一を放つ）の道理」の「一拈一放」であるが、この言葉は、『正法眼蔵』の用例としては孤立例で解釈が定まっていない。ここでは、「一放一収」（師が弟子の修行者に接する際、ある時は引きつけたり、またある時は突き放したりして、自由自在に教化する）などと同じ意味ととり、「莫作」の次元が顕現された時のありようを説明する言葉と捉えたい。「莫作」が顕現される際には、「悪」の姿を取ることもあれば、取らないこともあると言うのである。人が、「さとり」において無分節なる真理そのものを体得し、その真理に立脚しその真理を顕現すべく行う行為は、善も悪も超えられた、つまり二元相対を超えた絶対的次元に根差した行為となり、その意味で既成の善にも悪にも捉われない絶対的な行為となる。その行為は、絶対的に自由であるが故に、俗世における善悪には捉われない。世俗的観点からは悪と見えるかもしれない行為も、悪ではなくなると道元は主張する。そのことを道元は、「正当恁麼時、すなはち悪の人をかさざる道理しられ、人の悪をやぶらざる道理あきらめらる。」と言っている。つまり、「さとり」において、世俗世界の目からは悪と見える行為がたとえ行われたとしても、その行為は吾我に由来するものではない。それは、「さとり」における行為である以上、真理そのものに立脚した行為であり、それ故に絶対的な行為と言える。以上解釈した「正当恁麼時」以下の二つの段落は、前述の「諸悪すでにつくられずなりゆく」という文を、さらに詳しく説明したものである。

「諸悪さらにつくられず」に対する二つの解釈

さて、この「諸悪つくりぬべきところに住し往来し、諸悪つくりぬべき縁に対し、諸悪つくる友にまじはるににたりといへども」「諸悪さらにつくられざるなり」「諸悪みづから諸悪と道著せず」「悪の人ををかさざる」「人の悪をやぶらざる」という言葉によって、指示されている事態について、これをどう具体的に把握するかの解釈に関しては、見たところ、大きく分けて二つの方向があると思われる。一つは、悪行をなすまいと修行を続けるうちに、おのずから悪行をなさなくなるという解釈であり、もう一つは、たとえ俗世の基準によっては、悪行と見える行為を行ったとしても、本来的な次元に立脚している限りにおいては、それは悪ではないという解釈である。[*7]

前者の解釈は常識的な善悪観を前提としているが、「諸悪莫作」巻の読解から導かれるのは後者の解釈である。「諸悪莫作」巻で、のちに「声聞の持戒は菩薩の破戒なるがごとし。（全上－二八〇）」と言われるように、教条的にいかなる場合にも絶対に悪だとされるような行為は存在せず、どのような行為であれ、それが「さとり」の世界に立脚してなされているならば「菩薩行」として認められなければならない。『正法眼蔵』「三十七品菩提分法」巻において、同じく「声聞持戒、菩薩破戒」という言葉を引用し、道元自身、「たとひ不殺生等の相、おのづから声聞と菩薩あひにたりとも、かならず別なるべきなり。（全上－五一七）」と説明しているように、菩薩における殺生・不殺生は、声聞（小乗の徒）によるそれとは別個の意味をもってくる（さらに言えば、後述する『正法眼蔵随聞記』の「南泉斬猫《なんせんざんみょう》」の段において主張されるように、斬猫という殺生の行為が菩薩にとっては仏行であるということもあり得ると、道元は考えているのである）。

以上で、引用した段落についての検討を終えるが、ここで論旨をまとめておこう。まず、「さとり」ということについて、道元は、それを本来的なる真理そのものへの帰還とみなしており、また、われわれの日常的現実世界の深層にある根源的な次元に気付き、そこへと立ち帰ることであると考えている。われわれの日常的現実的世界とは、自己と他者・対象とが、それぞれ自己完結した閉じた固定的実体として対立しあう世界であるが、道元はその世界の深層に、真理そのものの無分節の世界を見出す。そして、この無分節なる次元は、まさに、本質の不在、自他の関係的成立の世界、すなわち、「縁起—無自性—空」の世界である。この時、諸存在が一つの全体として相互相依しあいつつ、根源的な次元をなすのである。

道元にとって真に「悪」というに値するのは、この本来的次元からのはたらきかけ（「無上菩提」の「転」ずる作用）を無視し、固定的な自己があるという幻想を抱き、それに執着し、その中で閉《へい》塞《そく》することであった（先取りして言うならば、「衆善」とは、この次元へと無限に自己超出していくことであろう）。このように考えてくれば、道元が、本来性の顕現される「さとり」の瞬間には、すべては悪としては現象せず、諸悪はつくられない（「諸悪は莫作なり」）といった真意があきらかになるであろう。無分節なる次元への超出とその次元をふまえての絶対的に自由な、そして全事物事象との相互相依のうちに行われる行為（菩薩行）こそが、真に善に値するのであり、そのような行為は、何らかの決まったかたちを取らず、その現れはすべて善とされ、本来、悪は存在しないことになるのである。

以上、道元の叙述に従って解釈してきたが、とくに留意しておきたいのは、本来悪が存在しないということは、悪であろうと何であろうと、好き勝手な行為が許されているということを主張しているのではない、ということである。そのことに関して道元は、あとの節において、「しかあれば、莫作にあらばつくらましと趣向するは、あゆみをきたにして越にいたらんとまたんがごとし。(全上‐二八〇)」と言っている。この「諸悪はつくられない」という言葉は、「さとり」、すなわち、本来的な次元への超出とその顕現をめざす修行者たちに、本来的次元の消息をあかす言葉であったはずであり、そのような修行者が、本来的な次元を目指し、そこに立脚しつつ、同時に、進んで悪、すなわち、本来的次元からの背反を行おうとすることは、北に向かって歩きながら、南方(「越」)に到達することを期待するようなもの、すなわち、まったくの矛盾なのである。以上引用した段落は、道元の善悪観が端的に表れた、道元の善悪観を知る上で、もっとも重要な文章のうちの一つである。この段落では、「莫作」が悪の本来的な非存在を示す言葉として解釈された。これをふまえて、以後、さらに道元の解釈は進められていく。

「莫作」とは何か

前述のように、「諸悪莫作」という言葉は、道元において、いっけん悪と見える行為も、それが本来的次元への志向を持ちその次元を顕現させる行為である以上は、絶対的なものであり、その絶対性ゆえにもはや悪ではないということを、開示する言葉であった。本節においては、さらに「莫作」の問題について検討してみたい。

諸悪なきにあらず、莫作なるのみなり。諸悪あるにあらず、莫作なるのみなり。諸悪は空にあらず、莫作なり。諸悪は色にあらず、莫作なり。諸悪は莫作にあらず、莫作なるのみなり。たとへば、春松は無にあらず、有にあらず、つくらざるなり。秋菊は有にあらず、無にあらず、つくらざるなり。諸仏は有にあらず、無にあらず、莫作なり。露柱灯籠・払子拄杖等、有にあらず、無にあらず、莫作なり。自己は、有にあらず、無にあらず、莫作なり。恁麼の参学は見（現）成せる公案なり。公案の見成なり。主より功夫し、賓より功夫す。

すでに恁麼なるに、つくられざりけるをつくりけるとくやしむも、のがれず、さらにこれ、莫作の功夫力なり。しかあれば、莫作にあらばつくらましと趣向するは、あゆみをきたにして越にいたらんとまたんがごとし。（全上ー二七九～二八〇）

この段落は道元の「諸悪莫作」の「莫作」に対する理解が、「諸悪は（本来的には）つくられない」から、さらに、深められていく段落である。道元の解釈に従って考察をすすめていこう。

まず、諸悪はないわけではなく、「莫作」であるだけだ、と言われる。ただ「諸悪がない」と言うと、自己が主体的に修行することがその「莫作」を支えているという面が看過され、自己のかかわらない客観的な真実として諸悪がないかのようにも受け取られかねない。そのような印象を与えることを嫌って、「諸悪なきにあらず、莫作なり。」と、まず主張されるのである。もちろん、だからといって諸悪が本質的なものとして存在するわけではなく、それは、本来ないものなのである。本来ないという面と、にもかかわらず相互相依的に分節されて存在しているという面を表すのが

「莫作」という言葉なのである。次に、「諸悪は空にあらず、莫作なり。諸悪は色にあらず、莫作なり。」と言われるが、これは、前文の無と有を、空と色で置き換えたものであり、この場合、空と無、色と有とはほとんど意味上の差異はない。

そして、次の「諸悪は莫作にあらず、莫作なるのみなり。」は、難解な文章であり、諸註も解釈に苦慮しているところであるが[*8]、私は、諸悪が「莫作」であるのではなく、（諸悪ぬきの）「莫作」そのものがあるだけなのだ、という意味に解したい。つまり、ここで、「莫作」をめぐる議論のレヴェルが変わったと、とりたいのである。今までの議論においては、ほとんどの場合、諸悪と結び付けて「莫作」が語られてきたのだが（前に指摘した、「尽地・尽界・尽時・尽法」と等置される箇所は例外的である）、ここでは諸悪と結び付かない「莫作」という言葉が使われている。それによって、道元は「莫作」に今までより以上の意味を託している。つまり、「莫作」という言葉が、「諸悪」の深層の次元における非存在というあり方を開示する言葉であることを超えて、さらに諸悪のみならず、その次元におけるあらゆる存在のあり方をあきらかにする言葉となっているのである。

そして、そのような存在の代表としてあげられているのが、春の松、秋の菊、諸仏、露柱灯籠《とうろう》（僧院にある柱や灯籠）、払子《ほっす》拄杖《しゅじょう》（僧院で使用される蚊払いや杖）、そして自己なのである。まず、春松、秋菊であるが、これらは、「溪声山色」巻において、「春松の操あり、秋菊の秀ある、即是（真理の端的な現れ）なるのみなり。（全上－二二二）」と言われているように、道元においては、たとえば、「山水」などと同様に、真理の現れとしての確かなる存在というイメージを込めて使われる言葉である。露柱灯籠・払子拄杖については、「有時」巻で「有時拄杖払子／有時露柱灯籠（全上－

一八九)」と言われているように、それぞれ存在の実相を表すものなのである。ここでは、自己も諸仏も松も菊も露柱灯籠も払子拄杖も、すべて同等の資格で並列されていることが注目されるが、これは、それらの諸存在が同じく存在の実相を表していることを意味するのである。

では、その実相の内実はどのようなものか。それについては、「有にあらず、無にあらず、莫作なり(つくらざるなり)。」という言葉がてがかりとなる。ここでは、対句的に有無を二つともに否定する表現形式がとられているが、このような表現は、たとえば、「空花」巻で「眼中花は、無にあらず、有にあらず、空にあらず、実にあらず、おのづからこれ十方仏なり。(全上―一一四)」と言われているように、『正法眼蔵』には、しばしば登場する表現である。これらの表現が表しているのは、存在とは、有無を超えた無分節なるものであるということであり、さらにその無分節を基盤として相互相依的に成立してくる諸事物事象は、不滅の本質を有する固定的実体ではないという意味で有ではないし、だからといってまったくの空無ではないという意味で、無でもないということである。このような存在のあり方とは、まさに先述の本来的な次元における存在のあり方であり、それ故、このように参学することは真理が顕現することであり、顕現した真理そのものである(「恁麼の参学は見(現)成せる公案なり。公案の見(現)成なり」)と言われるのだ。

そして、さらに、「主(主体)より功夫し、賓(対象)より功夫す。」という言葉が添えられる。この「功夫」とは、通常は「修行」という意味で使われる言葉であるが、この文脈では、「ある方向にはたらきかけを行う」というほどの意味にとっておく。つまり、主体が客体にはたらきかけ、また客体も主体にはたらきかけるという相互作用において、互いが存在としての輪郭を与えあうということである。つまり、これは、無分節なる真理そのものを分節して成立する真理世界における事物事象同士の、相互相依にもとづいて言われている言葉なのである。

さて、最後の段落であるが、これは逐語訳すると以下のようになる。

真理世界においては、すべての事物事象がその世界を相互相依的に構成する不可欠なものとして肯定されてくるのであり、その限りにおいて悪はない。それ故に、悪はないにもかかわらず誤認して自分は悪をなしてしまったと悔む、まさにその行為すらも、あらゆる事象の一つとして肯定されてくるのである。

しかし、だからといって、本来、悪はないから悪でも何でも好き放題に行動しても構わないなどと主張するのは、北に向かって歩きながら南方（「越」）に到達することを期待するようなもの、すなわち、まったくの自己矛盾なのである。「諸悪はつくられない」という言葉は、「さとり」へ、すなわち、本来的な次元への超出を目指す修行者たちに、本来的次元の消息をあかす言葉であったはずであり、そのような修行者が、本来的な次元を目指しつつ、同時に、進んで悪、すなわち、本来的次元からの背反を行おうとする矛盾など犯しようがないのである。

以上、逐語訳した段落は、文脈の流れから言えば、本筋ではなく、莫作ということに関して誤解が生まれないように、念のため、言い添えたものであると考えられる。『正法眼蔵』における道元の叙述の真意は、「さとり」の世界の消息をあきらかにすることにあり、そこでは、あくまで「さとり」という本来的次元を志向するという前提のもとで叙述がなされていた。このことを理解できたならば、本来悪はないから好き放題に悪をして構わないという誤解は生まれる余地はないはずである。しかし、義介《ぎかい》の『永平室中聞書』には、道元在世当時、このような邪見（誤った考え方）におちいる弟子があり、道元はそれを義絶（破門）したという事件が記されている。親鸞の悪人正機（正因）論が誤解されて造悪無碍《むげ》の異義が起こったように、道元においてもその諸悪莫作論は誤解され、異端の徒が生み出されてしまったのである（なお、これらの問題については第六章において詳述する）。

以上で前掲の引用文の解釈を終えるが、ここでは、諸存在の真実相としての「莫作」について議論が展開された。諸存在が「莫作」であるということは、諸存在が作為されてできたものではなく（「つくらざるなり」）、しかも、そこに確固たるものとして存在するということである。この確固として存在するとは、諸存在が、相互相依の関係性の中で、他の存在に依拠しつつ、そのようなものとして成立させられているということである。このような諸存在のあり方について、道元の考察はさらに深められていく。

「応物現形」としての「莫作」

まず、道元の言葉を見ておこう。

> 「仏真法身、猶若虚空、応物現形、如水中月」なり。応物の莫作なるゆゑに、現形の莫作あ

り。猶若虚空左拍右拍なり。如水中月被水月礙なり。これらの莫作、さらにうたがふべからざる現成なり。（全上一一二八〇）

引用した一節は、「諸悪莫作」という初句に対する、道元の解釈の結びの部分である。ここには、「莫作」をめぐって、道元が最後に到達した考察が展開されている。

まず、「仏真法身、猶如虚空、応物現形、如水中月」は、『金光明経《こんこうみょうきょう》』の一節である。仏の真法身、すなわち、仏の本質たる、色形を超えた真理そのものは、そこにおいて一切のものが自由自在に存在し運動する虚空のようなものであり、さらに、その真法身は、月が一滴の水にも映じ、大海の水にも映じるように、それぞれのものに応じて、応身としての姿を現すのである。「諸悪莫作」巻本文では、この『金光明経』の言葉に依拠した曹山と徳上座による問答が引用されているが、その公案の示すところ、また、その公案を引用した道元の意図も、結局はこの『金光明経』の一節に帰するので、ここでは、この一節に対する道元の解釈のみ見ておくことにする。

道元は、『金光明経』の一節に対して前述のように「応物の莫作なるゆゑに、現形の莫作あり。猶若虚空左拍右拍なり。如水中月被水月礙なり。これらの莫作、さらにうたがふべからざる現成なり。」と言う。この「応物の莫作なるゆゑに、現形の莫作あり」という文章から、道元は「莫作」に「応物現形」の作用を認めていたことが分かる。つまり、「莫作」を「仏真法身」や「虚空」と重ねているのである。

ここでとくに注目したいのは、「莫作」と「虚空」とが重ねられているということである。「虚空」は、涅槃などとともに「無為法」（つくられたものではないもの）に分類され、自らは姿を現さないが、そこにおいて事物事象が存在することが可能となる無限の場である。このイメージは、「莫作」にも託される。「莫作」も、自ら姿を現さずして、存在を存在としてあらしめている。このことは、「莫作」が事物事象を存在せしめる力として理解されている、ということを意味している。この山が山である、水が水である、自己が自己である、というトートロジーを支えているのは、まさにこの力にほかならない。また、これは、ものがものとしての自己同一性を持つためには、それを根拠付ける力が不可欠であるということであり、そのものがそのものと成るためには、そのものを超えた力がなければならないということである。そして、この力について、さらに言えば、この力こそが、存在の有でも無でもないあり方、すなわち、相互相依の連関性を支える力であり、そのような存在の本来的次元へと人を促し、修証せしむる力ということができる。道元は、世界の深層に、世界を成り立たせているこのような力、すなわち無分節なる真理そのものを見て取っていたのである。

このことをふまえ、「猶若虚空左拍右拍なり。如水中月被水月礙なり」を解釈してみよう。まず、「猶若虚空左拍右拍」であるが、この言葉は、『正法眼蔵』にも何回か登場する「空を打つ」という表現が下敷きになっていると考えられる。[*9] 普通、この「空を打つ」というのは、「椎（推）空聴響」（空をうちて響きを聴く）という熟語にも見られるように、手ごたえのないこと、虚しいことを意味するが、「弁道話」巻に「ただ坐上の修のみにあらず、空をうちてひびきをなすこと、撞の前後に妙声綿綿たるものなり。（全上－七三二）」（ただ単に坐禅修行をしている時だけではない。空を打って聞こえる響きが、打つ人を中心として前にも後にも響き渡るのである。）とあり、ここでは、修証一等の修行を、虚空を打って（修）鐘音を響かせること（証）に喩えていると考えられる。虚空を打つとは、修行というものが何らかの目的を想定するものではないということを、打つ対象がないことになぞらえているのである。このことから、「空を打つ」ということが、道元においては、決して虚しいことを意味せず真実相を明かす言葉であったことが分かる。

では、この「猶若虚空左拍右拍」はどう理解したらよいだろうか。これは、虚空の右を打ち、左を打つということである。また、この右を打ち、左を打つというのは、右でも左でも、どこでも自由に打つということである。それは、打つ何ものかという対象があっての行為ではなく、ただ打つということ、それに徹した行為である。虚空を打った時、成果は何も得られないとされるのが通常であるが、道元は、そこに響きが現成すると言うのである。

また、虚空は打たれるだけのものとも限らない。この打つという行為そのものを可能ならしめているのは虚空という場である。虚空は打たれるものであると同時に、「打」ということを可能ならしめている場であり、さらに言えば、その場にあってその「打」を支えている力でもあるのだ。

以上、虚空が現成のはたらきを持つ力であることを、「猶若虚空左拍右拍」という言葉に即して考察してきた。このことは、『金光明経』において言われた「虚空」は真法身であり、「応現」の作用を持つ、ということに一致する。つまり、虚空を打つという行為の中に、応現のはたらきが現れている。応現のはたらきによって、諸存在は、そのものと成さしめられているのである。

以上のことを受けて、「如水中月被水月礙なり」と言われる。この文も、前文の「猶若虚空左拍右拍」とともに諸註の見解はさまざまである。多くの注釈では、四句ずつで切って「水中月のごとくなり。水が月に礙《さ》えらるるなり」と読んでいるが、ここでは「AがAを罣礙《けいげ》することによってAとなる」という、「罣礙」(＝礙)という言葉の道元における用法に従って、「水中月が水月に礙えらるるがごとくなり」と読みたい。仏の真法身はしばしば月に喩えられ、『金光明経』の引用文もそれにもとづいている。月にはものに従って自らの姿を現すという応現のはたらきがある故に、水中に水月の姿が現れるのであるが、同様に、真法身、すなわち「莫作」(＝虚空)が、応現のはたらきを持つからこそ、そのはたらきに促されて諸法が諸法として現成するのである。そして、最後の一文で、「これらの莫作、さらにうたがふべからざる現成なり」と言われる。「莫作」の応現の力は、必ず発現すると言われるのである。

第二節　「衆善奉行」をめぐって

「衆善、奉行すべし」から「衆善は奉行なり」へ

本節においては、「七仏通戒偈」の第二句「衆善奉行」に対する道元の解釈を検討する。「諸悪莫作」に対する解釈と重なる論点が多いので、前節までのような逐語的な注解は部分的にとどめることにする。

さて、結論を先取りして言えば、この「衆善奉行」は「諸悪莫作」と同一の事態を、反対方向から言い取ったものであると考えることができる。と言うのは、「諸悪莫作」が、本来、悪があり得

ないという本来的な次元を基盤に語られたのに対して、「衆善奉行」は、自己がその本来的次元へと超出していくということであり、自己を基盤にして語られるのである。図式的な言い方をすれば、「諸悪莫作」が証（＝さとり）であり、「衆善奉行」が修なのである。もとより、修証一等であるから、「諸悪莫作」も「衆善奉行」も同じ事態を指しているのではあるが、探求する視点が違うのである。以下、道元の言葉をてがかりとして考察していこう。「衆善奉行」に対する道元の解釈は次のような一節からはじまる。

「衆善奉行」。この衆善は、三性のなかの善性なり。善性のなかに衆善ありといへども、さきより現成して行人をまつ衆善いまだあらず。作善の正当恁麼時、きたらざる衆善なし。万善は無象なりといへども、作善のところに計会すること、磁鉄《じてつ》よりも速疾《そくしつ》なり。そのちから、毘嵐《びらん》風《ぷう》よりもつよきなり。大地山河・世界国土・業増上力、なほ、善の計会を罣礙することあたはざるなり。

　しかあるに、世界によりて、善を認ずることおなじからざる道理おなじ。認得を善とせるがゆゑに。如三世諸仏、説法之儀式おなじといふは、在世説法、ただ時なり、寿命身量またときに一任しきたれるがゆゑに、説無分別法なり。しかあればすなわち、信行の機の善と法行の機の善と、はるかにことなり、別法にあらざるがごとし。たとへば、声聞の持戒は、菩薩の破戒なるがごとし。（全上―二八〇）

引用文の前半は、今までの文章に比べると、意味の取りやすい文章である。まず、その大意をまとめておこう。「衆善奉行」の「衆善」であるが、この善とは、善・悪・無記（善でも悪でもない）の三性のうちの善性である。この「衆善」とは、善の性質を持つものであるが、修行者が善をなす、その以前からあらかじめ現成して修行者を待ち受けているようなものではない。だが、修行者が善をなしたまさにその時に、「衆善」のすべてが現成するのである。「万善」（この言葉は「諸善」と同じ意味を表す）は、決まったかたちを持つものではない（「無象」）が、修行者が善をなすところに即座に集まってくる（「計会する」）。その速さは、磁石に鉄が引き付けられるよりも速く、その引き付ける力はすべてを破壊すると言われている猛風（「毘嵐風」）よりも強い。山河大地、世界国土、業増上力（過去の因縁による強い力）をもってしても、なお、善の集中を妨げることはできない。

以上が大意であるが、ここで、まず、注目されるのは、「衆善」とはあらかじめ現成しているものではなくて、修行者が善をなした時に、「衆善」がやって来ると言われていることである。善とは何かと言うと、まず、とりあえずは、十善（不殺生、不偸盗、不邪婬、不妄語、不綺語、不悪口、不両舌、無貪欲、無瞋、正見）などの具体的な個々の行為であると考えられるが、本来的な次元に即して言うならば、前節で扱った悪が本来的な次元への背反であったのに対して、善とは本来的な世界を志向することであると考えられる。悪が、全事物と相互相依する関係にありながら自己完結してしまう傾向性であったのに対して、善とは、完結しがちな自己を、関係性に対して解放していくことである。

次に、このようなことをふまえて、「作善」の時に、「衆善」がやって来るということの意味するところを考えてみよう。まず「作善」であるが、「作善」とは修行であり、修行者が本来的な次元へと超出していくことである。そして、その超出以前には善というものは存在しない（「さきより現成して行人をまつ衆善いまだあらず」）と言われているように、修行者が修行し本来的次元を体現すること、そのことが善であり、自己が修行を行うことを離れて善はない。つまり、善というものは、自己が主体的に修行することを通じてのみ存在し得るのであって、自己と無関係に客観的に存在するようなものではないのである。

後段において、同じく「衆善奉行」に対して解釈を加えて、「いづれのところの現成、いづれの時の現成も、かならず奉行なり。この奉行にかならず諸善の現成あり。（全上―二八二）」と言われている。これは、奉行において全時空が真なるものとして現成し、現成された時空は、すべて善であるということである。この場合の修行とは修証一等のものでなければならないが、このような「さとり」と一体になった修行として行われる行為、修行によって顕現していく世界、それらすべては善なるものであり、また、それらが善であるのは、自己の修行によってであると道元は考えている。つまり、修行と善とは表裏一体なのである。

このように考えてくると、「諸悪莫作」が「諸悪なすことなかれ」という通常の読みを離れて、「諸悪は莫作（つくられざる）なり」と読み込まれたのと同様のことが、この「衆善奉行」においても起こっていることはあきらかであろう。つまり、「衆善、奉行すべし」という命令文には読まれず、「衆善は奉行なり」（修行において諸々の善は実現される）と読み込まれているのである。

そして、さらに注目されるのは、「衆善」が「集まる」（計会する）というように、善が複数であることを前提とした言葉で語られていることである。これは、もとの偈の「衆善奉行」という一句において、善が複数とされていたことに引かれた表現にすぎないと見るより、後段の「衆善のなかの一善すでに奉行するところに、尽法・全身・真実地等、ともに奉行せらるるなり。（全上－二八一）」や「衆善すでに初・中・後、善にてあれば、奉行の性・相・体・力等を如是せるなり。（全上－二八三）」に見られる、一即多、部分即全体、相対即絶対の論理にもとづいていると考えられる。

ここで、後段の「衆善のなかの一善すでに奉行するところに、尽法・全身・真実地等、ともに奉行せらるるなり。」という言葉を先取りして解釈するならば、これは、もろもろの善の中の「一善」、すなわち、この自己が、今、ここで行うという意味で、時空に制約された有限な「一善」を行うその修行によって、全世界の全事物が自己とともに修行せしめられる、ということである。「尽法」の「尽」や、「全身」の「全」が、「一」と相対しているのである。

そして、「衆善すでに初・中・後、善にてあれば、奉行の性・相・体・力等を如是せるなり。」は、個々の善は、全時間を貫いて絶対的な善であるので（初中後善にてあれば）、奉行（＝修行）の本質・様態・本体・作用などを真なるもの（「如是」）とする、という意味である。ここでは、「奉行」が成り立つためには、今、ここ、この修行によって現成される個々の善が、そのまま絶対的な善であることが必要であると、言われているのである。

これらをふまえて、「衆善」が集まるという表現が含意しているのは何かということに立ち戻って考えるならば、それは、この文脈では「衆善」が絶対的な善を意味し、個々の修行者の行為である「作善」が有限な限定された善であると言えよう。そして、個々の「作善」の際に、「衆善」が集まるとは、個々の「作善」が、絶対的なものとなっているということである。個々の修行者の行為は、たとえそれが有限なものであったとしても、それが本来性の顕現である以上、絶対的なるもの、無限なるものを宿しているのである。道元が、「弁道話」の中で、「わづかに一人一時の坐禅なりといへども、諸法とあひ冥し、諸時とまどかに通ずるがゆゑに、無尽法界のなかに、去来現に、常恒の仏化道事をなすなり。（全上-七三二）」（わずか一人の一時の坐禅であるとは言え、全世界のもろもろの存在と相互相依し、もろもろの時と関連しあうのだから、無限の真理世界の中で、永遠に仏としての行いをなすのである。）と言っているのは、まさにこのことなのである。

以上、自己が修行を行い本来的な次元を顕現することこそが善であり、それ以外に善はないこと、そして、その時現成した個々の相対的な善は、本来性を顕現するが故に、絶対的なものであることを述べたが、このことを受けて、道元は、引用文の後半で、有限相対的な善と絶対的な善との関係について、さらに論を展開している。

相対的な善において発現する絶対的な善

まず前掲の引用文の後半の大意を確認しておこう。前述のように、悪についても「諸悪は、此界の悪と他界の悪と同不同あり」と、その相対性が主張されたのと同様に、善についても、世界が異なれば何を善とするかも異なるとされ、まず、善の相対性が主張される。それぞれの認識するところに応じて何が善かも決まるからである。たとえば『法華経』「方便品」にあるように、[*10]三世諸仏の説法のやり方は、みな同じく無分別法（人間の有限な認識である分別を超えた真理）を説いているのであるが、その説き方はさまざまである。釈迦の説法は相手に応じてその時々で変化した。『法華経』においては、機根に応じて方便して三乗が説かれ、また、釈迦の寿命についても、八〇歳で入滅したと言ったり、釈迦の生命は永遠であると言ったりする。その身長についても一丈六尺と言ったり、無限と言ったりする。このように、同一の真理が、その時々に応じてさまざまに説かれる。それは、たとえば、人から授けられた教えを信じて修行する鈍根の人の善と、自らの智恵によって修行する利根の人の善とは隔たってはいるが、しかも、別々のものではないようなものなのだ。また、声聞が保つ小乗戒によって善とされることでも、菩薩が保つ大乗戒では善とされないというように、何を善とするかは相対的なのである。

この箇所では、何が善であるかは相対的であることを説明して、分別、すなわち、二元化し実体化する知を超えた「無分別法」は、さまざまなかたちで説かれ、このかたちでなければならないという定型性はないと言われている。前述の言い方にあてはめるならば、この無分別法が絶対的な善にあたり、個々の説かれ方が「一善」にあたると見ることができよう。道元にとって、善が相対的であるというのは、何が善であるかつねに決まったものとして判断する基準はないのであるが、自己のなす修行が「さとり」を志向し、それと一つになっている限りにおいて、すべての行が絶対的な善の現れとして承認されてくるということである。つまり、相対的な「一善」において、絶対的な善が発現するということなのである。

最後に、解釈に関して補足しておきたいのは、「如三世諸仏、説法之儀式おなじといふは、在世説法、ただ時なり、寿命身量またときに一任しきたれるがゆゑに、説無分別法なり。」という『法華経』「方便品」に準拠した一文についてである。これは、意味の取りにくい文章であり、諸註も解釈に苦慮している（諸註においてこの文章を分かりにくくさせているのは、「方便品」との逐語的対応が見すごされていることと、「認得を善とせるがゆゑに」を、前文の理由付けととらず、あとの文に続けて読もうとしていることに由来する）。この読みにくさは、「如三世諸仏、説法之儀式おなじといふは、説無分別法なり。」という文章の間に、「在世説法、ただ時なり、寿命身量またときに一任しきたれるがゆゑに」という独立した文章が入り込んでいるせいであると考えられる。なぜ、このようなかたちで文章が入り込んでいるかと言うと、釈迦が霊鷲山《りょうじゅせん》で説いたとされる『法華経』「方便品」の原文「如三世諸仏、説法之儀式、我今亦如是、説無分別法」の四句それぞれに、道元の文が対応しているからであると考えられる。すなわち、「在世説法、ただ時なり、寿命身量またときに一任しきたれるがゆゑに」は、『法華経』原文の第三句である「我今亦如是」を言い換えたものであるが故に、「説法之儀式」と「説無分別法」との間に入れられなければならなかったのである。「我今亦如是」は、仏（＝我）の説法のあり方（「説法之儀式」）が「かくのごとき」であるということであるが、その「かくのごとき」の内容を、道元は具体的に示していると言えよう。そして、そのあり方は、「無分別法」という、無限定かつ絶対的な真理を、その時々において、つまり、「我」の「今」において「量」として限定して捉えること、「我」「今」の「而今」の個々の善において、絶対的な善を顕現することなのである。

以上、衆善の修行における発現が述べられたが、さらに道元の「衆善奉行」に対する考察は深まっていく。道元の言うところを見てみよう。

「現成」としての「奉行」

まず、道元の言葉を引用しておく。

> 衆善は奉行なりといへども、自にあらず、自にしられず、他にあらず、他にしられず。自他の知見は、知に自あり、他あり、見の自あり、他あるがゆゑに。各々の活眼睛《かつがんぜい》、それ日にもあり、月にもあり。これ奉行なり。
>
> 奉行の正当恁麼時に、現成の公案ありとも、公案の始成にあらず、公案の久住にあらず。さらにこれを本行といはんや。（全上―二八一）

最初の「衆善は奉行なりといへども、自にあらず、自にしられず、他にあらず、他にしられず。自他の知見は、知に自あり、他あり、見の自あり、他あるがゆゑに。」という文章から検討していこう。道元は、善とは、修行（＝奉行）することであるが、それは、二元相対的な自とか他とかを超えたものであるし、自他を立てるような視点からはうかがい知ることは不可能であると言う。善とは、前段で述べたように、自他が対立する次元から、自他の分節以前の真理そのものの世界に超出し、さらにそこをふまえて諸事物諸存在が相互相依する世界を顕現することであった。これをふまえて、善とは「自にあらず、自にしられず、他にあらず、他にしられず。」なのである。

次の「自他の知見は、知に自あり、他あり、見に自あり、他あるがゆゑに。」という文章は、訳しづらい文章であるが、これは、前文に対する理由付けであり、また、前文に引かれて、相似した表現形式をとっていると考えられる。つまり、なぜ、善が「自にしられず」「他にしられず」なのかと言うと、善を知ろうとする「知見」それ自体が、自他を二元的に固定化するような認識であるから、自他を超える本来的次元を見ることはできない、と言うのである。この「知見」は、「知見解会」とも言われ、仏教の通常の用法では、二元相対に捉われた悪しき認識方法を意味する言葉である。

そして、さらに注目されるのは、次の「各々の活眼睛、それ日にもあり、月にもあり。これ奉行なり。」という「奉行」の捉え方である。まず、「活眼睛」であるが、「眼睛」とは、文字通りには、眼の玉であり、通常、肝要なもの、さらには真理の当体を指す言葉であり、それに「活」が付けられて、生き生きとした真理のはたらきということを意味する。ここで問題となるのは、その真理のはたらきの内容である。道元は、それを、眼睛は「日にもあり、月にもあり。これ奉行なり。」と言う。

さて、「眼睛」とは、それでものを「見る」のであるが、この「見」は王へんを付けた「現」と通じ、『正法眼蔵』においては、存在を現成させるはたらきを意味する。その現成させるはたらきとしての「眼睛」は、日にも月にもあると言われている。この日も月も、前段の「仏の真法身」としての月に重ねて考え得る。月の光によって、世界の全存在がその姿を現すように、活眼睛が見ることによって、世界の存在がそのものの真の相貌をもって立ち現れてくる。そして、そのように現れてくることが「奉行」である。つまり、ここで言う「奉行」は、「衆善」と切り離され、より包括的な「はたらき」を表現している。これは、「諸悪莫作」の「莫作」が、「諸悪」を離れ、最後に「虚空」や「仏真法身」と等置されたことと軌を一にすることがらなのである。

「莫作」にあっては、存在を現成させる力は、全存在の根拠として全存在を超えつつ全存在を成り立たしめている力とされたのであったが、ここでは、その同じ力を自己の方から説明している。つまり、自己を超越しようとする力に促されて、自己は自己として成り立つのであるが、その力に対して、自己は、ただその力の作用を受けるだけの一方的な関係にあるのではなく、その力の顕現とは、ひとえに、この自分が、今ここで、世界の真の相貌たる本来的な次元を立ち現し得るか、否かにかかっている。そして、修行し、さとったその瞬間において、その立ち現し得る力が、発現するのである。

以上を受けて、最後に「奉行の正当恁麼時に、現成の公案ありとも、公案の始成にあらず、公案の久住にあらず。さらにこれを本行といはんや。」と言われる。まず「正当恁麼時」とは、前述のように、真理の現成される「さとり」の瞬間を意味する言葉であり、また、「公案」とは第二章において述べたように、もともとは、官庁の裁決要件、転じて、古則公案、さらに転じて修行における真理の顕現を意味していた。「現成公案」巻の記述からあきらかなように、道元にあっては、つねに、真理のこの世界での顕現として理解されている言葉である。つまり、「奉行」が成就するまさにその瞬間に、真理が現成するのであるが、その時に現成される真理（「公案」）は、「始成」（その時はじめて生まれたもの）でも「久住」（永遠の実在）でもない。すなわち、「弁道話」で「人人の分上にゆたかにそなはれりといへども、いまだ修せざるにはあらはれず、証せざるにはうることなし。（全上―七二九）」（真理はそれぞれの人に本来豊かに具わっているとは言え、修行をしていない者には現れず、さとらない者には現れない。）と言われていたように、その真理は本来的なものであり、その意味では、「始成」ではなくて「人人の分上にゆたかにそな」わっているのだが、同時に、「いまだ修せざるにはあらはれず、証せざるにはうることなし」とも言われているように、自己の修証以外には顕現され得ず、自己とは無関係な、スタティックな真理ではないという意味で、「久住」ではないのである。

そして、最後の「さらにこれを本行といはんや」であるが、[*11]「本行」というのは、『正法眼蔵』の多くの用例では、「菩薩本行」を意味し、成仏するための因位（「さとり」という果を目指して修行している位）の修行という肯定的な意味で使用されている。しかし、「仏教」巻の「（「さとり」の成就とは）造作にあらず、無作にあらず、始起にあらず、新成にあらず、久成にあらず、本行にあらず、無為にあらず。（全上―三一〇）」（「さとり」の成就とは、何かを作り出すことでもないし、作り出さないことでもない、はじめて起こることでもないし、新たに成立することでもないし、永遠に成立することでもないし、本来あったものでもない。また、何もしないことでもない。）という一文の用例で、「本行」が否定的な意味で使われているのと同様に、ここでも、「莫作は本行ということはできない」という意味で解釈したい。この場合の「本行」とは、本来的に具わっていて自然に行われる行為という、道元が批判した本覚論的なニュアンスで使用されていると考えられる（ほかにも否定すべき、「本」を冠した言葉として、『正法眼蔵』の中に、「本有」「本我」「本覚」「本浄」などの用例がある）。道元にとって、莫作とは、決して、こちらからは何もせずに自然と成就するはたらきなどとは考えられず、つねに、「奉行」にともなわれなければならなかったのである。

第三節　「自浄其意」をめぐって

「莫作」であり、「奉行」である

以上、「衆善奉行」の「奉行」が、「莫作」の場合と同様に、現成する力として解釈され、しかも、それが自己の側からの現成として解釈されるということを考察した。次に七仏通戒偈の第三句「自浄其意」に対する道元の解釈を見てみよう。

> 「自浄其意」といふは、莫作の自なり、莫作の浄なり、自の其なり、自の意なり。莫作の其なり、莫作の意なり。奉行の意なり、奉行の浄なり、奉行の其なり、奉行の自なり。（全上―二八一）

この「自浄其意」という言葉に対して付けられた道元の解釈文には、道元の言語表現の特徴が、十二分に発揮されている。大意は、「自浄其意」とは、「莫作」であり、「奉行」であるということである。つまり、自己の心が浄化されてくるということは、諸悪が作られていない（「莫作」）ということであり、善が修行されている（「奉行」）ということだ、と主張されているのである。まず、このような解釈が成り立つことは、どの注釈も認めるところではあるが、ここでは、さらになぜ

「自浄其意」が、「自」「浄」「其」「意」と、要素に分解されているかについて考えたい。

このような分解によって、道元は、「自」「浄」「其」「意」を、それぞれ独立した事物事象として表しており、先述した、力としての「莫作」「奉行」が、個々の事物事象に及んでいるということを示しているのである。

最後に、「自の其なり、自の意なり」という言葉が、「莫作」と「奉行」に関する文に並置される意味を考えてみたい。この「自」という言葉は、道元にあっては、たとえば、「空華」巻で「自然成」の「自」(おのずから)が「自は己なり」と「みずから」に読み換えられたように(全上－一〇八)、「おのずから」「みずから」の二重の意味で使われる言葉である。ここでの「自」の使い方にもその二重の意味が込められており、その両者の意味を込めた「自」が、「莫作」と「奉行」とを媒介していると考えることができる。つまり、諸存在をそのものとして成り立たせる力である「莫作」は「おのずから」にあたり、主体的になす修行である「奉行」が「みずから」である。そして、この「莫作」と「奉行」とは一つのものであるということを、「自」という二重の意味を持った言葉を、「莫作」と「奉行」との間に置いて両者を媒介させることによって示している、と考えられよう。

以上、第三節においては、第一節、第二節で主張されたことにもとづき、それを応用して、「自浄其意」が解釈された。次節では「七仏通戒偈」の最終句「是諸仏教」に考察を進めよう。

第四節　「是諸仏教」と「仏」理解

動態的な力としての仏

まず、道元の言葉を引用しておこう。

> かるがゆゑに、「是諸仏教」といふなり。いはゆる諸仏、あるいは自在天のごとし。自在天に同不同ありといへども、一切の自在天は諸仏にあらず。あるいは転輪王のごとくなり。しかあれども、一切の転輪聖王の諸仏なるにあらず。かくのごとくの道理、功夫参学すべし。諸仏はいかなるべしとも学せず、いたづらに苦辛するに相似せりといへども、さらに受苦の衆生にして、行仏道にあらざるなり。莫作および奉行は、「驢事未去《ろじみこ》、馬事到来《ばじとうらい》」なり。（全上－二八一～二八二）

「是諸仏教」に対する道元の解釈は、以上あげたもののほかに、この「諸悪莫作」巻頭でも行われている。つまり、七仏通戒偈に対する解釈の、冒頭と末尾において、「是諸仏教」について解釈がされていることになる。これら二つの「仏」解釈を比べてみると、七仏通戒偈に対する考察を叙述しつつ、道元がどのような方向へ「仏」に対する理解を突きつめていったかということが、よく分かる。

冒頭部分の要旨を、もう一度簡単に確認しておくならば、道元は、そこで、諸仏と自己との連続と非連続とを語る。仏の教えは、自己に必ず通達し、自己はその教えを受けて仏になろうとする。仏とは、仏として衆生とは非連続的なものであるのだが、自己は、自らが行う修行において仏となろうとする。つまり、仏との連続性を確保しようとする。そして、道元は、このように自ら修証する者こそが仏であると言う。道元は、仏であるということは、つねに仏に成り続けるという修行によってのみ確保されると考えていたのである。

このような冒頭部分をふまえて、本段に掲げた引用文を見ていこう。

まず、道元は、「是諸仏教」という時の「諸仏」とは、たとえば、自在天（仏教の守護神であるインドの神）や転輪聖王（仏法をもって世界を統治する王）のようなものであるが、しかし、それらが必ずしも仏であるわけではないという道理を呈示する。ここで、とくに自在天や転輪聖王が持ち出されてきたのは、自在天は、法身・応身・報身の三身を具えていることにおいて、そして、転輪聖王は三二相を具えていることにおいて、仏と共通しているからである（もちろん、その三身なり三二相なりの実質は、まったく違うことは言うまでもない）。そして、この道理について学ばないのならば、たとえ、どのように、辛《つら》く苦しい修行をしたとしても、仏道を行じたことにはならず、受苦の衆生たることを免れられないと言う。では、この道理とは何を意味するのであろうか。最後の「莫作および奉行は、「驢事未去、馬事到来」なり」という言葉が、この道元によって呈示された道理を解く鍵になっていると考えられる。この「驢事未去、馬事到来」は、どのような意味に解せばよいのだろうか。

この「驢事未去、馬事到来」とは、『景徳傳燈録』巻一一、霊雲志勤章所収の、「いかなるか是仏法の大意」という質問に対して、霊雲が、「驢事未去、馬事到来」と答えたという問答に由来する。[*12]もともとの問答では、この言葉は、驢馬(愚か者)相手の用事が終わらないうちに、馬相手の用事が到来した、もううんざりだということで、大上段にかまえて「仏法の大意」という紋切型の質問を発する相手に対する皮肉を意味していたが、『正法眼蔵』では、一つのことが終わらないうちに次のことがはじまる、すなわち、同時に二つのことが起こるという意味で使われており、ここでは、その意味に理解することができる。[*13]つまり、「莫作および奉行は、「驢事未去、馬事到来」なり」という言葉は、「莫作」と「奉行」が同じことがらを指しているということである。

そして、「莫作」と「奉行」に対する道元の究極的な理解が、それらを「力」として把握することであったことを想起するならば、この締めくくりの一文も、その力について言及していると見ることが適当であろう。「莫作」と「奉行」は、それぞれ、世界から自己へ、自己から世界へ、すなわち、本来的次元から自己への真理の現成(証)、自己の本来的な次元への超出(修)という正反対のベクトルをもってはたらく力であるが、その二つの力は、別々のものではなくて、それは、世界と自己とを貫き、自己を限りなく自己超出へと導く、自己内在的かつ自己超越的な力なのであり、根源的な力、無分節の真理そのものでもあるのだ。

このように考えてくると、道元が呈示したところの道理、すなわち、仏とは自在天や転輪聖王のようなものであるが、しかし、それらが必ずしも仏であるわけではないという道理の意味するところが、あきらかになってくるであろう。つまり、道元は、仏を、たとえば仏像によって表されるような、かたちある存在としては捉えず、それを力、「はたらき」(「莫作」「奉行」)として捉えているということである。その力は、自在天や転輪聖王のようなかたちある存在をそのものとして成り立たせている力であり、力の発現であるという意味において、自在天や転輪聖王は仏であるということもできるのだが、必ずしもそのようにしか発現しないということではない。

冒頭の「是諸仏教」に対する道元の理解として、本段の最初で、道元は仏を自己と連続、非連続なものとして捉えており、さらに、仏を動態的なものとして捉えていたことを指摘したが、このことをさらに突きつめ、道元は、仏とは動態的な力そのものであると捉えていたのだと言えよう。連続と非連続とをつなぐのは、まさに、この力なのである。個々の仏や修行者が先立ってあらかじめ存在していて、それに力が具わっているのではなくて、力が第一義的に存在し、すべてをそのものとして成り立たせているのである。そして、その力として発現するのであれば、諸悪も衆善も等しく肯定されていくのである。

絶対の善と悪

以上、「諸悪莫作」巻の論述をてがかりとして、道元の善悪観を考察してきた。「諸悪なすなかれ」ではなく、「諸悪つくられざる」と読まれなければならないという主張の背後には、その主張を必然的なものとする道元の世界観がある。本章では、その世界観をあきらかにしつつ、宗教哲学において一大問題である悪の問題が、道元においては、悪の本来的な非存在と結論される、その構造を考察したのである。

論旨をまとめておこう。まず、偈の読み換えについて確認しておきたい。道元は、仏教に古来伝えられる「諸悪莫作　衆善奉行　自浄其意　是諸仏教」という四句からなる七仏通戒偈を、通常のように「諸悪なすなかれ　衆善奉行すべし」という命令ではなく、「諸悪は莫作なり、衆善は奉行なり」と読み下す。つまり、悪は存在せず、善は行われていると読み換えるのである。これは漢文の読み下しとしては破格であるが、道元は、自己の立場からは、この偈はこのように読み下されなければならないとする。このように、悪がなく善のみ行われるというのは、修証によって顕現される本来的な次元をふまえて言われている。さらに、道元は、「諸悪莫作」の「莫作」と、「衆善奉行」の「奉行」を単独の術語として取り出し、「莫作」には本来的次元からの自己へのはたらきかけを、「奉行」には自己から本来的な次元への超出を読み込んでいく。これは、根源的な力の両面であると言い得る。つまり、ここで道元は、「諸悪なすなかれ　衆善奉行すべし」という命令を「諸悪は莫作なり、衆善は奉行なり」と読ましめた、その根拠たる本来的次元の根源的な力までも、この偈の中に読み込んでいこうとしていたと言えよう。

次に道元の善悪観とその背景をなす世界観、修証観について論旨をまとめておく。道元は、いわゆる善や悪が無自性（固定的な本質を持たない）であり、ある観点から見られて、仮に善とされ悪とされているにすぎないということを自己の善悪観の大前提として掲げる。たとえば、常識的な善悪観では、殺生は悪、不殺生は善とされようが、道元は殺生の行為自体は、いかなる場合においても悪であるとも言えないし、また、不殺生も無条件に善であるとも言えないとする。これだけの叙述では、ただ単に善悪の相対性を主張しているにすぎないのだが、さらに道元は、殺生も不殺生もまったく等しく絶対の姿として、さらに言うならば、すべての事物事象が絶対の善として立ち現れるような次元があると言う。道元は、まさにこの次元を見据えて、この次元が要請するところの善悪観を叙述しようとしているのである。

道元が依拠しようとしているこの次元とは、仏道において目指すべき「空」そのもの、真理そのものの次元であり、さらにそれは、「縁起」と言われる、全事物事象が相互相依しはたらきあって関係的に成立している次元のことである。道元において、発心する、すなわち俗世を捨てて仏道を志すとは、この世界をひたすら志向しそこへの超出を試みることであった。そして、自己の身心をこの世界に向けて定位し、この世界へと近付いていくことが修行であり、また、「さとり」とは、自らがこの世界の中に位置付くことであった。

この修行と「さとり」との関係について、道元は「修証一等」と捉えている。つまり、修行において、本来、具わっていた「さとり」を顕現していくのである。自己はすでに「さとり」の世界にいたのであり、そのことを自覚し、体得することが「さとり」であると捉えられているのである。すでにいたという意味で、それは本来的次元ということができるのだ。つまり、本来的次元とは、修行者にとって、修行の目的であると同時に、修行を成り立たしめている根拠でもある。

そして、道元は、この本来的な次元において事物事象をあらしめる（現成する）根源的な力が存在すると考える。この力は、事物事象を一つの全体として結び合わせるとともに、修行者をその全体の中へ位置付けるべく、修行者にはたらきかけ、本来的な次元へと導く力でもある。修行者はこの力に貫かれて自己の修行を成就することが可能となる。この本来的次元に遍満する力は、修行者を導く力であるという点から見れば、それは修行者にとって超越的なものであるが、自己がすでに本来的な次元におり、その力を具えていたことをふまえれば、内在的な力であると言い得る。この超越的かつ内在的な力が、修行と「さとり」とを同時に成り立たせているのである。

道元は、この力、「はたらき」こそが究極的に実在すると考えている。つまり、それぞれの事物事象が要素としてまず存在して、力がそれらの要素を結び付けるのではなくて、真に実在するのは、事物事象を刻々と結びあい、はたらかせあいながら、現成させる力なのである。

ところで、俗世の日常的な認識においては、この力が看過され、事物事象は、独立自存的かつ自己完結的な要素として相対立させられている。そこでは自己もまた実体化され、独立自存的かつ自己完結的なものとして捉えられる。道元は、このような事物事象の関係的な成立を否定して、自己と事物事象とを二元対立的に立てる認識方法（分別知）を批判する。このような認識方法は、自己や事物事象を実体化し、執着や苦を生み出すのである。その意味で、この実体化こそが悪の成立であると言えるのだ。

他方、道元にとって善であるのは、本来的な次元のみであり、さらに言うならば、そこにおける根源的な力のみであった。道元は、修行においてこの善なる本来的次元へと超出すると考えているのだが、本来的な次元を志向する行為は、道元においてはすべて善であり、それ以外に善なるものはないという意味で、それは絶対的な善とも、究極的な善とも言い得る。

本来的な次元を志向することが善であるのならば、それとは反対に、その次元から背《そむ》き出ることが悪となる。しかし、修行が行われている限り、そこには修と「一等」であるところの「さとり」

がある、すなわち本来的な次元が顕現されているはずであり、本来的な次元が顕現されているならば、背反、すなわち、自己や事物事象の自己完結的実体化などの悪は存在しようがないのである。

以上のように、道元は修証において、悪の存在しない絶対的に善である次元が顕現されると考えていた。その次元とは、第六章で詳述する『正法眼蔵随聞記』の「南泉斬猫」の公案に関する道元の解釈を通じてあきらかにされるような、「斬猫」という殺生の行為さえ、それが本来的な次元を志向し、また他者をそこに導いている限りにおいては、仏行、すなわち、絶対的に善なる行為であると言い得るような次元なのだ。

ただし、ここで留意しておかなければならないのは、すべてが絶対的に善であり得るのは、あくまで修証が行われているという前提に立ってはじめて可能となるということである。この不可欠の前提を崩してしまうならば、ほしいままに悪を行うという事態が起きてしまうだろう。先にも述べたように、事実『永平室中聞書』によれば、晩年の道元は、そのような弟子を破門することを余儀なくされたという。悪は本来ない、すべては絶対的に善であるという道元の考えは、道元の真理探究の極北であると同時に、危険な誤解を招きかねない両刃《もろは》の剣であったと言えよう。

本章では、「諸悪なすなかれ」ではなく、「諸悪つくられざる」と読まれなければならないという主張の背後にあって、その主張を必然的なものとする道元の世界観を探求しつつ、宗教哲学において一大問題である悪の問題が、道元においては、悪の本来的な非存在と結論される、その構造を考察した。次章においては、仏教において、善悪とつねに結び付けて語られる因果の問題を検討したい。

●注

＊1　本章においては、説明文で逐語的解釈を詳しく行うので、重複と煩瑣を避けて現代語訳については省略する。

＊2　たとえば、「梅華」巻には、「無生といふは無上菩提をいふ。（全上－四六一）」とあり、十二巻本の「深信因果」巻では、「ふかく無生のさとりをえたり。（全上－六七八）」とある。

＊3　古註のうち、『聞解』が、「この生には心邊（りっしんべん）を付けるがよい。」といっているのをはじめとして、『御抄』や『私記』などが、「無生」を「無性」（無自性）と理解し、また『那一宝』においては、「無性」と解し、さらに、「無性・無漏・実相は、無上菩提の異名と可知、然則いま諸悪の当体無上菩提なり。」として、三性の違いは、本来的な立場（無上菩提の立場）から見ればないと説いていることなどが参考になる（『正法眼蔵注解全書』第一巻、五五二、五五三、五四九頁参照）。

＊4　「三十七品菩提分法」巻においては、同様のことが、「悪の称、かならずしもさだまれる形段《いんとん》なし。ただ地にしたがひ、界によりて立称しきたれり。（全上－五〇五）」と言われている。

＊5　管見によれば、諸註の解釈は、三つに分かれる。第一が、道を「いう」ととるもの、第二が、道を冗辞ととり、とくに訳出しないもの、第三が、拙論と同じく、道を「仏道」ととるものである。ただし、第一としても二としても、意味的には差はない。第三の場合は、本文で述べたような意味

となる。

＊6 「道」がほかの体言と結合され、仏道を意味する『正法眼蔵』の用例としては、「伝衣」巻の「宿殖の道種なきものは、一生二生、乃至無量生を経歴すといへども、袈裟をみず。（全上－二九三）」などがある。

＊7 諸註釈のうちで、悪行が自然と行われなくなるという解釈をはっきりと打ち出しているのは、玉城康四郎『道元』、岸沢惟安『正法眼蔵全講』第四巻（九二～三頁）などである。たとえば、玉城『道元』（一六五頁、下段）では、「自分から進んで悪を止めようというのではない。目覚めの声を聞いていると、ひとりでに悪がとまってくる。そこにおのずから修行力がついてくるのである。そうなると悪のまっただなかに身をおいても、自然に諸悪莫作となってくる。」と言われている。他方、悪行と見える行為が行われたとしても、それはもはや悪行ではないという解釈をとっているのは、岡田宜法『正法眼蔵思想大系』第一巻（一四二頁）、秋山範二『道元の研究』（三一一頁）である。たとえば、秋山『道元の研究』では、「悪は無生にして無常不停と知れる瞬間たとへ十悪五逆と云へども絶対滅に帰するのである。」と言われている。古註では、『聞解』が「南泉斬猫」と関連させて解釈し、『那一宝』が、「五逆の相をもって解脱を得、非道を行ないて仏道に通達す。（原漢文）」と解釈している（古註についてはいずれも『正法眼蔵註解全書』第一巻、五六〇～五六一頁参照）。

＊8 この文章について、ある程度意味をなす解釈をしているものに、たとえば、岡田前掲の『正法眼蔵思想大系』第一巻（一五六頁）がある。ここでは、「諸悪は莫作にあらず」という言葉は、「純然たる宗教的道徳的立場から規範生活を重視されて云はれるもの」であるが、その下ですぐに、

「独創的見解」である「莫作」を宣揚したのは、「道徳的な立場を厳守して深刻な理解〈諸悪はそもそも作られないということ—頼住註〉を棄て去ることを憂へたからである。」とされる。しかし、なぜ、文脈的には唐突に「純然たる宗教的道徳的立場」に立った主張が行われるか明確ではない。また、増谷文雄『現代語訳　正法眼蔵』第一巻（一七五頁）では、「諸悪は『作《な》すなかれ』でもない、ただ莫作である。」と訳しており、この文章だけ見れば意味は通る。しかし、等置されている莫作のうち、ここだけを「なすなかれ」とするのは無理がある。また、西嶋和夫『現代語訳　正法眼蔵』第二巻（一三頁）では、「悪事とは『やらない』という〈単なる抽象概念〉ではなく、ただ〈現実に〉やらないだけである。」としているが、このように訳し分ける必然性は明確ではない。

また、古註（『正法眼蔵註解全書』第一巻、五七五〜五七六頁）においては、『私記』に、「莫作の独立なるがゆゑに、莫作にあらず莫作なりといふ。」とあり、『御抄』に「只諸悪莫作にあらず、莫作なるのみなりと云也と被釈なり。」とあり、私見と同様に莫作を独立したものとして取り扱っているが、その独立の莫作とはどのようなものかについては明確にされているとは言い難い。

＊9　空を打つの用例としては、たとえば、「諸法実相」巻に、「なにをか虚空とする。おもひやるに、応庵いまだ虚空をしらざるなり、虚空をみざるなり、虚空をとらざるなり、虚空をうたざるなり。（全上－三七二）」とある。また、「打」と「拍」とを同じ意味で使っている用例に、「優曇華」巻の「さらに僧堂いま板（大衆に行事を報知するために打つ。銅製のものを雲板という）をとりて雲中に拍し（全上－五三四）」がある。

なお、この「猶如虚空左拍右拍」についての諸註の解釈はさまざまに分かれる。まず、おおきく分けて、「猶如虚空」と「左拍右拍」とを別々にし、「左拍右拍」は、虚空についての説明ととる方法と、「猶如虚空左拍右拍」と続けて解釈するやり方がある。

前者の解釈のうちでも、「左拍右拍」についてどう解釈するかでさらに分かれる。「右をうってても左をうっても（どこもかしこも）」（前掲岸沢『正法眼蔵全講』第四巻、一九一頁）、「左を拍っても右を拍っても、当たりもせず外れもしない。」（中村宗一『全訳正法眼蔵』巻二、一〇二頁）、前掲『聞解』（『正法眼蔵註解全書』第一巻、五七七頁）、「自由自在」（水野弥穂子校注『正法眼蔵』（二）二三七頁脚注）、「無礙自在」（増谷文雄『現代語訳　正法眼蔵』第一巻、一七六頁）などである。また、私見と同様に、後者の解釈をとるのは、岡田前掲『正法眼蔵思想大系』第一巻（二六二頁）であるが（「虚空の右を拍つも左を拍つも」）、ただし、私見では「左拍右拍」を「自由自在」と解釈しているのに対して、岡田氏は、「当たりもせずはずれもせぬ。打つが打つでない。」ととっている。

＊10　坂本幸男・岩本裕訳注『法華経』上、一二八頁参照。

＊11　『道元禅師全集』（筑摩書房）の底本となった洞雲寺本には「さらにこれを奉行といはんや。」とあるが、「奉行」を乾坤院本、正法寺本、正法眼蔵抄、玉雲寺本などにより「本行」と改めた。

＊12　前掲『景徳傳燈録』巻一一、霊雲志勤章、一九八頁参照。

＊13　たとえば、「三十七品菩提分法」巻に「一転語を自買することいまだやまざるに、一転心を自買する商客に相逢す。驢事未了、馬事到来なり。（全上－五一〇）」とある。

第五章　道元の因果論

本章においては、前章の善悪に関する議論をふまえて、さらに因果という観点から道元の思想の解明をはかる。「因果」とは、インドの初期仏教以来、仏教思想の中心的な概念の一つであり、道元にとっても「因果」はその思索を支える重要なものであった。道元の因果観については、道元自身の叙述が多岐にわたっていることもあって、従来の研究では、その一部を検討するにとどまっており、その多様性の由来するところをふまえ、さらに、インドから中国、日本仏教思想史における因果観念の展開を射程に入れた上での総合的な検討は、これまで十分に行われてきたとは言い難い。そこで本章では、初期仏教から中国禅に至るまでの因果観を跡付けた上で、道元の因果観を見ていきたい。まず、検討の大前提となる仏教における因果の捉え方について、本書の論旨に必要な範囲で簡単に確認しておきたい。

第一節　因果に関する二つの言説

因果の理

仏教の中心概念の一つである因果とは、文字通り、原因と結果ということである。原因があればその帰結として結果があり、反対に結果があればその原因があるというのが「因果の理」である。この「因果の理」とは、敷衍すれば、何ものもそれ自身で独立自存に存在するのではなくて、必ず原因によって成立せしめられているということである。因果のこの側面は、あらゆる事物事象が実体ではなくて無自性（無我）であり、仮にそのようなものとしてさまざまな関係において成り立っているという、仏教の根本教説である「縁起―無自性―空」へと結び付く。

また、仏教は、因果を客観的な法則としてよりも主体の実践を支える原理として用いる。そのことが顕著に表れているのが「修因感果《しゅういんかんか》」という言葉である。この言葉は、因としての修行の結果として開悟成道するということを意味する。このような善き因が善き果を引くということを善因善《ぜんいんぜん》果《か》（正確には善因楽果《らくか》）といい、反対に悪しき因が悪しき果を引くということを悪因悪果《あくいんあっか》（正確には悪因苦果《くか》）と言う。

そして、このような善悪の因果応報は、輪廻転生説と結び付けられて語られる。輪廻転生説とは、インド古来の伝統的な人間観、世界観であり、仏教もそれを継承し、生きとし生けるものはすべて六道（天、人間、修羅、畜生、餓鬼、地獄）という六つの迷苦の世界を生まれかわり死にかわりさまよい続けると言う。死後どの世界に生まれかわるのかは、当人の生前の行いにかかっている。つまり、善いことをしていれば、六道の中では（仏の教えに接することができるという意味で）比較的善い世界とされた人間《じんかん》（人間界）や、神々の世界である天に生まれかわることが可能だが、反対に悪事をなした者は畜生道、餓鬼道、地獄へ生まれかわるとされた。また、現世における善い出来事は前世における善業の報いであり、悪い出来事は前世における悪業の報いであるともされた。このように因果応報は、過去世、現世、来世の三世を貫くと考えられたのである（ただし、仏教の究極目的は、決してよりよい世界に転生することではなくて、解脱して輪廻それ自体から脱出することである。しかし、それは修行への専念と開悟を通じてしか達成されないので、出家できない俗信徒には次善としてよりよき世界への転生が勧められたのである）。

因果を説くための二つの言説

私見によれば、仏教の説く善悪因果に関しては、相異なった二つの言説が見られる。一つは、前述のように輪廻転生説などと結び付きつつ善悪の因果応報を説く言説であり、もう一つは、因果それ自体を問い直し、高次のレヴェルにおいてそれを否定すらする言説である（これは、仏教の最終目的が善悪の因果の連鎖、すなわち、輪廻転生からの解脱であることにより基礎付けられ、さらに、全体が全体の因となり果となりあうという相互相依の縁起する全体世界の宣揚へと展開する言説でもある）。ここでは、前者を因果に関する第一の言説と呼び、後者を因果に関する第二の言説と呼ぶことにする。

第一の言説は、自らなす修行が因となって果としての開悟成道を実現するということで、仏教者自身が自らの修行の意義を確認する意味を持つ。また、善因善（楽）果、悪因悪（苦）果の因果応報の提示は、仏教的な功徳を積むことの重要性を強調する。とりわけ民衆布教に際しては、仏・法・僧の三宝への帰依という善因が、現世利益や来世でのよりよき転生をもたらし、反対に、仏教への背反や悪業は、現世の不幸と来世における堕地獄、堕畜生道などの悪果をもたらすという因果応報が強調され語られた。

次に第二の言説を検討するが、その前に、なぜ、因果についてこのような二つの対照的な言説があるのかについて触れておきたい。第一の言説が善悪の因果応報を説くものであるのに対して、第二の言説は善悪因果を超越し、さらにはそのような考え方それ自体を否定するように見えるものであり、両者は相容《あいい》れないように思われる。なぜ、同じ仏教の善悪因果に関する言説であるのに、このような齟齬《そご》が起こるのであろうか。

それについて答えるには、仏教の、言葉に対する考え方を知る必要がある。仏教では、究極の真理そのものについては言語化することはできないと考えられる。この究極の真理とは、開祖である釈迦が菩提樹《ぼだいじゅ》下で直観的に体得したものである（ただし真理自体は釈迦以前も以後も変わらずにあったとされる）。この真理を伝達するのが仏教の教説である。その教説は、月をさす指に喩えられることからも分かるように、個々の仏教信者が、最終的には釈迦と同様の真理体得の体験（解脱＝成仏＝開悟）ができるように導くことを目的としたものである。月をさすことがさまざまな方向から可能なように、仏教の教説も、教えを説かれる者の能力や境遇に対応してさまざまなかたちが可能である（対機説法）。そして、その教説それ自身が真理なのではなく、あくまでも究極的真理へと導く手立てであり、教説の受け取り手が真理に導かれたあとでは教えは不要のものとなる。これは、真理としての月とそれをさす指とは別個のものであり、月をさす指が月へと見るものの視点を移動させた後に指はもう不要となるのと同じである。

以上のことをふまえれば、因果に関する対照的な言説が仏教の中で共存していることも不思議ではない。つまり、その因果の教説の受け止め手が違うから、その違いに応じて異なる言説が生まれざるを得ないのである。まず、善悪の因果応報を説く第一の言説は、基本的には、仏道の初心者やそれに準ずる者、民衆に対して説かれたものである。つまり、より単純で分かりやすい言説によって、仏道へと導くために説かれる言説である。このような因果説の唱導は、まず、仏教上の善と悪とをあきらかにし、悪を止めさせ善を促進するためのものである。仏教的な善とは、最終的には開悟成道し真理を体得することであるが、そこに導く第一段階として、仏道の上での善悪を明示し仏道修行をする上での指針を示すのである。現世は現世のみでは完結せず、俗世の衆生の見通せない広がりを持っており、その広がりの中に自らの生があることを理解することが求められているのである。仏教的因果応報という視点を獲得することによって、現世的とらわれを相対化し、そのとらわれを超克することが可能となる。それを通じて、最終的には「さとり」へとつながる道の端緒が示されるのである。

それに対して、第二の善悪因果の前提を突き崩すような言説、具体的には、後述する「罪性空《ざいしょうくう》」（罪の本質は空であるから、罪を犯してもそれは悪因にはならず、したがって悪果も引かないことがあり得る）などは、基本的には、仏教の修行がさらに進み、ある一定の境地に達した者にのみ示されるべき教えである。それは、「縁起—無自性—空」の考え方をより全面化し、先鋭化した教えである。第一の言説においては、因果の担い手は、ある一定の独立した存在であると前提されていた。もちろん、修行の端緒の段階や、俗世の生活を営む民衆に対しては、とりあえず独立した存在を立てて、それが因果の担い手となるという説き方が有効なのであるが、ある段階を超えると、このような説き方では、間に合わなくなってくる。つまり、より高いレヴェルにおいて因果という考え方に対応する必要性が出てくるのである。

善悪因果に関する第一の言説が前提する、因果の担い手としての独立した存在という、ある意味で実体化された存在へのアプローチは、仏教の根本教説である「縁起—無自性—空」と矛盾する側面をもっている。もちろん、第一の言説にしても、因果応報を通じて、現世の相対化による世俗的執着の否定を説くことにおいては、根本教説にかなったものと言えるのであるが、存在論として独立した因果の担い手を立てるということ自体が第二の言説においては問題視され、そこで、因果の主体が担うべき罪という第一の言説においては自明の前提を否定する、たとえば、「罪性空」のような主張がなされるのである。

つまり、第二の言説は第一の言説の単純な否定ではない。因果応報ということをいったんは認め、その言説が有効な水準をふまえた上で、さらに高度な言説として、因果という枠組みそれ自体の否定が第二の言説として登場する。第一の言説の有効性を認めた上で、次の段階として、あえてそれを否定するところに第二の言説が成り立っているのである。

さらに、第二の言説は、単に因果を否定するだけではなく、全時空のすべてのものが、すべてのものの因となり果となりあうという総体的縁起としての因果観にまで展開していくものである。仏教の因果の理は、原因と結果の結合の必然性を説くが、しかし、存在論として考えるならば、原因は一つではなく極端に言えば無限個であり、しかも、それらもさらに原因を無限にさかのぼることができる。このような存在把握によって、存在の根拠（＝原因）は果てしなく拡散していく。原因から結果が生まれるという因果の理は、このような存在の無根拠性の主張を導く。その無根拠性を「空」「無我」「無自性」というのである。因果に関する第二の言説が、このような存在論としての因果の主張へと展開するのに対して、善因善（楽）果、悪因悪（苦）果を三世にわたって説き、最終的には、修行すれば「さとり」を体得できると修因感果の実践論を説くのが第一の言説である。そこでは、本来、無限個存在する因のうちで、自己の修行という点がクローズアップされ、因と果とが立てられるのである。

また、時間論の観点から付言しておくと、善悪因果に関する第一の言説と第二の言説においては、時間の捉え方が違ってくる。つまり、第一の言説は直線的に一方方向に流れる直線的時間観念を前提としており、それに対して第二の言説では、因と果は同時であり、因が果に先立つというような常識的な直線的時間観念を否定する。時間に関連して、第一の言説を因果異時、第二のそれを因果同時などとも言い表すこともできる。世俗世界の時間観念に重なるのが第一の言説の時間観念であり、その意味で仏道の初心者や民衆にも分かりやすいのに対して、第二の言説の時間観念は、すべてのものがすべてのものと結び付きあい、互いを成立させあっているという「縁起―無自性―空」の存在把握を前面に出した上で成り立つものであり、一方向的時間の流れを否定するという意味で、時間を超越したものとも言えるのである。

以上述べた善悪因果の二つの捉え方をふまえた上で、次節では、このような二つの言説が仏教思想の流れの中でどのように展開してきたのかをたどる。

第二節　二つの因果説の系譜

本節では、仏教の因果に関する二つの言説に関して、それが仏教成立の当初から（さらにいえば仏教以前から）存在し、その後の仏教の展開の中で深められていったものであることを具体的に示し、道元の因果観の成立背景を確認したい。

インドの初期仏教における因果説

因果に関する二つの言説は、すでにインドの初期仏教の段階から見出される。たとえば、最古の仏典の一つと言われる『スッタニパータ』には、執着を断ち切って悪業を避けることで解脱し再生しない、また、在家者に向けて功徳を積むことで天に生まれることができるという善悪因果を説く言説と並んで、「安らぎに帰して、善悪を捨て去り（五二〇）[*1]」、「麗しい白蓮華が泥水に染らないように、あなた（ブッダ）は善悪の両者に汚されません（五四七）」というような、涅槃（「安らぎ」）や覚者（「ブッダ」）における善悪因果の超越を主張する言説が見出される。

このような善悪の因果、すなわち輪廻転生からの解脱は、「つねによく気をつけ、自我に固執する見解をうち破って、世界を空なりと観ぜよ。そうすれば死を乗り超えることができるであろう（一一九）」という言葉が示すように、無我と空とを観じることで達成される。固定的実体としての自我を否定し（無我）、すべては他のものとつながりつつ他を原因として、仮にそのようなものとして成り立っている（空）と体得する時に、死を乗り越える、つまり、善悪因果（＝輪廻転生）を乗り越え、覚者となって真理と一体化した涅槃へと赴くことができるのである。

このように、インドの初期仏教では、輪廻転生をいちおう前提としながらもそれを解脱することが求められ、さらに、その解脱の境地においては、通常の意味での因果、すなわち、善因善果、悪因悪果の超越が主張されるのである。もちろん、俗人信者や初学者に対しては因果応報説にもとづく教えが説かれるが、そこにとどまらず、「禍福に汚されることなく（七九〇）」、「善悪の両者に汚されません（五四七）」という言葉に端的に示されている、善悪因果の超越が打ち出されたのである。

このような善悪に関する二つのレヴェルの言説は、仏教に先立つウパニシャッド文献にすでに見出される。祭祀を通じて個人と共同体の幸福を祈願するヴェーダの宗教をその起源としながらも、ウパニシャッド哲学は、相対的世界である世俗世界を否定、離脱して、修行によって絶対的真理との合一を目指すという、きわめて特徴的な姿勢を示した。そして、善悪の問題についても、よりよき再生のために善き行為（カルマ）をなせという言説と並んで、最高の境地における善悪の超越を説くに至ったのである。

つまり、絶対的真理の認識、宇宙的真理であるブラフマンと自己の本質であるアートマンとの合一（梵《ぼん》我《が》一如《いちによ》）においては、善であれ悪であれ相対的な価値にすぎず、両者ともにまったく無意味であるとされる。瞑想のうちに真理を認識し一体となった究極の境地において、善悪を二つながら超越することがウパニシャッドの理想なのであり、死後の福楽を求めて生前に善業を積むことは最高の理想などではないと否定されるのである。祭祀という善因をなすことによって、生天（天界に再生すること）という善果を得ることを勧めたヴェーダ宗教の基本的な世界観・人間観である輪廻転生説と因果応報説を継承しながらも、ウパニシャッド哲学は、輪廻転生説、因果応報説を相対的なものとして、それを超えた絶対的な境地、すなわち、善も悪も超えた、もはや輪廻転生を解脱した境地を目指したのであり、この点において初期仏教は、ウパニシャッド哲学と軌を一にしていたのである。

アビダルマ仏教における因果説

さて、前述のように、ウパニシャッド哲学に端を発しインドの初期仏教にも継承される、善悪因果の宣揚とその超越という二つのレヴェルの言説は、その後の仏教の展開の中でも、その時々に比重を変えつつ、つねに登場することになる。初期教団の分裂後に成立したアビダルマ仏教においては、善悪因果のみならず因果そのものや輪廻転生に関する詳細な議論が発達し、六因説、五果説、四縁説、六道輪廻説、八大地獄説、四受業説、業感縁起説、中有（中陰）説、三時業説、三世両重の因果説などとしてまとめあげられた。

とくに注目されるのが、無我輪廻の問題である。ヴェーダ以来今日に至るまでインドの基本的な世界観、人間観であり仏教にも受容された輪廻転生説と、仏教の根本教説である無我説とをどのように結び付けるのかは、仏教にとって大きな課題であった。バラモン教系の正統宗教が、「常一主宰」のアートマン（我、自体、本性、実体）を説くのに対して、仏教では、そのようなものは存在しないとする。人は、五蘊（色・受・想・行・識という構成要素）の集まりに、その時々で何らかの存在性を仮に付与しているにすぎないとして、無我を主張するのである。仏教は、このような無我説を通して、あると思っていた自我は実はないのだということを自覚させ、自己愛や所有欲を捨てさせ、人間の迷苦の根源である我執を取り除こうとしたのである。

しかし、きわめて実践的な意味を担っていた無我説に関して重大な理論的問題が浮かび上がった。つまり、無我説と輪廻説とは整合性をもって両立するのか、自己というものがないのならば何が輪廻するのか、輪廻の主体、業《ごう》の担い手はいったい何なのかというアポリアである。この問題について、たとえば紀元前二世紀頃に成立した『ミリンダ王の問い』の中では、死者とその再生した者とは同一人物か、別人物かというミリンダ王の疑問に対して、ナーガセーナ長老は、一晩中燃えている焔火のようなもので、宵の口と、真夜中と、夜明け頃の焔火は、同一でも別異でもないように、死者とその再生者は、同一でも別異でもないと答えている。つまり、実体として固定されているのでないという意味では同一ではないが、それが焔火として連続性を持つという意味では別異ではないと言うのである。このようにナーガセーナ長老によって、きわめて象徴的、直感的に答えられた無我輪廻の問題は、その後、犢子部《とくしぶ》のプトガラ（補特伽羅）による理論化を経て、最終的には、大乗仏教の唯識思想において説かれた阿頼耶識《あらやしき》縁起説によって、解決に至るのである（ただし、後述するように、阿頼耶識は俗諦〔世俗的真理〕においては実在するが、第一義諦〔究極的真理〕においては実在しないとされたことには留意すべきである)。

大乗仏教、中観派の因果論

さて、アビダルマ仏教を批判して成立した大乗仏教においても、因果に関する二つの言説が見られる。インドの大乗哲学を代表する中観派と瑜伽行《ゆがぎょう》唯識派の両派における因果説を見ておこう。

まず、「八宗の祖」と呼ばれる龍樹(ナーガールジュナ、一五〇~二五〇頃)の著作『中論』を基本典籍とする中観派は、般若経典の「空」「不可得」「無執着」の思想に立脚して、すべては「縁起―無自性―空」であり、因縁によって仮にそのようなものとして成り立っているにすぎないと主張した。そして、そのような「縁起―無自性―空」を理論的かつ実践的に自覚することによって、最終的には、般若波羅蜜《はんにゃはらみつ》(完全な知恵)の体得を目指した。

中観派は、因果について、因も果もそれぞれ自性はなく、また、因となる行為(カルマ=業)もその応報も「空」であると説く。たとえば、『中論』第一七章観業品第三一偈においては、「諸々の煩悩と及び業と、作者と及び果報と、皆幻と夢との如く、炎の如く亦た響の如し」と言われ、因果の空性が主張される。

このような『中論』の主張は、同じく般若空観にもとづいて一~二世紀頃成立した『維摩経』における、「罪性空」(大正蔵一四-五四一b)の思想と重なる。「罪性空」とは罪の本性は空であるという主張である。しかし、このような『中論』における主張は、論敵であるアビダルマ仏教側からの批判を招く。「空」の主張は、因果を否定し、道徳や宗教を否定する危険な思想だというのである。その批判の一端がうかがえるのが、『中論』第二四章観四諦品第一偈から第六偈において紹介される論敵の主張である。論難者は、中観派を批判して、空を説くならば、四諦も三宝も因果応報もなくなり、「一切世俗法」も破壊されると主張するのである。

しかし、このような考え方は、空に対する誤解であると『中論』は反論する。その際、『中論』では、私見によれば二つの方向から説明が行われている。一つは、帰謬《きびゅう》論証を使うやり方である。つまり、もし、自性があって、永遠不滅の本質などというものがあるなら、一切の変化は否定され、そもそも修行して成仏を目指すなどということは成り立たなくなってしまう。それ故に、仏教という教えが成立するためには、「縁起—無自性—空」の立場をとることが必要だと言うのである。もう一つの方向は、世俗諦と第一義諦という二つのカテゴリーを用いる説明である。[*2]

世俗諦とは、諸存在が言語によって仮構され、かつ、その仮構の「仮」性が忘却され、実体的自己同一的なるものへと化した上で成り立つ真理であり、その忘却と自己同一的なるものの成立に対して「転倒」という批判が行われる。しかし、第一義諦が、そのような世俗諦とはまったく無関係に成り立つかと言うと決してそうではない。第一義諦で使う言語体系は、世俗諦のそれでしかあり得ない。ただし、同じ言葉を使いつつ、その使い方が違うのである。

第一義諦では、言語による仮構性を自覚しつつ言語を使用して、最終的には、言語を超越した空そのものの世界へと超出する。このような究極的なる世界への志向が確保されている限りにおいてのみ、すなわち、第一義諦においてのみ、「罪性空」なる言葉が有効にはたらくのである。つまり、世俗諦における「罪性空」理解は、いったん犯したある一つの罪がなくなるという理解であろうが、それは空性を正しく理解したものとは言えない。第一義諦、つまり、究極的なるものを志向する立場にあっては、すべては自性（固定的本質）なく、空であり、その意味で罪もないということになるのである。

大乗仏教、瑜伽行唯識派の因果論

次に、中観派と並んで、インド大乗仏教思想史の二大潮流をなした瑜伽行唯識派における因果説について略説しておこう。瑜伽行唯識派は、その名の示す通り、そもそもはヨーガ瞑想の実践に重きをおいた瑜伽師と呼ばれる修行者たちのグループを母胎とする。彼らは、禅定修行における心の状態の理論化を試みた。そして、禅定状態において心に現れる映像はすべて心の顕現させたものであるという体験にもとづき、およそ世界におけるありとあらゆるものは、それ自体としての存在性を持つわけではなく、すべて認識によって成立しているにすぎないとした（唯識無境——識のみがあり境すなわち対象は存在しない）。

そして、認識の成立について、八識を立てて、外界はすべて識の転化したものであると説明する。八識とは、眼識、耳識、鼻識、舌識、身識、意識の六識に、それらを統合し、自己意識をかたち作る末那識《まなしき》と、さらにその深層にありあらゆる事物事象を成立させる根源的なものとしての阿頼耶識である。阿頼耶識を説くのは、瑜伽行唯識派独自である。阿頼耶識とは、蔵識とも言われ、無限の過去から、衆生が輪廻転生して行為（カルマ＝業）したことによる潜在的余力（習気《じっけ》）が、種子《しゅうじ》として蓄えられている場である。そして、その潜在態としての種子が顕在化すると、さまざまな事物事象（現行）が現れる。これを阿頼耶識縁起と言う。阿頼耶識自身は、世親の『唯識三十頌』第四頌において、「恒《つね》に転ずること暴流のごとし」と言われているように、一瞬、一瞬、変化しており（刹那生滅）、その意味で実体ではないが、この阿頼耶識こそが、輪廻転生の主体であると考えられたのである。つまり、ここでは永遠不滅の霊魂などを立てることなく輪廻が説明される。阿頼耶識とは、個を超えた言わば世界意識であり、人間の意識の根源をかたち作るものなのである。

善悪因果による輪廻転生とそこからの解脱は、阿頼耶識を使って次のように説明される。別名異熟識とも呼ばれる阿頼耶識には、過去になした善業、悪業が、無記（善でも悪でもない）の種子として蓄えられ、その後、楽や苦などの果報として現行を生み出す。衆生がなした業の潜在的余力である種子は、すべて有漏（煩悩のある）種子である。そこに無漏の種子を生じるためには、究極的な真理を求めて、教えに従って仏道修行をする以外なく、それによって無漏の種子が増長し、そうなると、最終的には有漏の種子がなくなり、阿頼耶識は消滅し、究極的真理が顕現され、輪廻転生からも解脱する。この究極的なものが実現された境地においては、もはや、因果応報も二元的な善悪も超越されるのである。

以上、大乗仏教の二大哲学をなす中観派と瑜伽行唯識派の善悪因果論について略説した。両者ともに善悪因果を超えた究極の境地を理論化している。少年時代より大蔵経を読みこなしたと伝えられる道元は、当然これらの理論には精通していたはずであり、禅宗の伝統として理論を表に出すことは避けたにせよ、これらの理論の水準をふまえて『正法眼蔵』が執筆されていることは留意すべきであろう。

中国仏教における因果観（1）初伝から魏晋南北朝期

インド仏教の中国初伝は紀元前後頃であろうと言われる。仏教は、中国には従来なかった観念をもたらした。「因果」もその一つである。伝来初期においては、神滅不滅論争において、仏教側が霊魂不滅と輪廻転生を説いて、それらを否定する儒教側と論争したことからも分かるように、仏教の無我輪廻説や空思想が十分に理解されていたとは言い難い状況であった。しかし、たとえ背景となる理論の理解が不十分なものであったにせよ、仏教の説く三世の因果応報説による輪廻転生説は中国に仏教が根付くにあたって大きな役割を果たした。

そもそも、人間にとって「死」とは最大の恐怖であり、自分の死後の運命は現世におけるすべての営みをも無効にさせかねない深刻な問題である。このような問題に対して、三世の因果応報説による輪廻転生説は、非常に明快な解答を与える。仏教思想が広く中国社会に普及したその魅力の一端は、因果応報、輪廻転生という観念にあったと言っても過言ではないだろう。ごく一部の僧侶以外の者には、仏教の基本教義である四諦八正道の説や、解脱や涅槃、輪廻転生という苦の生存からの脱却よりも、輪廻転生して死後に善報を受ける方が関心事であったのである。

しかし、このような状況は亀茲《きじ》出身で中国南北朝期に活躍した訳経僧、鳩摩羅什《くまらじゆう》（三四四～四一三、一説に三五〇～四〇九頃）によって大きく転換する。鳩摩羅什の大乗空観の教えを受けた弟子たちは、世俗諦の名のもとに業報の輪廻を認めるが、業報の輪廻には独立した実体はなく、輪廻の連続性を担うものは識であり、識はまた利那滅である、という中観派の考え方を学んで、応報や因果の方便性とその本来的な空性を理解するに至った。そのことをあきらかに示すのは、羅什門下の四傑の一人に数えられる道生《どうしょう》（竺道生、三五五?〜四三四）の善不受報説である。道生は、「無相をもって仏となす」（大正蔵三八—四一一c）と言い、仏とは究極的には、無色（物質的存在として無である）であり、また、その仏の国土も無である（「無土」）と言う。そして、無であるが故に、善業を積めば仏国土に生まれると説いたり、悪業を積めば地獄に堕ちたりするなどという因果応報説は、民衆を善に導き悪を抑止するという点で方便としておおいに意味が認められるものの、第一義の立場からするならば、善報も悪報もないと言う。これが彼の善不受報説である。[*3] 善を行うことによって善報を受けようというのは執着であり、それは、仏教の初学者や在家信者などに対する方便の教えとしては有効であっても、俗世的な執着を捨離してひたすらに解脱を求めるという立場からするならば、善業は無功徳であるということになる。[*4] 善悪の因果応報をあくまでも方便説として捉え、俗諦と第一義諦を峻別し、相対的な善を俗諦の限度内で扱い、二項対立的、相対的な善悪を超えたところに成立する言わば究極的善を真諦で扱うというのが、道生の立場だったのである。

鳩摩羅什による大乗空観の宣揚によって生み出された流れ、すなわち、初伝期の霊魂の実体視を克服し究極的かつ絶対的境地における「因果」や「善悪」のありようを追求する流れは、隋唐期という中国仏教の黄金時代を迎え、さらに深まっていく。とくに、絶対的自由を求め続けた禅宗においては、本章で後述する「百丈野狐《ひやくじようやこ》」の公案においてあきらかに示されるように、行為における自由と因果との関係が探求のテーマとなった。次に中国禅宗の因果観について説明したい。

中国仏教における因果観（2）禅宗

さて、東山法門にはじまる初期禅宗集団が中国禅宗の実質的な出発点であり、菩提達摩《ぼだいだるま》（？〜五三〇？）は後世、その系譜の権威付けのために初祖として祭りあげられたのであることは現在では学界の定説となっている。それゆえ、現在、達摩自身の思想をもっともよく伝える、ほとんど唯一と言ってもよい著作と目される『二入四行《ににゅうしぎょう》論』において展開される主張が、後世の禅とは異なる様相を示す点が多いことは言うまでもない。しかし、そうであるにしても、達摩の『二入四行論』に顕著に見られる実践の重視や、如来蔵思想（「如来蔵」という言葉そのものは使用していないが）、そして、「空」思想の徹底的深化ということに注目するならば、達摩の思想が、広い意味で禅思想形成の大きな刺激となったと言うことはできよう。そのような観点から、中国禅宗における因果観を問うにあたって、まず、達摩の『二入四行論』における因果応報思想について見ておきたい。

さて『二入四行論』においては、真理に到達するための二つの重要な方法として、理論による「理入」と実践による「行入」が示される。因果の問題を考える上で重要なのが「行入」のうちの報怨《ほうおん》行と随縁《ずいえん》行である（達摩三三）[*5]。

報怨行とは、修行者が、他の人々から苦しめられたときに、これは、前世、前々世と、過去にさかのぼる無限の時間において、自らが行った悪業に対する報いであると理解し耐え忍ぶことである。それに対して、随縁行とは、生きとし生けるものは、固定的な実体（「我」）として存在するのではなく、さまざまな因縁が寄り集まって仮にそのものとして成立していると捉え、その上で、たとえこの世において栄誉を得たとしても、それは過去世の宿業によるにすぎず、その因縁が尽きればまた無に帰するだけであり、喜ぶにはおよばないと考えて、ただひたすらに仏道に従うことである。

この二つの行において強調されていることは、現世で起こる善いことも悪いこともすべて前世の因縁と観じ、心を動かさないということである。そして、心を動かさず本来的な真なる心の本質(「真性」)を守っていれば、それこそが真理との一体化の実現であるとされる。つまり、ここでは心の静寂を保つための一つの方便として、輪廻転生説と結び付いた因果説、すなわち、因果に関する第一の言説が機能しているのである。現世を超えた視点——それがここでは過去から未来へと続く輪廻転生と因果応報ということになる——を導入し、現世における毀誉褒貶《きよほうへん》に対して心を動かさず俗世の捉われを超えることによって、俗世では得られない心の静寂が獲得されるのである(このようなあり方は、固定的な宿業論とは違うことは留意されなくてはならない。つまり、ここでの因果説が主体の修行実践に即したものであるということ、主体が空を体験するための一つの方便として因果説が機能しているということが重要なのである)。

さて、このような因果に関する第一の言説に加えて、『二入四行論』には、第二の言説も見られる。そこでは、『維摩経』弟子品優波離章の「罪性は外にあらず、内にあらず、両つの中間にあらず。」(罪の本質などというものは外にも内にも、その中間にも存在しない。)という言葉が引用され、罪も善悪も、そしてその担い手とされる我も、本来、空であることが主張される。すべてのものが因縁によって仮にそのものとして生じているにすぎないのであるなら、固定的な実体(「我」)は存在せず、我が存在しないなら罪の作り手はいないわけだから、罪もなくその報いもないのだと言うのである。

このような趣旨の言葉は、この『二入四行論』の中に散見する。たとえば、弟子から「弟子のために懺悔《さんげ》せしめよ。（達摩二二〇）」と頼まれた達摩は、「你《なんじ》が罪をもち来れ、你がために懺悔せしめん」と言う。そして弟子が、「罪は形相の得るべきなし、何物をもち来ることを知らんや」と言うと、「我れ汝がために懺悔せしめ竟《おわ》んぬ。」と言う。また、地獄に堕ちることを恐れる弟子に対しては、「まさに妄想して、有を許するに由るが故に、即ち地獄有り（達摩二二五）」という言葉が与えられる。さらには、「若し人、戒を破り殺を犯し婬を犯し盗を犯して、地獄に堕することを畏れんとき、自から己れの法王を見れば、すなわち解脱を得ん。（達摩一〇四）」とあるように、たとえどのような重罪を犯し地獄に堕ちることを畏れたとしても、おのれの本来性に目覚め、罪が本来空であることを自覚するならば、たちまちに解脱できるとまで言われる。本来は、罪も報いも地獄もなければ善悪もない。そして、その担い手となる「この私」自身もないと言うのである。

このように報怨行・随縁行を重ねて我執の浄化をはかることを通じて、善悪因果を超えた「無心」の境地に到達するということが『二入四行論』の主張である。この「無心」において、罪が空無化され、三世の因果・輪廻転生が超えられる。『二入四行論』では、因果に関する第一の言説にもとづく修行によって実現される境地を、第二の言説が説明するというかたちで、両者は結び付けられている。第二の言説が成立するためにも第一の言説は不可欠なのである。

さて、達摩以降の禅の流れにおいても、因果に関して二つの言説が見られるが、とくに、実践と深く結び付いた絶対的自由の探求がメインテーマとされた唐代禅宗――この時期が禅宗の思想的最盛期となる――においては、より常識的かつ初歩的な第一の言説についてストレートなかたちで説かれることは少なく（説かれる場合にも第二の言説をふまえた上での屈折が見られ）、むしろ、『二入四行論』に見られた「罪性空」などが因果観の表現として多用されるようになる。禅僧たちは、「罪性空」というスローガンのもと、既成のあらゆる固定的な価値観を相対化して、何ものにもとらわれない絶対的自由の境地を追求し、はなはだしい場合には、破戒をも辞さず、あえて戒を破るという姿勢さえも示したのである。また、さらに注目すべきは、因果の超越の宣揚と同時に、超越しつつ再度因果に実践的に関与することも主張されたことである。公案に出てくる言葉を使うならば「異類中行」である。以下、この「罪性空」と「異類中行」について略説しておこう。

「罪性空」と関わる言葉は、禅語録、灯史などに散見する。たとえば、歴代の灯史の中でももっとも著名な『景徳傳燈録』である。この書の冒頭に掲げられている過去七仏の偈は、ほとんど「罪性空」に関するものになっている。前にも述べたように過去七仏とは、釈迦牟尼仏とそれ以前に現れた仏のことで、毘婆尸仏、尸棄仏、毘舎浮仏、拘留孫仏、拘那含牟尼仏、迦葉仏、釈迦牟尼仏である。仏の中の仏とも言える過去七仏の偈において、「罪福皆空」「起諸善法本是幻、造諸悪業亦是幻」「罪福如幻」「罪性空」「幻化之中無罪福」という言葉が見られ、われわれの身心をはじめすべてのものが本来空であるが故に、罪福もまた実体のない幻にすぎないと説かれる。

また、語録や灯史には多くの公案（禅問答）が収録されているが、「罪性空」をテーマにしたものも少なくない。代表的なものに、二祖慧可《えか》（神光慧可・四八七〜五九三）の「罪性問答」がある。*6

この問答では、初祖達摩のあとを受けた二祖慧可の後継者探しという話の大枠が設定され、そこに一人の男が登場する。その四〇すぎの男は、姓名もわからず、しかも「風恙《ふうよう》」を患っていた。禅という当時最新の外国渡りの思想を受け継ぐにはおよそふさわしくない風体である。しかし、輝かしい才能をもって嘱望されていた玉泉神秀《じんしゅう》（?〜七〇六）ではなく文盲の大鑑慧能（六三八〜七一三）を禅宗六祖として正系に据えたという伝説からも分かるように、禅の世界においては文字によって表されるような知識を持たないことがかえって「無分別」の境地により近いと評価されることが常道である。それ故、風采があがらない上、身元もわからない、そして、業病に罹《かか》っているこの文盲の男が、真理に対する意外な理解力を発揮し、真理を受け継ぐ後継者とされた。彼こそが、第三祖となった鑑智僧璨《そうさん》（?〜六〇六）である。

さて、男が罹っていた「風恙」は、手足の麻《ま》痺《ひ》する「中風」とも、精神に異常をきたす「風癲」とも、ハンセン病とも説明されているが、いずれにしても当時は不治と考えられていた難病である。当時、このような不治の病は前世における悪業の報いとして発病する業病であり、それを治すためには「懺悔」が不可欠であるとされていた。自分の現在の病を過去世において自らが作った悪業の報いと認め、自らの悪業を現し悔い改め、仏道に帰依して罪業を少しでも軽減するため、男は二祖慧可のところにやって来て、懺悔させてくれと乞う。ここで採用されている因果観は、本論で言うところの第一の言説にもとづくものと言えよう。

しかし、慧可は、「それなら罪をもってきてみよ。」と言う。男は「（実体として固定的な）罪を求めても得ることなどできない。」と言う。それを聞いて慧可は、「もう懺悔は終わった。今後は仏法僧の三宝に帰依するように。」と答えた。ここで、罪が「不可得」（得ることなどできない）とされたのは、すべては固定的実体としてではなく、因縁の仮和合によって仮にそのようなものとして存在しているにすぎないという「縁起—無自性—空」思想にもとづいている。あらゆるものが空であり不可得であるから、罪もまた不可得であるのだ。そして、その「縁起—無自性—空」を体得することこそが懺悔であると言われる。懺悔とは罪業の消滅を目指し自らの罪（この場合は前世に犯した罪）を告白することであるが、罪が無自性であり空であることを体得できれば、罪性などもともと存在しなかったということになり、それが罪業の消滅とされている。ここでは、因果に関する第一の言説が第二の言説によって止揚されていると言えよう。

このような「罪性不可得」「罪性空」という表現は、禅宗において愛用され、多くの語録に登場する。中国禅宗の継承者である道元の語録『永平広録』にも、上堂（説法のため住職が法堂《はっとう》に上ること）の語として「罪福皆空」[*7]が散見し、また二祖慧可と三祖僧璨の罪性問答が引用されて「罪犯彌天、覓むるに処無し。彌天の罪犯、好便宜。」という評が付されている。[*8]これは、「たとえ罪が空いっぱいに満ち溢れていたとしても、その実体は空なのであるから、たとえそれをつかまえようとしたところで得ることはできない。得ることができないことを知り空を体得するきっかけとなるのであれば、空いっぱいに満ち溢れた罪も、それはさとりへの便宜をはかるよい手段ということになろう。」という意味である。

さて、中国禅宗においては「罪性空」の表現を極限まで推し進めた「殺生の罪の空性」が説かれた。たとえば、馬祖下の大珠慧海《だいじゅえかい》（生没年不詳）の撰とされる『頓悟要門《とんごようもん》』では「人が船に乗っていて、船底が田螺《たにし》や蜆《しじみ》をこすって殺してしまったとしても、人にも船にも罪はない。罪性空であり本来罪などない。わざわざ罪があるとかないとか言い立てる人間によって、罪というものが固定的なものとして現われているにすぎない。」と言われる。[*9] 殺生とは、諸存在の「空」を体得する立場からするならば、その本性は「空」であり、それは善悪の分別の対象ではないと言われる。つまりここでは、究極的立場における善悪の超越が、「罪性空」にもとづく殺生の罪の空性の主張へとつながっているのである。[*10]

ただ、ここで注意しておかなければならないことは、大方の耳目を驚かせる殺生の罪の空性の主張は、「空」の体得ひいては体得のための修行にともなわれているということである。字面だけとれば、一見、殺生の容認、殺生しても罪にならないから殺生しても差し支えないと主張しているかにも思え、多くの誤解を生むことになるこの主張は、究極的境地における「空」の実現、すなわち、二元相対的分別の脱落という立場からのみ解釈されるべきなのである。このような殺生罪の「空」の主張は、まさに因果に関する第二の言説の極北であると言うことができよう（なお、このような因果超越の思想は、当然の前提として修因感果の修行をともなうが、この点が誤解され見失われがちであったので、次節で道元に即して述べる「不昧因果」「因果歴然」が、中国禅宗において改めて唱導されなくてはならなくなったのである）。

そして、さらに注意すべきことは、このような因果超越の主張をもって大乗仏教そして禅宗の因果観が尽きるわけではなく、さらにその先に「異類中行」という因果を超えつつ因果に即して生きるという世界が開けていることである。中国禅宗では南泉以来この言葉が使用され、道元もこの言葉を用いて因果超越をさらに超えた世界を表現した。この問題についても次節で触れることにしたい。

第三節　道元の因果観

これまでの節において、仏教の因果観には二つの類型があることを述べ、さらに、そのそれぞれが仏教の展開の中でどのように深化していったのかを確認した。道元においても因果宣揚と因果超越という、二つの因果に対する捉え方が見出され、さらに、因果超越をも超越する因果観として「異類中行」が宣揚される。それぞれについて検討したい。

道元の因果観（1）輪廻説と結び付いた因果観

道元の主著である『正法眼蔵』においてはさまざまなかたちで因果について言及がなされている。とくに道元が晩年に書いた十二巻本『正法眼蔵』の諸巻では、善因善（楽）果、悪因悪（苦）果の理が説かれ、来世の悪果を避けるため今世において善因を積むことが主張される。たとえば十二巻本『正法眼蔵』「深信因果」巻では、「おほよそ因果の道理、歴然としてわたくしなし。造悪のものは堕し、修善のものはのぼる。毫釐もたがはざるなり。（全上－六八〇）」（因果の道理は明白であり不動のものである。悪を為す者は地獄や畜生道、餓鬼道に堕ち、善を為す者は人間や天に生まれかわり、ほんの少しの誤りもない。）と言われている。

この「深信因果」巻に限らず、道元が晩年に著わし、それ以前に書いた七十五巻本とはあきらかに違う性格を持っている十二巻本『正法眼蔵』のほとんどの巻において、「不昧因果」、すなわち、因果の理は明々白々であり自分のなしたことの報いは自分が受けるということが強調され、過去―現在―未来の三世を貫く因果応報が説かれる。

たとえば、「三時業」巻においては、去勢されそうになっていた五〇〇頭の牛を救った宦官《かんがん》がその「善業力」のために男身を回復したというエピソードや、欲に目がくらみ自分を助けてくれた熊を裏切って猟師に殺させた木こりの両手が腐って落ちてしまったというエピソードが引かれる。さらに、「三時業」巻冒頭では、たとえ現世においては、善人が困窮し、悪人が繁栄しているかのように見えたとしても、来世、来来世における報いが必ずあるとされている。このような記述において道元は、善を行い悪をなさないという規範の根拠を三世を貫く因果の理法に求めているのである。

このような輪廻説と結び付いた善悪の応報を説く因果説は、道元独自のものではなく日本仏教の枠組みの中で常套的に語られてきたものであり、さらに、仏教思想を摂取した一般思想界においてもかなり歪曲《わいきょく》されたかたちではあるが（たとえば「親の因果が子に報い」など）、倫理説として広く行きわたった説である。しかし、道元の因果観はこれに尽きるものではない。次に道元の因果に関する第二の言説について見てみたい。

道元の因果観（2） 因果同時

第二の言説に関する道元のアプローチとして注目されるのは、因果同時である。前述の、三世にわたる因果応報を説く因果説が、過去―現在―未来と連なる直線的な時間を前提として、因は先、果は後とするのに対して、因果に関する第二の言説では、そのような通常の因果が超えられる。前章において検討した『正法眼蔵』「諸悪莫作」巻の「この善の因果、おなじく奉行の現成公案なり。因はさき、果はのちなるにあらざれども、因円満し、果円満す。因等法等、果等法等なり。因にまたれて果感ずといへども、前後にあらず、前後等の道あるゆゑに。（全上一二八一）」という言葉は、まさにこの因果同時を意味している。

ここで道元は、前述の七仏通戒偈の一節である、「衆善奉行」（もろもろの善を奉行せよ）を解説し、善である因も善である果も等しく「奉行」（修行）によって顕現されたものであり、因も果も等しく、その意味で、前後関係ではなくて同時であると述べている。この意味するところを考えてみよう。

まず、善とは行為者が目指すべきものであるが、この文脈において道元に即して言えば、自らが「さとり」の瞬間に真理世界に位置付くことである。そして、奉行とは端的に言えば自らが行う仏道修行である。道元にとって修行とは、自と他とが相互相依する全体世界（縁起—無自性—空なる「さとり」の世界）を自ら顕現し続けることである。そして、そのような世界は、自己が目指し主体的に顕現すべき世界であると同時に、自己を根底から支える根源でもある。

根源的基盤であるという意味で、「さとり」の世界は、自らの修行の因であり、さらに、その世界は自らが主体的に顕現することで成立するという意味において修行の果でもある。同時に、修行は「さとり」を支えるという意味で「さとり」の因であり、かつ、「さとり」の世界である真理世界を基盤として修行も成り立つという意味で、修行は「さとり」の果でもある。

つまり、修行と「さとり」とがお互いの因となり果となりあっており、それを時間的表現によって示すならば因果同時であり、さらに、道元の用語を使用するならば修証一等ということでもある。

このような因果同時という考え方を支えているのは、道元の思想の中心軸の一つである、その独自の時間論である。道元の時間論については先に述べたが、ここで本節の論旨に必要な範囲でその特徴を一言で概括するならば、道元の時間論は、修証を支える時間論である。「さとり」の瞬間に修行者は、全世界の全事物、全事象との一体性を体得し、自覚するという考え方にもとづいたものである。修行において全体世界とつながるものとしての修行者は、全事物、全事象によって支えられ、また、全事物、全事象を支えている。さらに、そのような「さとり」の瞬間は、修行者が修行してきた全時間によっても支えられ、またその「さとり」の瞬間が、全時間を支え正当化する。このような瞬間こそが因果同時の瞬間なのであり、そこでの時間把握は、もはや未来から現在を経て過去へと流れ去るというような直線的なイメージにもとづいたものではあり得ないのである。

因果同時の瞬間とは、修行が「さとり」に包含されることにおいて、つまり、行為が自らの外部に措定された目的を内在化、すなわち、内在的に成就し、また、行為自体が絶対的なものとなることによって、行為を規制する当為としての規範が成立しなくなるのである。因果同時、修証一等という考え方のもとでは、因も果も同時に現成しているのであるから、善果を得るために善因を行うべきであるとか、悪果を避けるために悪業をなすなというような言説は無意味になってしまうのである。

また、第四章において詳述したように、「諸悪莫作」巻では、七仏通戒偈の「諸悪なすなかれ」「衆善奉行せよ」が、「諸悪は莫作なり」「衆善は奉行なり」（修証一等を顕現する修行者にとって悪はなし得ない。また、そのような修行者の行いはすべて善でしかあり得ない。）と読み換えられ、さらに、たとえ、悪業として常識的にはうつる行為も、それは仏行にほかならないということが主張された。これは、まさに善悪因果の超越という第二の言説そのものなのである。

以上、道元の二つの因果観を概観した。次に道元の対照的な因果観の問題について「百丈野狐」の公案に対する道元の解釈をてがかりとしてさらに考えてみたい。

「百丈野狐」の公案

道元研究者の間で大きな議論を巻き起こしたことが記憶に新しい十二巻本『正法眼蔵』であるが、『正法眼蔵』「八大人覚」巻の奥書によれば、これら十二巻は、道元が晩年に新たに執筆したものであることは先述の通りである。晩年、道元はそれまで著した『正法眼蔵』の諸巻を書き改めて（これを七十五巻本と言う）、さらに新たな巻を付け加えて全一〇〇巻からなる『正法眼蔵』を構想したが、十二巻を新たに書き加えたところで、病勢がつのり、全一〇〇巻の構想は未完に終わった。

晩年の作である、この十二巻本では、七十五巻本における深遠な思索や特異な文体はまったく影をひそめ、三世の因果などをきわめて常識的な文体によって説いている。そのことが顕著にわかるのは、同じ「百丈野狐」の公案を扱った、十二巻本の「深信因果」巻と七十五巻本の「大修行」巻における因果に対する解釈の落差である。

まず、「百丈野狐」の公案の概略を示そう。

百丈懐海が、説法をするといつも一人の老人がいて、つねに大衆に従って説法を聞いていた。

大衆が退室すれば、老人もまた退室していた。たまたま、ある日、（大衆が退室したのに）老人は退出しなかった。百丈は（老人をただ者ではないと見抜き）、「私の目の前にいる者は、いったい誰か」と問うた。それに対して、老人は答えた。「私は人間ではない。私は、過去迦葉仏（釈迦の前に出現した、過去七仏の第六番目の仏）の時に、この百丈山で住職をしていた。修行者が、『大いなる修行の人は、いったい因果に落ちるのか』と、質問したので、私は、『不落因果（因果に落ちない）』と答えた。それで、その後、五百生も野狐の身に生まれかわったのだ。今、和尚にお願いする。どうぞ、私にかわって、『大いなる修行の人は因果に落ちるのか』という質問に答えて、修行者を「さとり」へと導くような言葉を言って欲しい。その言葉によって、私がこの野狐の身から脱出できるように。」と、老人は言い、さらに、「大いなる修行の人は因果に落ちるのか」と質問したところ、百丈は、「因果はあきらかである（不昧因果）」と答え、その言葉を聞いて直ちに開悟し、低頭敬礼して、「私は野狐身を解脱した。私は山の後ろに住んでいる。僧の葬送法によって私を葬ってくれるように。」と言った。

百丈は、維那《いの》（禅院の寺務を司り僧たちの綱紀を取り締まる役職）をつとめる僧に槌をうたせ、衆を集めて「食事の後に、死んだ僧の葬式をする」と告げた。僧たちは、「私たち修行僧はみな変わりないし、涅槃堂にも病人はいない。いったいどういうことだろう」と話し合った。食事の後に、僧たちは、百丈が僧を率いて百丈山の後ろの岩の下に行って、杖を使って、一匹の野狐の死体を引き出すのを目の当たりにし、野狐は作法通りに火葬された。

夜に百丈が弟子たちにこのことを話したところ、一人の僧が「その老人が、何回生まれかわっても答えを誤らなかったら何に生まれていたのか。」と質問した。百丈が「もっとそばに来い、教えてやろう。」と言うと、その僧は進み出て百丈を殴りつけた。百丈は手を叩いて笑い「ここにもう一人達摩がいたぞ。」と言った。

この公案では、百丈の説法を聞く不思議な老人が、実は遠い過去世に百丈山で住職をしていた僧であり、「大いなる修行をなす人は因果に落ちるかどうか」と聞かれて、「落ちない」（不落因果）と答える誤りをおかしたために、その報いとして畜生道に堕ち、五百生野狐の身を受けて輪廻転生することになったと語られる。そして、野狐は現住職である百丈から「不昧因果」という言葉を聞いて開悟し、野狐身を脱して僧の葬法で火葬された。

この公案は、過去世における悪業が悪因となって、その報いとして畜生道に堕ちるという仏教説話の一つのパターンを踏襲している。そして、多くの仏教説話では、畜生たちはおのれの過去世の因果を高徳の僧に見通され、あらわにされることによって救済され、感謝しつつ畜生としての生を終わる。仏教の一般的な考え方によれば、畜生道に堕ちることは、仏教の教えに触れることのできない不幸な救済のない状態である。この公案では畜生たる野狐は、百丈によって正体を見抜かれ対話の場に導かれ、最終的には百丈の言葉によって救済される。野狐にとって「大悟」して死ぬということは救済なのである。

二つの「百丈野狐」解釈

さて、この公案に対する解釈は、七十五巻本の「大修行」巻と十二巻本の「深信因果」巻では対照的である。まず、七十五巻本の「大修行」巻から検討してみよう。七十五巻本の「大修行」巻の「この因果、かならず円因満果なるがゆゑに、いまだかつて落、不落の論あらず、昧、不昧の道あらず。不落因果もしあやまりならば、不昧因果もあやまりなるべし。（全上－五四五）」（ここでいう因果は、因も果もそれとして完全で絶対的なものであり、因果同時であるから、因果に落ちる／落ちない、あきらかでない／あきらかであるという二元相対的な枠組みでははかれない。不落因果が誤りであるならば、不昧因果も誤りなのだ。）という言葉からも分かるように、道元は、因も果も、それぞれ完成された絶対のものとしてあるが故に（「円因満果なるがゆへに」）、いたずらに因果に束縛されるかされないか（「落、不落」）、因果があきらかでないかあるか（「昧、不昧」）を議論して、落か不落か、昧か不昧かを決定しようとするのは誤った態度であるとしている。

ここでいう因も果も絶対のものであり得るのは、前述のような因果同時の瞬間においてである。そこでは、因と果とは一体のものであり、我が身のなす修行によって本来的な次元が顕現されている。そのような瞬間が修行者によって刻み出されているような時、通常の意味での因果、すなわち直線的な時間軸にそった因果を持ち出してきたところで無意味であると道元は主張しているのである。道元が七十五巻本「大修行」で想定している因果は、落か不落か、昧か不昧か、そのどちらかを正解とするような浅薄なものではなかったと言えよう。

これに対して、十二巻本の「深信因果」巻では、「不落因果はまさしくこれ撥無因果なり。これ

により て悪趣に堕す。不昧因果はあきらかにこれ深信因果なり。これによりてきくもの悪趣を脱す。(全上ー六七六)」(不落因果というのは因果を否定することである。それ故に畜生道という悪い世界に堕ちた。不昧因果というのはあきらかに因果を深く信じることである。それ故にこの言葉を聴いた野狐は畜生道という劣悪な世界を離脱することができた。)とあることからも分かるように、徹底的に不落因果が否定され、不昧因果が正しい理解として宣揚される。すなわち、悪業をなせば来世に悪(苦)果を受け、善業をなせば来世に善(楽)果を受けるという、因果応報の理は明々白々であるのだから、各人は、善業を行い悪業をなしてはならないという当為が主張される。十二巻本では、直線的時間軸を前提とした当為を支えるものとしての因果が主張されているのである。

このような十二巻本の叙述の変化は、第六章で触れるような道元教団において発生した異端を戒めるためのものであり、実践的な意味を担っているが、しょせんは仏道入門者や初歩的な教えを必要とする者のための教えである。彼らに対しては、勧善懲悪としての因果応報、修因感果としての修行の勧めが説かれる必要がある。しかし、「さとり」を体得し真理の世界を顕現した時、つまり、自己がすでに真理の世界を生きていたことが自覚された時、修証一等、因果同時であるが故に、すなわち、求めるべき究極的なものはすでに実現されているのであるが故に、応報も当為もすべての規範的言説が無化され、たとえば、「不落因果」の言説が成立するのである。

先述のように、仏教においては、因果を宣揚する言説と因果の超越を説く言説の二つが存在する。両者は、因たる修行をなして「さとり」という果を獲得することの確信と、究極的境地における善悪二元の超越の探求として密接に関わりながら主張されてきた。そして、言説としてのレヴェルは、後者、つまり、因果の超越の方が高次なものであった。

高次な立場から言えば、業とか地獄とか輪廻とか因果応報というのは、ただ相対的な迷いの世界の中で有効な言説であって、真理たる空を体得するならば、もはや輪廻転生も因果応報も言い立てる必要はなくなる。道元が言うように、自己の修行によって真理をさとった瞬間に、通常の自我の枠組みは解体され永遠の真理世界に連なることができる。そして、「さとり」において、自己と世界とは一体のものとなり、その瞬間に、「因円果満」、すなわち因果同時の、つまり、通常の意味での時間軸にそった因果のなくなった世界が、出現するのである。ただし、このように言ったからといって「因果撥無」と一面的に捉えることはできない。「さとり」においては、通常の因果はなくなり、因果同時になるが、修行においては因果異時であり、修因感果が堅持されなければならない。そして、因果の宣揚と因果の否定という、この二つの言説の断絶を埋め、両者を連結させるのが、修行者自らがその身で行う修行なのであった。

このような、因果を超えつつ因果の世界を生きる生き方の一つの実現形態としてここで宣揚されるのが、「異類中行」である。次にこの問題を考えてみたい。

「異類中行」について

中国禅においては、南泉普願以来、堕畜生道を異類中行と捉える伝統があった。異類中行とは、文字通りには、異なった生類である異類の中を行く菩薩行を意味する。[*11] これは、菩薩が、「さとり」の境地に安住することを拒み、あえて生死輪廻の迷いの世界に自ら身を投じて衆生を救済することである。つまり「異類中行」の「行」とは、輪廻転生する世界に赴くということであり、さらに、慈悲にもとづいた利他行を行ずるという「修行」をも意味する。これは、『維摩経』の「一切衆生病むを以て、是の故に我も病むなり」（生きとし生けるものが病んでいるから私も病むのだ）を体現した行であり、『臨済録』の「地獄に入るも園観に遊ぶがごとく、餓鬼畜生に入ってしかも報いをうけず。」（地獄に堕ちても園観で遊ぶようであり、餓鬼道や畜生道に堕ちてもそれは因果応報によって堕ちたのではなく志願して堕ちたのだ。）や、『趙州録』の「一切人の生天を願う。婆婆は永く苦海に沈むを願う。」（皆は天に生まれてくれ、私だけはいつまでも苦海に沈もう。）という言葉と軌を一にするものである。

道元は、七十五巻本『正法眼蔵』「大修行」巻において、野狐が五百生野狐として生まれ変わったことを異類中行と捉える。まず、道元の言葉を引用しよう。

> しかあればしりぬ、あしく祇対するによりて野狐身となり、よく祇対するによりて野狐身とならずといふべからず。この因縁のなかに、脱野狐身ののち、いかなりといはず。さだめて破袋につつめる真珠あるべきなり。
>
> しかあるに、すべていまだ仏法を見聞せざるともがらいはく、野狐を脱しをはりぬれば、本覚の性海に帰するなり。迷妄によりてしばらく野狐に墮生すといへども、大悟すれば、野狐身はすでに本性に帰するなり。
>
> これは外道の本我にかへるといふ義なり、さらに仏法にあらず。もし野狐は本性にあらず、

野狐に本覚なしといふは仏法にあらず。大悟すれば野狐身ははなれぬ、すてつるといはば、野狐の大悟にあらず、閑野狐なるべし。しかいふべからざるなり。（全上－五四六）

［現代語訳］だから、間違って答えたから野狐の身として輪廻し、正しく答えたから野狐身とならないなどと言うことはできないということが分かった。この公案の中でも、野狐の身を脱した後でどうなるかとは言っていない。野狐であった時にも真珠のように円満な仏性を持っていたのだ。

そうであるのに、仏法を見聞しないやからは、野狐の身を離脱し終わったら、本覚の本性の海に帰すると言っている。迷妄によってしばらくの間野狐に堕ちいって生きたと言っても、開悟すれば、野狐の身は本性に回帰するのであると言うのである。

これは外道が「本我に帰る」と言っているのと同様である。まったく仏法ではない。もし野狐は本性ではなく、野狐に本覚などないと言うならば仏法ではない。もし、大悟すれば野狐身は離れたり、捨てたりするなどと言うならば、「野狐の大悟」ではなくなってしまう。野狐の抜け殻があるだけだろう。このように言ってはいけない。

道元は、この引用において、堕畜生道の行履、すなわち、野狐（異類）としての生は、決して迷いの生ではなくて、仏性（破袋につつめる真珠[*12]）を顕現するものであると主張する。この意味で野狐は本覚・本性（仏性）を持つと言われる（「もし野狐は本性にあらず、野狐に本覚なしといふは仏法にあらず」）。野狐は畜生道に堕ちた迷える存在ではなくて、野狐としてそのようでしかあり得なかった存在として、自らの生を完全に生き切っていると言うのである。野狐としての生き方が誤りであり、それを改めて真理と冥合して二度と生まれ変わらない境地に到達するなどと考えるならば、それは外道の霊知説（永遠不滅の霊魂を立てる説）におちいってしまう。

野狐であった時も、また野狐を脱した時も、修証一等の修行を行っていた。このような行は、成仏というゴールに到達することを拒むものである。ここで野狐としての輪廻は、自分だけ解脱することを拒み、あえて迷える者たちの世界にとどまる菩薩行として意義付けられる。衆生を救済する輪廻転生の境涯に徹することは、「さとり」をゴールとせずに、修行の一瞬、一瞬に「さとり」を顕現させるというあり方に重なる。そして、それは、無自性空なる「さとり」の世界、すなわち、ありとあらゆるものが互いに結び付き、関係しあい、一つの世界をなしている真理世界を、この修行の一瞬、一瞬に顕現させ続けるということでもある。そして、そのような真理世界を顕現させるとは、空なる世界へ自己を開いていくこと、すなわち、ありとあらゆるものとの、関係性のうちにある自己を自覚することである。このような、ありとあらゆるものとの関係性の自覚が、慈悲の根底にあるのだ。その意味で、慈悲行とは空に裏打ちされたものであるのだ。異類中行とは、輪廻転生の中にありながら、空に裏打ちされ、空を実践的に表現する行であるが故に、輪廻転生を超えていると言うことができる。

もとの公案の最後で「生生不錯、このなんにかなるべき。」（その老人が、何回生まれかわっても答えを誤らなかったら何に生まれていたのか。）と言った僧が達摩になぞらえられて賞讃されたのは、「どの生においても誤らなかったら何に生まれかわるのか。生まれかわらず一人だけ涅槃の境地に達して安らいでしまえばそれでよいのか。生まれかわって、誤りでしかない、つまり、有限性を免れられない存在として、道を求め生きとし生けるものとの「共同成仏」を求めて菩薩行をし続ける以外に真理を現す生き方などないのではないか。野狐という異類として異類中に行じてきたことこそが菩薩行なのだ。」という含意であり、ここを道元は読み取ったと言えよう。

●注

＊1　中村元訳『ブッダのことば―スッタニパータ』参照。数字は同書の詩句の通し番号による。以下同じ。

＊2　同じく第九偈に対する青目の釈文《しやくもん》（仏典の解釈文）には、「世俗諦とは、一切法は性空なるも、而も世間は転倒の故に虚妄の法を生ず。世間においてこれ実なり。諸々の賢聖は真に転倒性を知るが故に、一切法は空にして無生なるを知る。聖人に於いては是れ第一義諦にして、名づけて実となす。」とあり、さらに、第一〇偈に対する釈文において、「第一義は皆言説による。言説はこれ世俗なり。この故に若し世俗に依らざれば、第一義は則ち説くべからず。」とある。

＊3　『高僧伝』巻七、道生伝では、道生に関して「ここにおいて、真俗を校閲し、因果を研思して、廼（すなわ）ち、善は報を受けず、頓悟成仏を立つ」（大正蔵五〇－三六六c）と言われている。

*4　道生の思想に関して鎌田茂雄『中国仏教史』第四巻、二九一～二九二頁では「事の立場に立てば報応に果報があるが、理の立場に立てば報応に利益も功徳もないとするのである。善に果報がないということは、善を行なっても果報を求めないということにもなる。（中略）絶対の善もまた理と同じであるから、善を修したからといって功徳や利益などの果報を期待してはならない。道生の無功徳の思想は、後代に有名になった達磨の無功徳の思想につながるものを持っているのである」と述べている。

*5　柳田聖山『達磨の語録』三三頁を意味する。以下、達磨に関する引用は同書による。

*6　前掲『景徳傳燈録』巻三、慧可章、五〇頁参照。

*7　『永平広録註解全書』中、二八九頁参照。

*8　前掲『永平広録註解全書』下、二三三頁参照。

*9　平野宗浄『頓悟要門』一八七頁参照。

*10　このような主張の根拠としてしばしば言及されるのが、『維摩経』仏道品の「爾《そ》の時、文殊師利、維摩詰《ゆいまきつ》に問うて言わく、菩薩は、云何《いかん》が仏道に通達せん。維摩詰言わく、若し菩薩、非道を行ぜば、是を仏道に通達すと為す。又た問う、云何が菩薩は非道を行ずるや。答えて曰く、若し菩薩、五無間を行じて而も瞋恚無く、（中略）畜生になるも無明・驕慢等の過（とが）無し。（大正蔵一四－五四八c～五四九a）」である。ここでは、たとえ、菩薩が、無間地獄へ堕ちなければならないような重い罪である五逆罪（殺母、殺父、殺阿羅漢、出仏身血、破和合僧）を犯したとしても、菩薩においては、それは、煩悩によってなされたことではないから罪とはされず、煩悩から出た行為ではないからそれは「仏道に通達」したものであると言い得ると主張されているのである。

＊11　異類中行には、菩薩行と並んで、「あれこれの思慮分別がないが故に、無分別の真理をよく体得できる無心の異類の行履《あんり》」という意味もある。これは、前述の利他行を、さらに「他」という意識すらないというレヴェルにまで高めた、利他行の究極と言うことも可能であろう。

このような思慮分別を絶した異類のイメージを宣揚したのは、「南泉白牯」と呼ばれる公案の「三世の諸仏、有を知らず。狸奴白牯却て有を知る。（原漢文）」（『宏智録』巻二、頌古六九、『禅籍善本古注集成宏智録』上、一〇七頁上）という言葉であろう。ここで言う「有」とは、有無相対の有ではなく、真理の当体を端的に言い取ったものである。そして、その「有」については、三世の諸仏よりも、「狸奴」（猫のこと）や「白い去勢した牡牛」などの畜生の方が、思慮分別を離れている分、よく体得していると言われる。つまり、思慮分別を離れた行のことを、異類中行と言っているのである。もちろん、菩薩行にあっても、思慮分別を離れた行であることに変わりはないのであるが、二つ目の類型の異類中行の場合には、異類たる畜生の「無心」に徹した行ということがとくに強調されているのである。

ただし、最初に異類中行について宣揚したとされる「須向異類中行」（『景徳傳燈録』巻八、南泉章）という南泉普願の公案中の言葉について、従来は、「すべからく異類中に行け」と当為に解釈されていたが、昨今の研究によれば、必然に解するべきだという。つまり、真理について誤った見解を抱く輩は、仏道を汚したことになるから、その悪行の報いで、畜生道に堕ちるに違いない、というのが原意だという（入矢義高『景徳傳燈録』三、一一一頁）。

しかし、この「異類中行」という言葉は、その後、多くの禅者の関心を引き、南泉自身の言説においてさえ、もとの文脈を離れて、「菩薩行」「無心の行履」の意味を帯びてくる。これには、南泉によって、「水牯牛」や「狸奴白牯」など、異類をテーマにした対話が多く行われる中で、異類の意味が深められていったことに連動したものと考えられる。

＊12　全集の依拠する乾坤院所蔵本には「破袋」とあり、正法寺所蔵本、玉雲寺所蔵本も同じく「破袋」とするが、全集本文は瑠璃光寺所蔵本によって「皮袋」と改変されている。仏性が個物の中に安置されているというイメージをもたらす「皮袋につつめる真珠」という表現よりも、個物は個物として自己完結せず、それこそが仏性を有するということだということを含意する「破袋につつめる真珠」という表現の方が道元の仏性観を適切に反映する。以上により、本書では「破袋」のままとした。

第六章　善悪の絶対性と仏教

本章においては、道元の善悪観をてがかりとして宗教的善悪観の重要な一側面を示したい。その際、再び親鸞を取り上げて、親鸞の善悪観と道元のそれとの共通性を検討する。とくに注目したいのは、「殺生」に対する両者の捉え方である。

宗教的善悪観

仏教に限らず宗教にとって、「悪」は、それぞれの教義における一大問題である。とりわけ世俗的価値観や世界観の相対化をその出発点とする世界宗教（普遍宗教）では、世俗的意味において望ましいとされる価値と、望ましくないとされる反価値とが根底から問い直され、当該の宗教にとっての「善」と「悪」とが新たに設定、提示される。

本章では、一般に悪行の最たるものとして捉えられている殺生を取り上げて、道元と親鸞がそれをどのように解釈していたのかをあきらかにする。そのことを通じて、宗教的な善悪観の極北を示したい。道元については、弟子懐弉が道元の教えをまとめた『正法眼蔵随聞記』における「南泉斬猫」の公案に対する道元の解釈を取り上げる。親鸞については、おなじく弟子の唯円が親鸞の教えをまとめた『歎異抄《たんにしょう》』を取り上げる。まず、罪性空について検討しつつ道元の思想をあきらかにし、さらに、親鸞の特徴的な殺生観をも取り上げる。

禅宗と浄土教

道元と親鸞とは、それぞれ禅宗と浄土教を代表する対照的な仏教思想家であり、禅宗と浄土教とは相容れない別個の宗派だと通常は考えられている。宗派の存在は、中国仏教の特徴の一つである。仏教の中国初伝以来、インドにおいて長い時間をかけて成立した膨大な量の経典が、比較的短期間のうちに展開の順序などとは無関係に一挙に中国にもたらされた。そのため、それらを整理し秩序立てて受け容れることを目的として、どの経典や教えを中心に据えて体系化するかを吟味する教相判釈が行われ、それにもとづいて、一般に一三宗（毘曇・成実・律・三論・涅槃・地論・浄土・禅・摂論・天台・華厳・法相・真言）と言われる宗派が成立し、それぞれが別個に発達したのである。そして、中国で宗派として成立した禅宗や浄土教を継承し、日本の地で発展させたのが、道元でありまた親鸞であると考えられているのである。

現在われわれが仏教思想を考える場合、このような宗派の枠にそって検討することが一般的である。これは、それぞれの宗派の中で自らの宗派的アイデンティティーを確立するという目的で宗学が発達し、その宗学を基礎とした研究が現在まで日本の仏教思想研究の主流を占めてきたという歴史的事情に規定されている。もちろん、とくに江戸時代に大きな発展を見た宗学が、現在でも研究の上で大きな助けになっていることは言うまでもない。しかし、宗派の枠にとらわれすぎることも、それぞれが持っている大乗仏教としての本質を看過することになってしまうだろう。そもそもインドの源流にまでさかのぼるならば、浄土教の説く念仏は禅定のうちに仏の徳を想起する仏随念であり、坐禅瞑想による禅定修行とルーツを同じくする。両者ともに大乗仏教の厚い思想的基盤の上に成立していることを見落とすべきではないだろう。

このような問題意識にもとづいて、ここでは、道元と親鸞の「悪」に対する理解を検討する。その過程において両者の「悪」観を解明するとともに、浄土教と禅宗という宗派の違いを超えて、大乗仏教思想をその可能性の極限にまで展開した両者が、その思想構造の基底において共通性を有していることもあわせて示したいと思う。

道元と親鸞

さて、禅宗と浄土教をそれぞれ代表する思想家と目される道元と親鸞については、大乗仏教の中でも両極に位置する対照的な思想の持主とされるのが通例である。親鸞の教えが、罪悪深重の自己が救われるには阿弥陀仏への信仰しかないことを説く、他力救済の信の宗教であるのに対して、道元のそれは、自己が本来具えている仏性の自覚にもとづく自力修行を説く行の宗教であるとされるのである。このような信と行、他力と自力以外にも、親鸞の末法思想、「非僧非俗」「肉食妻帯」という存在様式、「弟子一人ももたずさふらう」という教団形成への消極性に対して、道元の末法思想の否定、出家至上主義、仏法正伝を保証する資師相承の系譜重視と教団形成への積極性など、両者の思想の対照性を示す例は枚挙にいとまがない。[*1]

道元と親鸞の思想を比較するにあたっては、このような対照性に焦点をあて、この方向で比較思想の作業を行うことももちろん可能である。しかし、ここでは、差異ではなくて、むしろ対照的と見える思想の持つ共通性について検討を加えてみたい。そして、そのことを通じて、彼らが徹底的に考え抜くことで達した思想は、用語などの道具立ての違いによってどのように異なって見えようとも、ともに大乗仏教の真髄を捉えた思想として通底する部分を持つことを示したい。つまり、大乗仏教の思想家としての道元と親鸞の共通性をあきらかにしたいのである。

第三章の末尾では、この試みを、両者の仏性理解を検討することを通じて行った。その結果、親鸞と道元の仏性理解が、議論の道具立てこそ異なるものの、インドから東アジアへと展開してきた仏性理解の歴史における、仏性が言わば物象化される傾向に対して批判を行い、仏性の「縁起—無自性—空」性を強調するという共通点をもつことを確認した。

本章では、両者の視線がおなじく日常的、相対的な世界を超えたものに向けられているが故に、「悪」を理解するに際しても、日常世界の倫理を超えたところでその問題が理解されていたことを示したい。

第一節　道元における絶対的な善

「南泉斬猫」をめぐって

『正法眼蔵随聞記』巻二に記録されている、「南泉斬猫」という公案をめぐる道元の言葉をここではてがかりとして道元の善悪に対する見方を検討してみたい。この公案において、南泉は、弟子の僧たちが猫をめぐって論争しているのを見て、猫を取り上げて、この猫について的確に一句言い取ること（「道得」）ができるならば猫を斬り殺さないが、もし、できなければ斬り殺してしまうと弟子たちに迫ったところ、弟子たちは「道得」できず、南泉は、猫を斬り殺してしまったのである。道元は、この南泉の行為を捉えて、「此斬猫、即是仏行也（全下－四三二）」と評価し、さらに次のように言う。

今ノ斬猫ハ、是即仏法ノ大用、或ハ一転語ナリ。若《モシ》一転語ニ非《アラ》ズハ、山河大地妙浄明心トモ云ベカラズ、又即心是仏トモ云ベカラズ。即此一転語ノ言下ニテ、猫児体仏身ト見《アラワレ》（現）、又此語ヲ聞テ、学人モ頓ニ悟入スベシ。（全下－四三〇～四三一）

［現代語訳］南泉が行った「斬猫」とは、仏法の大いなるはたらきであり、または、「一転語」（一語を下して学人を迷いからさとりへと導くこと）である。もし、これが「一転語」でないならば、「山河大地が清浄な心である」（清らかな心によって見られた山河大地は、真理の現れである）と言うこともできないし、また「心が仏である」（自己の心は本来、仏としてさとっている）と言うこともできない（「斬猫」の行為とは、真理の現れであり、そのように「斬猫」はさとりの心によってなされた絶対的な行為である）。すなわち、この「一転語」となる行為のもとで、猫の身は仏身として顕現する。また、その行為に接した弟子たちも、速やかに真実のさとりに入ることができるのだ。

この言葉からも分かるように、猫を斬り殺すという殺生の行為を、道元は、仏法のおおいなるはたらきの現れであり、それによって修行者を日常的な常識の世界（迷いの世界）から、「さとり」の世界へと導くこと、すなわち、「一転語」であると捉えている。そして、この「一転語」によって開示される世界とは、世界の諸存在と自己とが、隔てなく一つの全体的な連関をなす世界（「山河大地妙浄明心」すなわち、山河大地という世界が、清らかであきらかなものとしての自己の心と一つであるような世界）であり、「さとり」を得て、自らが仏となった（「即心是仏」）世界、つまり、絶対的な善が顕現された世界である。では、斬猫がなぜ一転語になるのであろうか。斬猫とはいったいどのよう意味を担った行為なのであろうか。以下、この問題について考えてみよう。

さて、弟子たちの論争は、仏性をめぐってのものであったと推測できる。というのは、前述のように、当時、「一切衆生悉有仏性」（生きとし生けるものには、みな成仏の因である仏の本性がある。）と説く『涅槃経』の教えでは、すべての存在が仏性を有すると教えるが、果たして一切の衆生が仏性を持つなどということは可能であるのかということをめぐって、仏教界で大きな議論が起こっていたからである。

このような仏性問題を受けて、弟子たちは、それならば、畜生である猫にも、果たして仏性があるのかどうか、論争を戦わせていたのである。この仏性のあるなしという問題は、たとえば、道元が、『正法眼蔵』「仏性」巻において、「趙州狗子」の公案を引用して、畜生である狗子に、仏性は「有」かつ「無」であると言っているように、一義的にあるとかないとか、決定できないものであり、また、それ故に、そのことについて表現するにあたっては、あるともないとも言えるものである。

おおよそ、われわれの日常的な世界においては、あるものは、あるか、ないか、そのどちらかであり、また、日常的な認識は、そのような二元対立的な思考方法によって成り立っているのであるが、禅の修行者たちが到達を目指している「さとり」の世界とは、そもそも、そのような二元対立的な思考方法によっては把握できない世界であったはずである。このことをふまえて、南泉は、僧たちの論争それ自体を否定する。

南泉が、争いの発端であるところの猫を斬り殺すということは、仏性の有無というような二元対立的な思考方法におちいるとは何ごとであるかと、弟子の僧たちに教え示していることなのであり、その限りにおいて、弟子に対する慈悲に溢れた方便ということができる。

それ故、道元は、斬猫を仏行であると言う。仏行とは、文字通り、仏の行いであり、衆生を「さとり」へと導く慈悲行であり、絶対的に善なる世界を志向する行為であるが、この南泉の斬猫は、修行者たちの迷いを一刀両断に切り捨て、「さとり」の世界の消息を示すという意味において、仏行であると言い得る。絶対的に善なる世界、すなわち「さとり」の世界を志向する限りにおいて、修行者のすべての行為は絶対的な善を顕現するものであるというこの主張は、まさに道元の思想の主軸の一つをなす修証一等にもとづいているのである。

そして、この「さとり」の世界の消息について、道元は、前述のように、「山河大地妙浄明心」「即心是仏」とも言い、さらに、「猫兒体仏身ト見（現）」とも言う。猫の体が、「仏身」として現れ、その時、仏身としての猫にとっては、斬られることが、仏の行いであり、そして、その猫を南泉が斬ることも、仏の行いである。すべてのものが、仏として現れ、仏の行いをなすのである。

さて、このように斬猫が仏行であるとすると、次に問題となってくるのが、この猫を切り殺すという行為が、仏教における基本的な戒律である不殺生を犯す行為であるという点である。この問題について、道元は弟子と以下のようなやりとりをしている。

> 弉云、「是罪相ナリヤ。」
> 云ク、「罪相也。」
> 弉云、「何トシテカ脱落セン。」
> 云、「別、並具。」」（全下－四三二）
>
> [現代語訳] 懐弉が道元に質問した。「斬猫は罪相（殺生罪の様相）なのか。」
> 道元が答えた。「罪相である。」
> 懐弉が質問した。「どのようにしてそこから解脱することができるのか。」
> 道元が答えた。「罪相と解脱（さとり）とは別である。一つの行為にさとり（解脱、仏行）と罪相とが同時に具わっているのである。」

もとより、道元は、この斬猫が「罪相」であり、また、戒律によって戒められている殺生の行為であることは、認める。しかし、それだけでは、この殺生の行為は、解釈できないことを強調する。

弟子の「斬猫が、不殺生の罪を犯すものであるのならばどのようにしてそこから解脱することができるのか」という問いに対して、道元は、「罪相と解脱」とは別々のものとして捉えるべきであり、斬猫は罪相でありながら、同時に「さとり」に立脚した行為、すなわち「仏行」でもあるとするのである。

たしかに、この斬猫は、相対的な善悪という点から見れば殺生という悪であり、不殺生戒に対する背反であるが、それにもかかわらず、絶対的に善なる「さとり」の世界を志向しているということにおいて、絶対的な善をなすものであり、仏行である。後に引用する親鸞の言葉に「わが心のよくてころさぬにはあらず」というものがあるが、これになぞらえて言うならば、『正法眼蔵随聞記』の「南泉斬猫」をめぐる記述において、道元は、「わが心のよくて、ころす」と言っているのである(もちろん、この場合の「よくて」は、相対的な「よし」ではなくて、絶対的な「よし」である)。

第二節　親鸞における絶対的な悪

善人なをもて往生をとぐ

昨今、『歎異抄』第三条の悪人正機説をめぐってはさまざまな議論が行われている。[*2] 紙幅の関係上ここでは詳述しないが、論者としては、少なくとも「悪」の捉え方について、弟子唯円による記録である『歎異抄』と、『教行信証』をはじめとする親鸞の自著との間に、思想的な落差はないものと考えている。もちろん、『歎異抄』は、基本的に親鸞が弟子唯円と対面して自らの思想を語った言葉であり、その意味で制約がある。親鸞の場合に限らず、説教の言葉は、場面や語る相手との関係などに大きく影響されるものであり、ある場合には、相手の意表をつき、常識を覆し、印象を深く刻みこむために諧謔的であったり、逆説的な言い方を多用したりする。有名な「善人なをもて云々」という言葉も、まさにレトリカルな言い回しなのである。まず、本文を見てみよう。

善人なをもて往生をとぐ。いはんや悪人をや。しかるを世のひとつねにいはく、悪人なを往生す。いかにいはんや善人をや。この條一旦そのいはれあるににたれども、本願他力の意趣にそむけり。そのゆへは、自力作善のひとは、ひとへに他力をたのむこころかけたるあひだ、弥陀の本願にあらず。しかれども、自力のこころをひるがへして、他力をたのみたてまつれば、真実報土の往生をとぐるなり。煩悩具足のわれらは、いづれの行にても生死をはなるることあるべからざるを、あはれみたまひて、願をおこしたまふ本意、悪人成仏のためなれば、他力をたのみたてまつる悪人、もとも往生の正因なり。よて善人だにこそ往生すれ、まして悪人はと、おほせさふらひき。（親鸞全四－言行篇（1）六〜七）

［現代語訳］善人でさえ浄土に往生できる、まして悪人はいうまでもない。しかし世間の人は普通、「悪人でさえ往生するのだから、まして善人はいうまでもない」という。これはいちおうもっともなようだが、本願他力の救いの趣旨に反している。なぜなら、自力で修めた善によって往生しようとする人は、ひたすらに本願を信じる心が欠けているから、阿弥陀仏の本願に適っていない。しかしそのような人でも、自力にとらわれた心をひるがえし改め、本願のはたら

きに任せるなら、真実の浄土に往生することができる。あらゆる煩悩を身に具えているわれわれはどのような修行によっても迷いの世界を離れることはできないが、阿弥陀仏は、それを憐れんで本願を起こされた。その本意は悪人を救済して成仏させるためなのだ。だから、他力に帰依申し上げる悪人こそが、浄土に往生する因を一番持つ者なのだ。それ故に、善人でさえも往生するのだから、まして悪人はいうまでもないと、親鸞は仰せになったのである。

唯円は、この段をまず「善人なをもて往生をとぐ。いはんや悪人をや。」という逆説的な親鸞の語りかけからはじめる。この言葉は、その直後で言われるように「世のひとつねに」持つ常識的な考え方、つまり悪人より善人の方がより序列が上であり価値が高い、よって優先的に救済されるべきであるという考え方に真っ向から挑戦する。つまり、一方に弟子たちを含め常識的な考え方を仮想敵としておき、それを覆しつつ自らの悪人正機説に引き込もうとしているのである。相手の意表をつき自らの主張を印象付ける、このような言い回しが、何度も推敲を重ねながら自らの思想の理路をあきらかにする『教行信証』をはじめとする自著に見られないのは当然であるとも言えよう。

では、このようなレトリックによって親鸞が強調しようとした悪人正機という考え方とはどのような内実を持つのだろうか。それは、『歎異抄』の中の言葉を使うならば、まさに「他力をたのみたてまつる悪人、もとも往生の正因なり」ということである。この言葉は、悪人という存在に対する親鸞の理解をあきらかに示している。つまり、親鸞が往生できるとしているのは、「世のひとつねに」考えるいわゆる悪人ではない。親鸞にとっての悪人とは、「他力」を信じ帰依する悪人でなければならない。他力を信じるとは、自力の不可能性を自覚するということでもある。つまり、自らの力では絶対に、往生、成仏することができないと、「自力をひるがえして」自覚する者、つまり、自分が、往生、成仏につながる善なる実践をまったくなし得ない存在であることを認識している者、それが悪人なのである。それに対して善人と呼ばれるのは、自力で往生、成仏可能であるとして自力修行、自力作善に励み、他力に帰依しない者である（ただし、自力に関してさらに付言すれば、親鸞は、他力の信仰はそれ自身易行ではありつつ、実際に他力信仰に徹することは困難なことであると考えている。親鸞の自力に関する言説は、自力の信仰と他力のそれとを素朴に対立させるような言い方もあるが、しかし、それにはおさまらない側面もある。つまり、自力とは人間のあり方として逃れられないものであり、それは本来「空―縁起」的存在である自己を実体化し、その自己に何らかの力を認めることであると親鸞は考えている。それ故に、自力をつねにひるがえす、より正確に言うなら「ひるがえさせられて」というかたちでしか人は他力に帰依できないのである）。

悪人とはどのような存在か

さて、前掲の引用文において親鸞は「他力への帰依」をひたすらに宣揚する。この他力とは何かということは大きな問題であるが、とりあえず阿弥陀仏の持つ救済する力として捉えておこう。その力は、阿弥陀仏を信じ念仏する者のすべてを必ず救済するものとされるのであるが、ここでは、とくに悪人がその対象としてクローズアップされている。では、この悪人とはどのような存在なのであろうか。このことについて、さらに以下のような『唯信鈔文意』の一節をてがかりとして考えてみたい。

「不簡破戒罪根深《ふけんはかいざいこんじむ》」といふは、（中略）「罪根深」といふは、十悪五逆の悪人、謗法闡提《ほうぼうせんだい》の罪人、おほよそ善根すくなきもの、悪業おほきもの、善心あさきもの、悪心ふかきもの、かやうのあさましきさまざまのつみふかきひとを深といふ、ふかしといふことばなり。すべてよきひと、あしきひと、たふときひと、いやしきひとを、無碍光仏《むげこうぶつ》の御ちかひにはきらはずえらばれず、これをみちびきたまふをさきとしむねとするなり。（親鸞全三－和文篇一六六～一六七）

［現代語訳］「不簡破戒罪根深」（破戒と罪根深とを簡《えら》ばず）という言葉に関して、（中略）「罪根深」は、十悪五逆の悪人、仏法を謗《そし》る罪人のことである。総じて、善い行いをなす能力の少ない人、悪行を多くなしてしまう人、善心が浅い人、悪心が深い人、このような罪深い人びとを指して「深」というのだ。「ふかい」という言葉である。無碍光仏（阿弥陀仏）の誓願においては、善人も悪人も、貴い人も賤しい人もすべて、嫌うことなく、分け隔てすることなくみな、導いてくださることを先とし、本意とするのである。

この引用は、聖覚著『唯信鈔』の「不簡破戒罪根深」という一節についての親鸞の説明である。この箇所でまず注目されるのは、親鸞は、闡提、すなわち、解脱の因を欠き成仏不可能な者を、十悪（殺生・偸盗・邪婬・妄語・綺語・悪口・両舌・貪欲・瞋恚・邪見）や五逆（殺父・殺母・殺阿羅漢・出仏身血・破和合僧）の徒や、仏法を誹謗する謗法の者と並置した上で、さらに「善根すくなきもの、悪業おほきもの、善心あさきもの、悪心ふかきもの」「つみふかきひと」などと説明していることである。十悪五逆、謗法の者とは、仏教的には最低最下の人間で、闡提とともに成仏不可能な存在である。親鸞は、この者たちを「善心浅く悪心深き者」として一般化し、さらに凡夫一般の説明に重ね合わせていく。そして、その上で、「善き」も「悪しき」も「尊き」も「卑しき」も、すべて阿弥陀仏の本願によって救われると言う。つまり、五性（声聞定性、縁覚定性、菩薩定性、不定性、無種性）のうちの無種性であり人間の生得的あり方の一類型と解された「闡提」を「悪人」として一般化した上で、さらにそれに続く文章において、凡夫が「悪人」であるとか「善人」であるとか言う時の善悪は結局は相対的なものにすぎないと断ずる。善悪を区別せずに阿弥陀仏の本願力が救うと言うのであれば、阿弥陀の目から見た時の人間の側の善悪とは、単に相対的なものにすぎず、阿弥陀仏を並ぶものなき絶対的な善とするならば、人間の側は絶対悪と言うしかない。その絶対という観点からするならば、人間が悪と言い善と言おうとそれは相対的な善悪にすぎない。相対的に善人であろうと相対的に悪人であろうと、絶対善から見ればすべて絶対悪としか言いようがない。また、もし「闡提」について、解脱の因を欠くが故に絶対に成仏できない、つまり救済され得ない者という用語法にのっとるのであれば、「闡提」とは、もはや人間のうちの特殊な者ではなく、あらゆる人間が「闡提」であると言うことも可能であるのだ。

悪人はいかに救われるか

では、この最低最下の人間はどのように救われると親鸞は考えているのか。『教行信証』信巻の巻末に引用されている『涅槃経』の阿闍世王の物語をてがかりに考えてみよう。物語は次のようなものである。

提婆達多《だいばだつた》にそそのかされて父王を殺してしまった阿闍世は、激しく慚愧《ざんき》（自らの悪行を恥じ恐れること）し、そのために体中に腫瘍ができてしまった。これは心の苦しみが体に表れているのであるから決して治らないのだと言う阿闍世に対して、耆婆大臣は、阿闍世の慚愧はよいことであり、ぜひ釈迦のところに行って治してもらうように勧めた。ためらった末に釈迦のところに行き、自らの苦悩を吐露する阿闍世を、釈迦は心身ともに癒した。

父親殺しという大罪を犯した人間の救済は、親鸞にとってまさに切実な問題であった。阿闍世とは親鸞にとって特殊な悪人ではなくて、親鸞をも含め人間一般であった。阿闍世が親鸞の言う悪人であるのは、父を殺したからではない。そうではなくて、大罪を犯してしまった自分に対する認識、つまり、悪に満ちた罪深い自分を自分ではどうすることもできない、自分の力では自分を救えないということを深く自覚し、「慚愧」しているから悪人という名にふさわしいと親鸞は考える。

親鸞は、悪を、先述のように、人間が有限であり、善すなわち開悟成道（＝真理の体得）に対する自発的アプローチ（自力）をまったく閉ざされているという事態の自覚と捉えている。自力の不可能性を端的に表すのが、自己が煩悩を免れられないという事実である。煩悩とは、単なる欲望ではない。仏教は人間として生きるための最低限の欲望を否定するわけではない。仏教で否定されるところの欲望、すなわち煩悩とは、存在の「空」性の忘却とそれ故の存在の実体化にもとづく、存在への執着である。仏教では、そのような執着の源にあるのは、根本無明（根源的な無知）であると説く。そして、通常の仏教であれば、根本無明は、修行によって最終的に滅却し、さとることが可能であるとされる。しかし、親鸞は、正しい修行も「さとり」も滅び去った末法の時代において、罪悪深重の凡夫は修行をしてさとることなどできないとする。

そして、その上で、自力の不可能性、すなわち自分が悪を絶対的に免れられない存在であるという、自己における悪の不可避的絶対性の自覚、すなわち「慙愧」こそが、ひるがえって無限の光明・生命・知恵である阿弥陀仏による救済の絶対性へと転換し得ると考えたのである。自らの有限性を「慙愧」する時、人は「無限なるもの」を潜在的にせよ、すでに想定している。つまり、無限なるものへの帰依すなわち信心と、我が身の有限性の自覚すなわち「慙愧」とは、コインの裏表のようなものなのである。

「千人殺し」をめぐって

さて、前述のように、親鸞にとって自らの悪とは、相対的なものではなく絶対的なものであった。次に、悪が絶対的なものであるとはどのようなことなのかを、さらに『歎異抄』の「千人殺し」をめぐる、親鸞と弟子唯円の息詰まるような問答をてがかりとして考えてみたい。

『歎異抄』第一三条所収のこの問答は、まず、師である親鸞の「往生のためだと言われたならば、千人の人間を殺すことができるか」という問いかけからはじまる。それに対して唯円は「自らの器量では、千人どころか一人も殺せない。いくら師である親鸞の仰せで、千人を殺したならば往生は確実であると言われたところで、自分にはできない」と答える。それを受けた親鸞の言葉は次のようなものである。

これにてしるべし。なにごとも、こころにまかせたることならば、往生のために千人ころせといはんに、すなはち、ころすべし。しかれども、一人にてもかなひぬべき業縁《ごうえん》なきによりて、害せざるなり。わが心のよくてころさぬにはあらず。また、害せじとおもふとも、百人・千人をころすこともあるべし。(親鸞全四－言行篇(1)二二)

[現代語訳] これで分かるだろう。どんなことでも自分の思い通りになるのであれば、浄土に往生するために千人の人を殺せと私が言った時に、すぐに殺すことができるはずだ。しかし、一人も殺すことのできる因縁がないので、殺さないだけなのだ。自分の心が善いから殺さないわけではない。また、殺すつもりがなくても、百人あるいは千人の人を殺すこともあるだろう。

不殺生とは、仏教の基本的な戒律であるとともに、多くの道徳、倫理、宗教において、遵守すべき基本的な規範であるが、親鸞は、人間にとって基本的かつ初歩的な徳目であるとされる不殺生の履行すら、自らの心の善さによるのではなくて、殺生をしていないのは、たまたま、自らの「業縁」(＝宿業《しゅくごう》)が、殺生をするようになっていなかっただけのことにすぎない、と主張する。俗世の生活において人は自分なりに善悪を判断し行為しているのであるが、ここで親鸞が想定している善や悪は、日常的な価値の位階秩序を前提とし、また、それに準拠して判断される善悪ではない。親鸞は、そのように判断されるような善悪はしょせんは相対的なものであり、真の意味での善でも悪でもないと考えていることが、これらの言葉から如実にうかがえる。

先述のように、親鸞にとって善として意味があるのは絶対的なそれのみであった。そして、絶対的な善の源泉であるのは阿弥陀仏のみであり、自己がその善にあずかることが可能となるのは、不可視の宿業に規定された自己は自ら自発的かつ意志的にその善を志向すること（自力）は不可能であるという、わが身の絶対的な悪の自覚に徹することによってのみであった。真の意味で悪と言い得るのは、不可視の宿業に繋縛されていること、すなわち、我が身の有限性それ自体である。そして、その有限性から惹き起こされるさまざまな事態は――たとえそれが殺人であろうとも――善悪として意味を持たないと、ここでは言われているのである。

このように絶対的な善悪の前では、相対的、日常的に善であろうと、悪であろうと、違いはないということになってしまう。殺生することも、殺生しないことも、阿弥陀仏という絶対的な善の源泉の前では、等価になってしまうのである。

殺そうと思っていても殺せないこと、また、殺すまいと思っていても殺してしまうこと、そして、さらに敷衍するならば、殺そうと思っていて殺すこと、そして、殺すまいと思っていて殺さないこと、これらすべてが、まったく等価になる次元を見据えて親鸞は語っているのである。

確かに、殺生するまいと思う心は、「世のひとつねに」考える意味における「善き心」であり、殺生しないことは、「善」であろうが、その善が、決して、絶対的善にストレートにはつながらないのである。むしろ、「世のひとつねに」考える善の徹底的な挫折によってしか、絶対的善は立ち現れてはこない。殺すまいと決意し善を志向しているにもかかわらず、千人の人を殺してしまうことがあり得るという親鸞の言葉が含意するのは、まさに、この相対的な善の挫折であり、この地点においてはじめて絶対的な善である阿弥陀仏による救済の世界が開けてくるのである。親鸞に限らず、善悪をめぐる宗教的思索は、ある地点において、われわれが日常的な意味において受け取っているところの善悪が、すなわち、相対的な個々の善悪が、善悪として意味をなさない場面に直面せざるを得ないのである。

絶対悪の自覚

さて、これまで、絶対悪の自覚が阿弥陀仏による救済にとって不可欠であることについて論述してきた。では、人間が絶対悪であるとしても、どうしてそのことを凡夫は自覚できるのであろうか。罪悪深重の凡夫にはそのような自覚すら不可能なのではないだろうか。この問題について、『正像《しょうぞう》末和讃《まつわさん》』「愚禿悲歎述懐」の一節をてがかりとして考えてみたい。

> 悪性さらにやめがたし　こころは蛇蝎《だかつ》のごとくなり（中略）
> 無慚無愧のこの身にて　まことのこころはなけれども
> 弥陀の廻向の御名なれば　功徳は十方にみちたまふ（中略）
> 蛇蝎奸詐のこころにて　自力の修善はかなふまじ

如来の廻向をたのまでは　無慙無愧にてはてぞせむ（親鸞全二－和讃篇二〇九～二一〇）

［現代語訳］

悪性はまったく止めることができない。心は蛇や蝎《さそり》のようである。（中略）悪を行っても慚愧（わが身を省みて恥じる）できない私の身であって、真実の心など持たないが、阿弥陀仏がその救済のはたらきを差し向けてくれて称えさせられる念仏であるから、その功徳は全世界に満ちるのである。（中略）

蛇蝎のような偽り不実の心しか持たないこの身には、自力修行によって善を行うことなど不可能である。

阿弥陀仏が差し向けてくれる救済のはたらきに頼らないならば、自分は自分の悪を省みて恥じることなどできずに終わっていただろう。

ここで親鸞は、自らの本性を悪と捉え、その心は「蛇蝎のごとく」であるとする。蛇や蝎は、人間に害毒を与えるものであり、煩悩のシンボルである。本来性である「縁起―無自性―空」を忘却して、煩悩と偽りだらけの悪心を持ちながら、そのことに対する自覚や羞恥を持ち得ない（無慙無愧）自己は、自分の力で善を行って開悟成道することなど不可能で、「まことのこころ」を持たず、真理から遠く隔たっている。しかし、そうであるとは言え、阿弥陀仏は衆生を憐れんで、「弥陀の廻向の御名」として、自分の名を称える者を救おうという誓願を立てたので、その阿弥陀仏の他力のはたらき（功徳）が世界に満ち満ちて、衆生は救われる。この救いのあり方について、親鸞は、阿弥陀仏がその力を差し向けてくれる（如来の廻向）ので、その力に頼って自分は、無慙無愧というあり方を離れることができると言う。つまり、自らを救えないという絶対不可能性の自覚である「慙愧」そのものすら、実は、自分が起こすのではなくて、阿弥陀仏の力の差し向け（如来の廻向）によってはじめて可能になる。引用の最後で、阿弥陀仏の力がなければ、「慙愧」が不可能であると言われているのは、まさにこのことなのである。信心が「弥陀より賜る」ものとされたのと同様に、自力の不可能性、自己の有限性を自覚することも自力ではできず、慙愧も阿弥陀仏の他力によってはじめて可能になる。このことをふまえるならば、悪人であることは阿弥陀仏の他力の廻向の故であるとすら言えるのである。

阿弥陀仏の内実

節を閉じるにあたって、絶対悪の対極に位置する絶対善である阿弥陀仏の内実について簡単に補足しておこう。まず、親鸞最晩年の八六歳のときに書かれた「自然法爾章」（『末燈鈔《まっとうしょう》』所収）の次の言葉をみておきたい。

> 自然といふは、もとよりしからしむるといふことばなり。弥陀仏の御ちかひの、もとより行者のはからひにあらずして、南無阿弥陀仏とたのませたまひてむかへんと、はからはせたまひたるによりて、行者のよからんとも、あしからんともおもはぬを、自然とはまふすぞとききてさふらふ。ちかひのやうは、無上仏にならしめんとちかひたまへるなり。無上仏とまふすは、

かたちもなくましますかたちのましましまさぬゆへに自然とはまふすなり。（中略）かたちもましましまさぬやうをしらせんとて、はじめて弥陀仏とまふす、とぞききならひてさふらふ。（親鸞全三－書簡篇七三）

［現代語訳］自然とは、本来そうあったようにさせるという言葉である。阿弥陀仏の本願はもともと、阿弥陀仏が、念仏行者に自分の分別心や自力を離れて「南無阿弥陀仏と帰依させなさって、浄土に迎え入れようとはからわれたものである。それ故に、念仏行者が善と悪とを自力ではからわないことを自然という、と聞いている。阿弥陀仏の誓いとは念仏の人を「無上仏」（最高の仏）にさせようというものである。「無上仏」とは、かたちもおありにならない。かたちもおありにならないから自然というのだ。（中略）かたちもおありにならない、そのありさまを人々に知らせるために、阿弥陀仏というかたちで現れたのであると、聞いている。

引用からもうかがえる通り、親鸞における阿弥陀仏は、その究極においては、世界に遍満する色もかたちも超えた力であった。絶対的な善とは、その力そのものである。先に、阿弥陀仏の救済に関連して、阿弥陀仏というものがあってそれに力が具わっているというような言い方をしたが、さらに正確に述べるならば、まず先在するのはこの力であって、この力の具体的な現れとして色やかたちを具えた阿弥陀仏や浄土があるのだ。この力のことを親鸞は、この引用において「自然」とも「無上仏」とも言い表している。「自然」とは、人為を加えずおのずからそうなるということで、相対的な善悪を超えて、差別なくすべての衆生にはたらきかける救済の力であり、「無上仏」とは、阿弥陀仏のさらに背後にある力そのものを言っているのである。阿弥陀仏は、この「自然」「無上仏」が、衆生の機根にあわせて、つまり罪悪深重の衆生の救済のための方便として、具体的な色形をもって現れた姿なのである。このような力こそが、ほかに並ぶものなく無制約的という意味で「絶対善」なのだ。

そして、この力については、さらに「縁起―無自性―空」としても理解することが可能である。つまり、この力は、すべての実体化を無化するものであり（空）、すべての固定的表現を超えつつ新たに方便を作り出していく形成力（縁起）でもある。とするならば、親鸞の善悪観の極北は、善悪を超えた「罪性空」の世界であるとも言うことができる。「罪性空」とは、前章で述べたように、大乗仏教の根本思想である空の思想を罪の考え方に及ぼしたもので、あらゆるものが空であるならば罪性も空であるという考え方である。現世においては罪悪深重の凡夫であるが、信心決定した瞬間において現世《げんせ》正定聚《しょうじょうじゅ》となり不退転の位に到達するという親鸞の考え方は、「罪性空」と重なってくる。もちろん、親鸞は現世において身体を持っている限り、衆生は罪悪深重の存在であるということを一方では言うのであるが、しかし、『末燈鈔』第三通において「浄土の真実信心のひとは、この身こそあさましき不浄造悪の身なれども、こころはすでに如来とひとしければ、如来とひとしとまふすこともあるべしとしらせたまへ。（親鸞全三―書簡篇六九～七〇）」と言っているように、信心決定すれば心は仏如来のそれなのである。つまり、心では来世における空性が先取りされているのであり、その意味において「罪性空」が達成されていると考えられるのである。和讃において「煩悩菩提一味（親鸞全二―和讃篇一六九）」、「煩悩菩提体無二」（同九二）と言われ、さらに「罪障

功徳の体となる　こほりとみづのごとくにて　こほりおほきにみづおほし　さわりおほきに徳おほし（同九六）」と言われ得るのは、まさに阿弥陀仏の功徳も凡夫の罪障もその本質は「空」であるからなのである。

第三節　異端の発生――宗教的絶対的世界と倫理的相対的世界

「造悪無碍」の出現

以上、道元と親鸞の善悪観について、それぞれ、『正法眼蔵随聞記』『歎異抄』の記述をてがかりとして見てきた。そこで両者の到達点として示されるのは、相対的善悪が無化されるような地点であった。しかし、この相対的な善悪の無化が、絶対的善悪の裏打ちを受けずに一人歩きした場合、非常に危険な事態の発生を招く。それは、親鸞においては「造悪無碍（礙）」という異端説の出現であった。

親鸞の弟子たちの間で生じたこの説では、阿弥陀仏の誓願は悪人往生のためであるから、阿弥陀仏の信者は、何ごとであれ心にまかせて悪をなしてもさしつかえないし、むしろ、進んで悪行をなして往生を確実にすべきであるとの主張が行われていたと考えられる。このような考え方については、『歎異抄』第一三条や『末燈鈔』第一六通において、否定的に言及されている。[*3]

親鸞によって再三非難されているこの説には、自己における悪の凝視、すなわち、自己が不可視の宿業に束縛された存在であることの自覚が決定的に欠如している。親鸞の考えによれば、現世において善と言われているものであれ、悪と言われているものであれ、人は自らの意思ではなし得ず宿業の赴くままに行為しており、そして、この事態こそが自己の絶対的罪悪性を示しているのであるが、悪をなすことで救済が得られるとする「造悪無碍」説においては、人は悪を意志的になし得るという転倒におちいってしまっており、さらに、個々の相対的な悪と、阿弥陀仏の救済の対象となる絶対的な悪とが、無媒介に混同されてしまっているのである。

邪見の一類

さとりの世界を目指す限りにおいてすべてが絶対的な善の現れであるという道元の教えを受けた弟子たちの間でも、道元の真意を誤解して異端説におちいる者たちが出現した。『永平室中聞書』の中には、道元晩年に、「造悪無碍」的な主張をする異端説が起こったことをうかがわせる一節がある。『永平室中聞書』[*4]とは、永平寺第三世の徹通《てつつう》義介が道元や懐奘と交わした問答を記録したものであり、『(永平開山)御遺言記録』とも呼ばれている。

異端の徒は、「諸悪莫作」が「諸悪作るなかれ」ではなく、「諸悪は莫作である」(悪は作られ得ない、悪はない)という道元の主張を曲解して、すべての行為や存在はそのままで仏法の現れであると主張した。このような「邪義」が教団内に起こり、「邪見の一類」が破門されたことが記録されている。

該当部分を引用しておこう。ここでは、義介と懐奘が道元の教えをもとに問答を交わす。

同六日、夜参に二談ありしのついで、義介咨問して云く、「義介先年同一類の法の内の所談に云く、仏法の中において、諸悪莫作、衆善奉行なるが故に、仏法の中には、諸悪元来莫作なるが故に、一切の行は仏法なり云々と。この見正見なりや」。

和尚（懐弉）答えて云く「修善なり」。

（重ねて義介が問う。）「所以に挙手動足、一切の所作、おおよそ諸法の生起、皆仏法なり云々と。この見正見なりや」。

和尚答えて云く「先師（道元）の門徒の中、この邪見を起せし一類ありし故に、在世の時義絶せられ畢りぬ。門徒を放たるること明白也。この邪義を立つるによりて也。もし先師の仏法を慕はんとおもふ輩は、共語同坐すべからず。是則ち先師の遺戒なり。」（原漢文・全下－五〇〇～五〇一）

［現代語訳］

同六日に、夜の小参（修行者が師匠の居間である方丈で親しく教えを受けること）がありそこで二つの話が行われたのに引き続き、私、義介は、質問して言った。「私は、先ごろ、同じ教団の仲間と仏道の教えについて議論していた時に、「仏法においては、衆善奉行諸悪莫作と言い、したがって、諸悪は本来、作られないものであるから自己が行う一切の修行はみな仏法にかなったものである。」などと言ったが、この考え方は正しいだろうか。」と。

懐弉が答えていった。「一切の修行は善を修することである。」と。

（重ねて義介が質問した。）「それでは、おおよそ人の行う行為は、一挙手一投足に至るまですべて、またありとあらゆる存在の現れ、これもすべて仏法の真実なのか。」と。
懐弉は答えて言った。「先師道元の弟子の中に、（修行なしで）すべてがそのままで真理の現れであるなどという邪見を起こした輩があり、道元在世中に破門となった。この邪悪な考えを示したので弟子の中から放逐されたことは明白だ。先師道元の仏法を慕う人は、このような邪悪な輩と席を同じくしてともに語り合ってはいけない。これは先師道元の遺戒である。」と。

ここでは、まず、義介が「仏法中には、諸悪は元来、「莫作」（作られない）のであるから、修行者の一切の行いは仏法上のそれであり、真理であると言ってもいいのか。」と尋ねたところ、懐弉は「修善である。」と言う。つまり、「「さとり」を求める修行としてなされる一切の行は、「莫作」（真理のはたらき）の顕現であり、「さとり」と一体となった修行である。だから「修善」である。」と答えたのである。さらに、義介は「それでは、手足を動かしたり、さまざまな存在が現象したりというような、あらゆることが仏法上のものであると考えていいか。」と質問する。これは、修行という文脈を超え一般論として、あらゆる行為、あらゆる存在がすべて仏道の真理を「ありのまま、そのまま」で顕現しているのかと問うていることになる。

これに対して、懐弉は、以下のように回答している。「先師道元の弟子の中に、すべては「ありのまま、そのまま」で真理であるという邪見を起こした輩がいて、先師道元の在世中に義絶された。このような邪義を立てたので破門追放されたのである。先師道元の教えに従う弟子は、このような人々と席を同じくしてはならない。これは、先師道元の遺した戒めである。」と。晩年の道元の教団には、絶対的善を志向する限りにおいてすべて善となるということを誤って理解し、絶対的善への志向抜きで、あらゆる行為を善として正当化し、放逸におちいってしまった「邪見」の弟子たちが出た。道元は彼らを破門し、弟子たちに彼らとの関わりを一切断つようにと「遺戒」を遺した。「遺戒」という言葉から、この異端義絶事件は、道元の晩年に起こったことがうかがえる。この事件によって高まった道元の危機意識が、十二巻本撰述の動機の一つになったと考えることが可能である。[*5]

すべてが絶対的な善として現れるのは、あくまでも「さとり」の世界への志向を前提としている。この前提を抜きにして、善であれ悪であれ、すべての行為がそのままで仏法の現れであると捉えるような考え方は、道元にとっては決して容認され得ないのである。

道元と親鸞の見た善悪

以上述べてきたように、道元の「南泉斬猫」も親鸞の「千人殺し」も、殺生という、多くの場合、悪であることが自明であるとされる行為をめぐって、果たしてそれは究極的に、悪であるのかを問い、そして、その殺生という行為自体、いかなる場合においても、つねに究極的な悪として忌避されるべきようなものではないことを、主張するに至った。

親鸞は、殺生という行為は、宿業によるものであり、絶対的な意味では善でも悪でもないと考え、また、道元は、ある場合には、殺生が罪相でありつつも、同時に仏行であり得るとした。この両者の主張は、善悪がつねに相対的なものでしかない日常的な倫理の世界を超越したところ、すなわち宗教的絶対的世界においてはじめて成立するものである（このことを見落とすと両者における異端説のような誤解が生じる）。およそ、道徳・倫理上の善悪にせよ、宗教上の善悪にせよ、それが、真に透徹した吟味にさらされるならば、われわれの日常的な意味における善悪は、そして、自明のものとして受け容れられている、善と悪との、すなわち、価値と反価値の位階秩序は、いったんは、その存立の基盤を疑問にふされ、崩されなければならない。そのようなところで成り立つ善悪をこそ、親鸞も道元も見据えていたのである。

仏教の原点へ

道元も、親鸞も、禅宗と浄土教というそれぞれ仏教の流れの中で、もっとも深く思索した仏教思想家の一人である。本論で述べたように、両者は、悪の把握において、そして、世俗と出世間、すなわち、相対的世界と絶対的世界との関係において、さらには、先述のように究極的なるものを「縁起―無自性―空」なる「はたらき」の場、力と理解したことにおいて（「莫作」「奉行」「自然法爾」）、似通った思索を、違ったかたちで展開していたのであった。道元は、中国宋代の禅を学びつつ、釈迦の正系の自覚のもと、禅の最盛期であった唐代禅を復興しようとし、親鸞は、曇鸞《どんらん》、道《どう》綽《しゃく》、善導を経て師法然から浄土思想を受け継ぎつつ、『涅槃経』をはじめとする諸大乗経論を受容し、独自の思索を展開しようとした。それぞれ別個の仏教的伝統の流れを汲みながらも、彼らの思索がともに仏教の原点を目指したが故に、その思索の究極において重なる部分が大であるというのは大変に興味深い。

さらに考察を進めるならば、彼ら自身の属する両宗派の出発点の一つとなった、廬山《ろざん》の慧遠《えおん》（三三四～四一六）[*6]においても、世俗と出世間との関係において、本論で述べた、真と俗や、相対と絶対との関係に関して、似たような議論が行われたことは注目に値する。

慧遠は、その著名な書「沙門《しやもん》不《ふ》敬《きよう》王者論《おうじやろん》」において、絶対的世界が相対的世界である世俗の上に位置するが故に、沙門は、世俗の王者に敬礼する必要はないことを強く主張した。乱世であり王権が相対的に弱体化していたとはいえ、中国の思想伝統の中でこのような世俗権力の相対化が行われたことの意味は大きいと言える。世俗すなわち倫理的世界の相対化、宗教的世界の絶対化という枠組みは、インド仏教以来のものである。この意味で、慧遠にしても、道元・親鸞にしてもインド仏教の直系と言うことができよう。中国仏教そしてその影響下にあった日本仏教は、インド仏教との隔たりにおいて理解されることが多いし、たとえば、禅宗などはもはや仏教を逸脱しているという文脈で語られることも多い。それも否定できない一面の真実ではあるものの、しかし、インド仏教からの継承も少なからず存在するのである。われわれは、このように相呼応する諸仏教思想をふまえ、仏教とは何かということを考える必要があろう。

●注

＊1　親鸞と道元の思想を比較思想的に検討した研究業績としては、光地英学『親鸞教学と道元禅』、西山邦彦「道元と親鸞」（『宗教学研究』七一巻三一五号四輯）、岩本泰波「道元と親鸞における悪の問題」（『印度学仏教学研究』三三、二八六〜二八九頁）等がある。また、禅と浄土教について比較した研究業績としては、藤吉慈海『禅と浄土教』がある。

＊2　悪人正機説については悪人正因説という言い方の方が正確であるという指摘が平雅行氏によって行われている。また「善人なをもて〜」という言葉については、醍醐本『法然上人伝記』に法然の言葉として同様の言葉が残されており（松本彦次郎『日本文化史論』〔二二四頁〕）、どの程度親鸞のオリジナルとするかどうか議論がある。また、『歎異抄』と他の親鸞の著作の落差については、古田武彦氏、伊藤博之氏、末木文美士氏らが指摘している。

＊3　『歎異抄』第一三条では、親鸞の関東教団内に発生した異端について、「そのかみ邪見におちたるひとあて、悪をつくりたるものをたすけんといふ願にてましませばとて、わざとこのみて悪をつくりて、往生の業とすべきよしをいひて、やうやうにあしざまなることのきこへさふらひし（親鸞全四―言行篇（1）二二）」とある。それに対する親鸞の批判としては、『末燈鈔』第一六通に「煩悩にくるはされて、おもはざるほかに、すまじきことをもふるまひ、いふまじきことをもいひ、おもふまじきことをもおもふにてこそあれ。さはらぬことなればとて、ひとのためにもはらぐろく、すまじきことをもし、いふまじきことをもいはば、煩悩にくるはされたる儀にはあらで、わざとすまじきことをもせば、かへすがへすあるまじきことなり。（中略）この世のわろきをもすて、あさましきことをもせざらんこそ、世をいとひ念仏まふすことにてはさふらへ。としごろ念仏するひとなんどの、ひとのためにあしきことをもし、またいひもせば、世をいとふしるしもなし。（親鸞全

三―書簡篇一〇一～一〇二)」とある。このような異端については、すでに法然においても言及がある。一二〇四年、諸宗からの批判に対して、法然がその弟子一九〇名とともに連署して誓った『七箇条制誡』の第四に「念仏門において、戒行なしと号して、専ら婬・酒・食肉を勧め、たまたま律儀を守る者を雑行人と名づけて、弥陀の本願を憑む者、造悪を恐るることなかれと説くを停止すべき事」(大橋俊雄校注『法然 一遍』日本思想大系一〇、二三三頁)とある。

＊4 『永平室中聞書』の内容については、義介による自らの正統性主張のための誇張や歪曲があるのではないかという疑義が呈されているが、少なくともこの異端の記事については、このような出来事がなければならない事情は義介の側には見当たらず、事実を反映していると考えることができる。

＊5 伊藤秀憲「十二巻本『正法眼蔵』の撰述とその意図について」(鏡島元隆・鈴木格禅編『十二巻本「正法眼蔵」の諸問題』、三九八頁)では、この異端の徒の出現が、十二巻本執筆の背景の一つとなったと推定している。前掲秋山『道元の研究』(三一二頁)においても、この『永平室中聞書』について言及がなされている。なお、秋山氏も伊藤氏も、本文を大乗寺本によって一部改変している。

＊6 慧遠は、禅宗と浄土教の源流となった人物として中国仏教史上に名高い。彼は、禅観を実修し、また浄土を欣求《ごんぐ》する当時の仏教の一大拠点であった盧山僧団の領袖であり、東晋仏教界の指導者であった。当時の仏教界は、北方と南方に分かれ、北方の長安を中心として活動していたのが鳩摩羅什であり、南方で活躍していたのが慧遠である。慧遠は羅什より中観思想を伝授されたほか、道安の般若学、毘曇学、仏駄跋陀羅の禅定法、戒律学、浄土思想などを広く受容し活用した。

また、彼は、仏教が中国社会において定着するにあたって免れることのできなかった、聖俗の優劣を問う沙門不敬王者論争、輪廻の有無を問う神滅不滅論争をはじめとする各種の論争において、仏教の立場から中国思想と渡り合った僧でもある。

神滅不滅論争において、彼は当時の仏教者の常として「神不滅」（霊魂不滅）の立場から儒教の「神滅」説に対抗した。しかし、その「神不滅」説は、前代のように素朴実在論的な「不滅」ではなくて、『沙門不敬王者論』に「神は円応無主、妙尽無名なり。」（大正蔵五二－三一c）とあるように、何とも名付けられずあらゆるものに応じて姿を現す「不可思議な何ものか」（「妙物」）として「神」を捉えた。また、輪廻とはこの何ものかが、あたかも炎（神＝霊魂）が薪（肉体）に次々に燃え移っていくように、生まれかわり死にかわりしていくことだとされた。そして、善悪応報の輪廻転生説について、彼はそれがあくまでも、「罪対（罪の報い）をもって刑罰となし、懼《おそ》れて後に慎ましめ、天堂をもって爵賞（天の与える褒賞）となし、悦ばして後に動ぜしむ（行動させる）。」（大正蔵五二・三〇上）ためのもの、すなわち、俗人を導くための方便であることを理解していた。たとえば、「明応報論」に、「人のさとり難きこと、其れ固《もと》より久し、是を以て仏は本に其れ由ることあるを教え、訓うるに必ず漸有り。久しき習いは頓《すみや》かに廃するべからざるを知れり。故に先に示すに、罪福を以てし、罪福はみな忘るべからず、故にその軽重を権《はか》らしむ。」（大正蔵五二－三四a）とあるように、慧遠は、善悪の応報とは、「久しき習い」によって、罪福を説かなければ善行へと導くことが難しい初歩的な信者（在家信者）に対して説いた教えであり、さらに高次の教えの立場からは、止揚されるべきものである、と指摘する。

このことは、「三報説」の最後の部分で「方外の賓有りて、妙法を服膺し、心を玄門に洗い、一詣《みな》咸、上位に超登する有るを知る。斯くの如きの倫匹、宿殃を積むと雖も、功、治にあらざれば、理自ずからいずくんぞ消えんや。三報の及ぶところにあらざるなり。」（大正蔵五二―三四c）と言われていることからもあきらかである。ここで、慧遠は、「方外の賓」すなわち出世間の存在である沙門は、仏法をしっかりと体得し、その心を奥深い教えによって洗い清め、高い次元に超出する（「上位に超登する」）とし、さらにそのような者たち（「倫匹」）は、宿世の罪業が積み重なっていたとしても、「功」すなわち上位に超登したという手柄は、おさまってしまうわけではないから（「功、治にあらざれば」）、真理が消滅してしまうことはなく、三報（現世で報いを受ける現報と、来世で報を受ける生報と、来々世以降で報いを受ける後報）の及ぶところではないと主張する。

すなわち、ここでは、開悟成道した者は、輪廻転生、因果応報を超越しており、それには縛られないと言われているのである。輪廻転生、因果応報の理は、初歩的信者を導くための説にすぎず、究極的なるものをひたすら求道すべき出家者は、相対的な善悪や因果などを超越し、真理の根本に没入することをめざす。そして、まさに、このことが、出家者は、在家の頂点に位置する帝王よりも上位にあるという、慧遠の「沙門不敬王者」の主張の根拠となる。

一般に、南方の廬山の慧遠の神不滅論、霊魂不滅論に真っ向から対立したのが、鳩摩羅什を領袖とする北方の中観派であるとされ、羅什の大乗空観にもとづく無自性空説に対して、慧遠は、言うなれば中国化された異端の説である霊魂不滅説を奉じ、実体的な「神我」を説いたと説明されることが多い。もちろん、慧遠の著作の中にはそのようなまとめ方をされてしかるべき部分がないとは言えない。しかし、慧遠は、鳩摩羅什から中観の教えを受け、大乗空観を吸収し自家薬籠中におさめている。中観派の考え方では、俗諦の名の元に、業報の輪廻を認めるが、業報の輪廻には独立した実体はなく、輪廻の連続性を担うものは、識であり、識はまた、刹那滅である。このような説を受け、慧遠は、前代の素朴実在論的な「神我」観を大乗空観の立場から新たに意味付けようと試みたと言っても過言ではないだろう。慧遠は、羅什の影響のもと、応報や因果の方便性、そしてその空性を自覚して行ったと解釈することも可能なのである。

主要参考文献一覧

【原典と現代語訳】（道元関係）

有賀要延『現代語全解釈　道元禅師頌古事典』、国書刊行会、二〇〇〇年
石井恭二『現代文　正法眼蔵』全六巻、河出書房新社、一九九九〜二〇〇〇年
石井恭二『永平広録』上中下、河出書房新社、二〇〇五年
石川力山他『典座教訓・赴粥飯法』（講談社学術文庫）、講談社、一九九一年
伊藤俊光『永平広録注解全書』上中下索引、鴻盟社、一九六一〜一九六四年
大久保道舟『道元禅師全集』上下、筑摩書房、一九六九〜一九七〇年
大谷哲夫『永平広録　訓註』上下、大蔵出版、一九九六〜一九九七年
大谷哲夫『道元「永平広録・上堂」選』（講談社学術文庫）、講談社、二〇〇五年
大谷哲夫『道元「永平広録・頌古」』（講談社学術文庫）、講談社、二〇〇七年
鏡島元隆『道元禅師語録』（講談社学術文庫）、講談社、一九九〇年
鏡島元隆『原文対照現代語訳　道元禅師全集』全一七巻、春秋社、刊行中
岸沢惟安『正法眼蔵全講』第四巻、大法輪閣、一九七二年
酒井得元他『道元禅師全集』全七巻、春秋社、一九八八〜一九九三年
篠原寿雄『永平大清規』、大東出版社、一九八〇年
玉城康四郎『道元』（日本の名著七）、中央公論社、一九八三年
玉城康四郎『現代語訳　正法眼蔵』全六巻、大蔵出版、一九九三〜一九九四年
玉城康四郎『道元集』（日本の思想）、筑摩書房、一九六九年
寺田透、水野弥穂子『道元』上下（日本思想大系一二、一三）、岩波書店、一九七〇〜一九七二年
寺田透『道元和尚広録』上下、筑摩書房、一九九五年
中村宗一『全訳正法眼蔵』全四巻、誠信書房、一九七五〜一九八二年
西尾実『正法眼蔵・正法眼蔵随聞記』（日本古典文学大系八一）、岩波書店、一九六五年
西嶋和夫『現代語訳　正法眼蔵』全一三冊、金沢文庫、一九七二〜一九七九年
増谷文雄『現代語訳　正法眼蔵』全八巻、角川書店、一九七三〜一九七五年、のちに講談社学術文庫、講談社、二〇〇四年
水野弥穂子『正法眼蔵』全四巻（岩波文庫）、岩波書店、一九九〇〜一九九三年
水野弥穂子『正法眼蔵随聞記』（ちくま文庫）、筑摩書房、一九九二年
和辻哲郎『正法眼蔵随聞記』（岩波文庫）、岩波書店、一九二九年、改版一九八二年

【原典と現代語訳】（その他）

石田瑞麿『親鸞全集』全五巻、春秋社、一九八五〜一九八七年
入矢義高『臨済録』（岩波文庫）、岩波書店、一九八九年
入矢義高ほか『碧巌録』上中下（岩波文庫）、岩波書店、一九九二〜一九九六年
入矢義高『景徳伝灯録三』、禅文化研究所、一九九三年
入矢義高『景徳伝灯録四』、禅文化研究所、一九九七年
永安道原『景徳傳燈録』新文豊出版公司、一九八一年
大橋俊雄『法然　一遍』（日本思想大系一〇）、岩波書店、一九七一年
梶山雄一、瓜生津隆真『龍樹論集』（大乗仏典一四、中公文庫）、中央公論新社、二〇〇四年
金子大栄『原典校注　真宗聖典』、法蔵館、一九六〇年
坂本幸男、岩本裕『法華経』上（岩波文庫）、岩波書店、一九六二年、改版一九七六年

桜井秀雄『宏智録』上（禅籍善本古注集成）、名著普及会、一九八四年
真宗聖教全書編纂所『真宗聖教全書』全五巻、大八木興文堂、一九四一～一九五五年
親鸞聖人全集刊行会『定本親鸞聖人全集』全九巻、法蔵館、一九六九～一九七〇年
禅文化研究所『景徳傳燈録』、一九九〇年
高崎直道『宝性論』（インド古典叢書）、講談社、一九八九年
高崎直道『宝性論　法界無差別論』（新国訳大蔵経、インド撰述部・論集部一）、大蔵出版、一九九九年
高崎直道『如来蔵系経典』（大乗仏典一二、中公文庫）、中央公論新社、二〇〇四年
田上太秀『ブッダ臨終の説法―完訳大般涅槃経』全四巻、大蔵出版、一九九六～一九九七年
長尾雅人『大乗仏典』（世界の名著二）、中央公論社、一九七八年
長尾雅人『摂大乗論―和訳と註解』上下（インド古典叢書）、講談社、一九八二～一九八七年
中村　元『ブッダのことば―スッタニパータ』（岩波文庫）、岩波書店、一九八四年
中村　元、紀野一義、早島鏡正『浄土三部経』上下（岩波文庫）、岩波書店、一九九〇年
中村　元『論書・他』（現代語訳大乗仏典）、東京書籍、二〇〇四年
平野宗浄『頓悟要門』（禅の語録六）、筑摩書房、一九七〇年
柳田聖山『達磨の語録』（禅の語録一）、筑摩書房、一九六九年
柳田聖山『禅語録』（世界の名著一八）、中央公論社、一九七八年
柳田聖山他『禅家語録』一（世界古典文学全集三六A）、筑摩書房、一九七二年
柳田聖山他『禅家語録』二（世界古典文学全集三六B）、筑摩書房、一九七四年
湯田　豊『ウパニシャッド―翻訳および解説』、大東出版社、二〇〇〇年

【研究書等】（道元関係）
秋山範二『道元の研究』、岩波書店、一九三五年
東　隆真『道元小事典』、春秋社、一九八二年
有福孝岳『「正法眼蔵」に親しむ―道元の自然思想』、学生社、一九九一年
池田魯參『宝慶記―道元の入宋求法ノート』、大東出版社、二〇〇四年
石井恭二『正法眼蔵の世界』、河出書房新社、二〇〇一年
石井修道『宋代禅宗史の研究―中国曹洞宗と道元禅』（学術叢書・禅仏教）、大東出版社、一九八七年
石川力山、熊本英人ほか編『道元思想大系』全二二巻、同朋舎出版、一九九五年
梅原　猛、高崎直道『古仏のまねび〈道元〉』（仏教の思想一一）、角川書店、一九六九年
大久保道舟『道元禅師伝の研究』（修訂増補版）、筑摩書房、一九六六年
岡田宜法『正法眼蔵思想大系』第一巻、法政大学出版局、一九五三年
岡野守也『道元のコスモロジー―「正法眼蔵」の核心』、大法輪閣、二〇〇四年
何　燕生『道元と中国禅思想』、法蔵館、二〇〇〇年
鏡島元隆『道元禅師と引用経典・語録の研究』、木耳社、一九六五年
鏡島元隆、玉城康四郎編『講座　道元』全七巻、春秋社、一九七九～一九八一年
鏡島元隆、鈴木格禅編『十二巻本「正法眼蔵」の諸問題』、大蔵出版、一九九一年
菊地良一『道元の漢詩―永平広録私抄』、足利工業大学総合研究センター、二〇〇〇年

倉澤幸久『道元思想の展開』、春秋社、二〇〇〇年
黒崎　宏『ウィトゲンシュタインから道元へ―私説「正法眼蔵」』、哲学書房、二〇〇三年
光地英学『親鸞教学と道元禅―浄土教と禅』、山喜房仏書林、一九八四年
正法眼蔵註解全書刊行会編『正法眼蔵註解全書』、全一一巻、一九五六〜一九五七年
菅沼　晃『道元辞典』、東京堂出版、一九七七年
竹内道雄『道元』（人物叢書八八）、吉川弘文館、一九六二年（新稿版一九九二年）
竹村牧男『「正法眼蔵」講義―現成公案・摩訶般若波羅蜜』、大法輪閣、二〇〇五年
竹村牧男『「正法眼蔵」講義―仏性』上下、大法輪閣、二〇〇七年
田中　晃『正法眼蔵の哲学』、法蔵館、一九八二年
寺田　透『道元の言語宇宙』、岩波書店、一九七四年
中尾良信編『道元―孤高の禅師』（日本の名僧九）、吉川弘文館、二〇〇三年
中世古祥道『道元禅師伝研究　正』、国書刊行会、一九七九年
中世古祥道『道元禅師伝研究　続』、国書刊行会、一九九七年
中世古祥道『道元禅師伝研究　新』、国書刊行会、二〇〇二年
中村宗一『正法眼蔵用語辞典』、誠信書房、一九七五年
奈良康明編著『道元の世界―現代に問いかける禅』、日本放送出版協会、二〇〇一年
奈良康明、東隆真編著『道元の二十世紀』、東京書籍、二〇〇一年
西有穆山提唱『正法眼蔵啓迪』上中下、大法輪閣、一九六五年
袴谷憲昭『道元と仏教―十二巻本「正法眼蔵」の道元』、大蔵出版、一九九二年
増永霊鳳『仏教における時間論―道元禅師の時間論・正法眼蔵有時の巻研究』、山喜房仏書林、一九六六年
松尾剛次『山をおりた親鸞　都をすてた道元―中世の都市と遁世』、法蔵館、二〇〇九年
松本史朗『道元思想論』、大蔵出版、二〇〇〇年
水野弥穂子『十二巻「正法眼蔵」の世界』、大蔵出版、一九九四年
水野弥穂子『「正法眼蔵」を読む人のために』、大法輪閣、二〇〇〇年
南　直哉『「正法眼蔵」を読む―存在するとはどういうことか』、講談社、二〇〇八年
森本和夫『正法眼蔵入門』（朝日選書二九〇）、朝日新聞社、一九八五年
頼住光子『道元―自己・時間・世界はどのように成立するのか』（哲学のエッセンス）、日本放送出版協会、二〇〇五年
和辻哲郎『道元』（河出文庫）、河出書房新社、二〇一一年（「沙門道元」を再録）

【研究書等】（その他）

石上玄一郎『輪廻と転生―死後の世界の探究』（レグルス文庫一三四）、第三文明社、一九八一年
井筒俊彦『意識と本質―精神的東洋を索めて』岩波書店、一九八三年（岩波文庫、一九九一年）
井筒俊彦『意識の形而上学―「大乗起信論」の哲学』（中公文庫ＢＩＢＬＩＯ）、中央公論新社、二〇〇一年
伊吹　敦『禅の歴史』、法蔵館、二〇〇一年
入矢義高監修、古賀英彦編著『禅語辞典』、思文閣出版、一九九一年
宇井伯寿『宝性論研究―大乗仏教研究』、岩波書店、一九七九年
梅原　猛、柳田聖山『無の探求〈中国禅〉』（仏教の思想七）、角川書店、一九六九年
横超慧日『涅槃経と浄土教―仏の願力と成仏の信』、平楽寺書店、一九八一年
横超慧日『涅槃経―如来常住と悉有仏性』（サーラ叢書二六）、平楽寺書店、一九八一年

太田久紀『唯識の読み方—凡夫が凡夫に呼びかける唯識』、大法輪閣、二〇〇〇年
小川一乗『仏性思想』、文栄堂、一九八二年
小川一乗『小川一乗仏教思想論集一　仏性思想論Ⅰ』、法藏館、二〇〇四年
小川一乗『小川一乗仏教思想論集二　仏性思想論Ⅱ』、法藏館、二〇〇四年
沖本克己『禅の思想とその流れ』（ぼんブックス二二）、世界聖典刊行協会、一九九〇年
梶山雄一『輪廻の思想』、人文書院、一九八九年
梶山雄一、上山春平『空の論理〈中観〉』（仏教の思想三、角川文庫ソフィア）、角川書店、一九九七年
加藤宗厚『正法眼蔵要語索引』上下、理想社、一九六二〜一九六三年
鎌田茂雄『禅とは何か』（講談社学術文庫）、講談社、一九九六年
鎌田茂雄『中国仏教史』第四巻、東京大学出版会、一九九〇年
唐木順三『無常』（唐木順三全集七）、筑摩書房、一九六七年
三枝充悳『中論—縁起・空・中の思想』上中下（レグルス文庫一五八〜一六〇）、第三文明社、一九八四年
佐橋法龍『景徳傳燈録』上、春秋社、一九七〇年
佐橋法龍『禅語小辞典』（改訂増補）、長国寺、一九九七年
信楽峻麿『親鸞とその思想』、法藏館、二〇〇三年
下田正弘『涅槃経の研究—大乗経典の研究方法試論』、春秋社、一九九七年
末木文美士『仏教—言葉の思想史』、岩波書店、一九九六年
末木文美士『仏教VS.倫理』（ちくま新書）、筑摩書房、二〇〇六年
禅学大辞典編纂所『新版禅学大辞典』、大修館書店、一九八五年
禅文化研究所『景徳傳燈録索引』上下、一九九三年
高崎直道『如来蔵思想の形成—インド大乗仏教思想研究』、春秋社、一九七四年
高崎直道『仏性とは何か』（法蔵選書三二）、法藏館、一九八五年
田上太秀『禅の思想—インド源流から道元まで』（東書選書）、東京書籍、一九八〇年
田上太秀『仏性とはなにか—「涅槃経」を解き明かす』、大蔵出版、二〇〇三年
武内紹晃『龍樹・世親』（浄土仏教の思想三）、講談社、一九九三年
竹村牧男『唯識の構造』（唯識ライブラリー）、春秋社、二〇〇一年
立川武蔵『「空」の構造—「中論」の論理』（レグルス文庫一六九）、第三文明社、一九八六年
常盤大定『仏性の研究』、国書刊行会、一九三〇年（再刊一九七三年）
長尾雅人『中観と唯識』、岩波書店、一九七八年
中村端隆『究竟一乗宝性論研究—梵漢対照』山喜房仏書林、一九六一年
西山邦彦『道元と親鸞』永田文昌堂、一九九九年
袴谷憲昭『本覚思想批判』、大蔵出版、一九八九年
花山勝友『輪廻と解脱—苦界からの脱出』（講談社現代新書）、講談社、一九八九年
平川　彰、梶山雄一編集『如来蔵思想』（講座大乗仏教六、新装版）、春秋社、一九九六年
藤吉慈海『禅と浄土教』（講談社学術文庫）、講談社、一九八九年
仏教思想研究会編『悪』（仏教思想二）、平楽寺書店、一九七六年
仏教思想研究会編『因果』（仏教思想三）、平楽寺書店、一九七八年
古田紹欽『禅とは何か』（ＮＨＫライブラリー四七）、日本放送出版協会、一九九六年
松本史朗『縁起と空—如来蔵思想批判』大蔵出版、一九八九年
矢島羊吉『空の哲学』（ＮＨＫブックス四四二）、日本放送出版協会、一九八三年
柳田聖山『禅仏教の研究』（柳田聖山集一）、法藏館、一九九九年
柳田聖山『初期禅宗史書の研究』（柳田聖山集六）、法藏館、二〇〇〇年

柳田聖山『禅文献の研究』上（柳田聖山集二）、法藏館、二〇〇一年
山口　益『空の世界』、理想社、一九六七年
遊亀教授『親鸞と道元』、講談社、一九八六年
横山紘一『唯識の哲学』（サーラ叢書二三）、平楽寺書店、一九七九年
頼住光子『日本の仏教思想—原文で読む仏教入門』北樹出版、二〇一〇年

【論文】

朝日　隆「『正法眼蔵現成公案』の新しい読み方」（宗学研究三七）、一九九五年
石井清純「一二巻本『正法眼蔵』と『永平広録』—百丈野狐の話を中心として」（宗学研究三〇号）、一九八八年
石井清純「『正法眼蔵』「現成公案」の巻の主題について」（駒澤大學佛教學部論集二八）一九九七年
石井清純「「現成公案」の意味するもの—道元禅師の思想的基盤について」（駒澤大學佛教學部論集三六）、二〇〇五年
石井義長「『正法眼蔵』「現成公案」の説示について」（印度學佛教學研究五九—二）、二〇一一年
伊藤秀憲「『正法眼蔵抄』口語訳の試み—現成公案（一）」（駒澤大学佛教学部論集一三）、一九八二年
伊藤秀憲「『正法眼蔵抄』口語訳の試み—現成公案（二）」（駒澤大學佛教學部研究紀要四一）、一九八三年
伊藤秀憲「『正法眼蔵聞書抄』口語訳の試み—諸悪莫作（一）」（駒澤大学佛教学部論集二二）、一九九一年
伊藤秀憲「十二巻本『正法眼蔵』の撰述とその意図について」（鏡島元隆、鈴木格禅編『十二巻本「正法眼蔵」の諸問題』、大蔵出版）、一九九一年
伊藤秀憲「『正法眼蔵聞書抄』口語訳の試み—諸悪莫作（二）」（駒澤大学佛教学部論集二三）、一九九二年
伊藤秀憲「『正法眼蔵聞書抄』口語訳の試み—諸悪莫作（三）」（駒澤大學佛教学部論集二四）、一九九三年
岩本泰波「道元と親鸞における悪の問題」（印度學仏教學研究三三（一七—一））、一九六八年
小川一乗「『宝性論』と『仏性論』」（平川彰編『如来蔵と大乗起信論』、春秋社）、一九九〇年
大庭博隆「『正法眼蔵大修行』巻と『正法眼蔵深信因果』巻との関連」（宗学研究三八）、一九九六年
大庭博隆「『正法眼蔵大修行』巻と『正法眼蔵深信因果』巻との関連（2）「野狐」の意味するところ」（宗学研究三九）、一九九七年
何　燕生「道元の仏性論」（文化六三—三・四）、二〇〇〇年
カスーリス、トーマス「米国における道元研究と増大しつつあるハーメヌーティクス（解釈学）の影響」（駒澤大學佛教學部論集一八）一九八七年
鎌田茂雄「華厳教学と道元」（『仏教教学と道元』講座道元六、春秋社）、一九八〇年
側瀬　登「道元の『正法眼蔵』現成公案冒頭における解釈の比較考察—「始覚」新釈の試み」（比較思想研究三一）、二〇〇四年
菅野覚明、宮川敬之「『眼蔵』を読む」、講談社PR誌『本』、二〇〇三年一〇月号
黒丸寛之「道元禅研究試論」（駒澤大學禅研究所年報一）、一九九〇年
光地英学「道元禅の因業報思想」（駒澤大學佛教學部研究紀要二八）、一九七〇年
佐藤正英「現成公按のはじめの二節をめぐって—注解の試み」（実存主義八二）、一九七七年
渋谷治美「道元における循環の問題—『正法眼蔵』第一巻「現成公按」読解試論」（『近世・近代日本社会の展開と社会諸科学の現在』、新泉社）、二〇〇七年
杉尾玄有「道元禅師の疑団と開眼と身心脱落—勝義の自伝として書か

れた〈現成公案〉」（宗学研究二八）、一九八六年
高崎直道「道元の仏性論」（『道元思想の特徴』講座道元四、春秋社）、一九八〇年
辻口雄一郎「『正法眼蔵』における因果」（宗学研究四一）、一九九九年
角田泰隆「道元禅師の因果論―因果歴然と因果超越」（駒澤短期大學仏教論集一二）、二〇〇六年
角田泰隆「『正法眼蔵』「現成公案」巻冒頭の一節の解釈」（印度學佛教學研究五六－一）二〇〇七年
中山正晃「祖師禅と浄土教」（印度學佛教學研究二五－二）、一九七七年
服部正明「『仏性論』の一考察」（仏教史学四－三・四）、一九五五年
原田弘道「公案理解の一視点―古則公案と現成公案」（印度學佛教學研究三〇－二）一九八二年
古田紹欽「現成公案の意義」（印度學佛教學研究五－一）、一九五七年
増永霊鳳「道元禅師の仏性観」（日本仏教学会年報二二）、一九五六年
矢島忠夫「『正法眼蔵』の改作」（弘前大学教育学部紀要九九）、二〇〇八年
吉津宜英「「一方を証するときは一方はくらし」の一句の解釈について」（宗学研究三五）、一九九三年
頼住光子「道元の証の世界についての一考察―その時間論を手がかりとして」（倫理学年報三七）、一九八八年
頼住光子「正法眼蔵「全機」巻注解」（比較思想八）、一九八九年
頼住光子「道元の世界認識に関する一考察―『正法眼蔵』「山水経」等をてがかりとして」（東京大学倫理学紀要六）、一九九〇年
頼住光子「道元における善と悪―『正法眼蔵』「諸悪莫作」巻の註解のこころみ」（山口大学哲学研究三）、一九九四年
頼住光子「『正法眼蔵随聞記』巻二の「南泉斬猫」段をめぐる一考察」（『日本の仏教一―仏教史を見なおす』、法蔵館）、一九九四年
頼住光子「無常の思想―道元をてがかりとして」（竹内整一、古東哲明『ニヒリズムからの出発』、ナカニシヤ出版）、二〇〇一年
頼住光子「道徳と宗教―盤珪をてがかりにして」（道徳と教育三一一・三）、二〇〇二年
頼住光子「道元の生死観―生死即涅槃・住法位・三世の因果」（竹内整一、菅野覚明『季刊日本思想史』六二、ぺりかん社）、二〇〇二年
頼住光子「道元における確実なる世界について―『正法眼蔵』「一顆明珠」巻を手がかりとして」（お茶の水女子大学人文科学紀要五六）、二〇〇三年
頼住光子「中国仏教における『因果』観念の展開に関する覚書―後漢より南北朝期にいたる『因果』観念の諸相について」（お茶の水女子大学人文科学紀要五七）、二〇〇四年
頼住光子「宗教と倫理をめぐる一考察―道元の二つの因果観をてがかりとして」（文部省科学研究費研究成果報告書「時間論をてがかりとした道元の思想構造の総合的研究」研究課題番号一五五二〇〇一〇）、二〇〇六年
頼住光子「道元の仏性論―「仏性」思想展開の観点から」（日本仏教綜合研究五）、二〇〇七年
頼住光子「親鸞の「仏性」思想について―その源流と展開」（お茶の水女子大学人文科学研究三）、二〇〇七年
頼住光子「道元における「さとり」と修行――『正法眼蔵』「現成公案」巻をてがかりとして（神田外語大学日本研究所紀要四）、二〇〇九年
頼住光子「道元と親鸞の「仏性」観をめぐる比較思想的探究」（『「いのち」の流れ』峰島旭雄先生傘寿記念論文集、北樹出版）、二〇〇九年
頼住光子「「悪」の宗教的意義に関する一考察―親鸞と道元をめぐる比較思想的探求（お茶の水女子大学人文科学研究五）、二〇〇九年
和辻哲郎「道元の「仏性」」（思想一九）、一九二三年（のち「沙門道元」として『日本精神史研究』所収、『和辻哲郎全集』第四巻、岩波書店、一九六二年）

あとがき

はじめて『正法眼蔵』を読んだときから、すでに長い年月がたっている。その間、いくつかの論文を書き、また六年前には『道元　自己・時間・世界はどのように成立するのか』を今回と同じくＮＨＫ出版から上梓した。遅々たる、そして、おぼつかない足どりであったにせよ、これらの歩みを支えてきたのは、道元の言葉をはじめて読んだときのある印象であった。その印象は茫漠たるものであって、それを言葉として自分の中で確定することはなかなか難しいのであるが、あえて言ってみると、「もし、真理というものがあるとするならば、ここにはそれに接する言葉があるのではないか。」ということになる。

自分の主観的印象と研究対象に対する「客観性」との間で、道元の『正法眼蔵』の言葉と自分の論文の言葉との間で、つねにバランスを失いそうになりつつ、道元の言葉の魅力に導かれ、また、道元の言葉を通して見えてくる世界を多くの人々に伝え語り合う喜びに導かれて、なんとか今日まで拙い研究を続けてこられたように思う。大学、学界内外の方々から受けた学恩そして励ましに心から感謝したい。

以下、各章の元となった論文のうち主だったものをあげておく。いずれも本書執筆にあたって全面的に改稿した。

第一章　「無常の思想―道元をてがかりとして」（竹内整一、古東哲明編『ニヒリズムからの出発』ナカニシヤ出版、二〇〇一年）
第二章　「道元における「さとり」と修行――『正法眼蔵』「現成公案」巻をてがかりとして」（『日本研究所紀要』第四号、神田外語大学日本研究所、二〇〇九年）
第三章　「道元の仏性論―「仏性」思想展開の観点から」（『日本仏教綜合研究』第五号、日本仏教綜合研究学会、二〇〇七年）
「道元と親鸞の「仏性」観をめぐる比較思想的探究」（峰島旭雄先生傘寿記念論文集編集委員会編『「いのち」の流れ』、北樹出版、二〇〇九年）
第四章　「道元における善と悪―『正法眼蔵』「諸悪莫作」巻の註解のこころみ」（『山口大学哲学研究』第三号、山口大学哲学研究会、一九九四年）
第五章　「宗教と倫理をめぐる一考察―道元の二つの因果観をてがかりとして」（文部省科学研究費研究成果報告書「時間論をてがかりとした道元の思想構造の総合的研究」、二〇〇六年）
第六章　「「悪」の宗教的意義に関する一考察―親鸞と道元をめぐる比較思想的探求」（『人文科学研究』第五巻、お茶の水女子大学、二〇〇九年）

出版に際しては、前著に引き続きNHK出版の井本光俊氏と五十嵐広美氏にお世話になった。本書がまがりなりにもかたちになったのはひとえに井本氏のご尽力のおかげである。また、お茶の水女子大学アカデミック・アシスタントの小濱聖子氏には原稿チェックと校正をお手伝いいただいた。お礼を申し上げる。

平成二十三年十月一日

頼住　光子

頼住光子——よりずみ・みつこ

●1961年、神奈川県生まれ。東京大学大学院人文科学研究科博士課程修了。山口大学講師、助教授、お茶の水女子大学大学准教授、教授を経て、現在、東京大学大学院人文社会系研究科教授。博士（文学）。専攻は倫理学・日本倫理思想史・比較思想。

●主な著書に、『さとりと日本人』（ぷねうま舎）、『正法眼蔵入門』（角川ソフィア文庫）、『日本の仏教思想』（北樹出版）がある。

NHKブックス［1184］

道元の思想　大乗仏教の真髄を読み解く

2011年10月30日　第1刷発行
2022年4月30日　第2刷発行

著　者　頼住光子

発行者　土井成紀

発行所　NHK出版

東京都渋谷区宇田川町 41-1　郵便番号　150-8081
電話　0570-009-321（問い合わせ）　0570-000-321（注文）
ホームページ　https://www.nhk-book.co.jp
振替 00110-1-49701
［印刷］太平印刷社　［製本］三森製本所　［装幀］倉田明典

落丁本・乱丁本はお取り替えいたします。
定価はカバーに表示してあります。
ISBN978-4-14-091184-6 C1315

NHK BOOKS

＊宗教・哲学・思想

仏像［完全版］―心とかたち―　望月信成／佐和隆研／梅原　猛
原始仏教―その思想と生活―　中村　元
がんばれ仏教！―お寺ルネサンスの時代―　上田紀行
目覚めよ仏教！―ダライ・ラマとの対話―　上田紀行
ブータン仏教から見た日本仏教　今枝由郎
人類は「宗教」に勝てるか―一神教文明の終焉―　町田宗鳳
現象学入門　竹田青嗣
哲学とは何か　竹田青嗣
ヘーゲル・大人のなりかた　西　研
東京から考える―格差・郊外・ナショナリズム―　東　浩紀／北田暁大
日本的想像力の未来―クール・ジャパノロジーの可能性―　東　浩紀編
ジンメル・つながりの哲学　菅野　仁
科学哲学の冒険―サイエンスの目的と方法をさぐる―　戸田山和久
集中講義！日本の現代思想―ポストモダンとは何だったのか―　仲正昌樹
集中講義！アメリカ現代思想―リベラリズムの冒険―　仲正昌樹
哲学ディベート―〈倫理〉を〈論理〉する―　高橋昌一郎
カント　信じるための哲学―「わたし」から「世界」を考える―　石川輝吉
「かなしみ」の哲学―日本精神史の源をさぐる―　竹内整一
道元の思想―大乗仏教の真髄を読み解く―　頼住光子
詩歌と戦争―白秋と民衆、総力戦への「道」―　中野敏男
ほんとうの構造主義―言語・権力・主体―　出口　顯
「自由」はいかに可能か―社会構想のための哲学―　苫野一徳
弥勒の来た道　立川武蔵
イスラームの深層―「遍在する神」とは何か―　鎌田　繁
マルクス思想の核心―21世紀の社会理論のために―　鈴木　直
カント哲学の核心―『プロレゴーメナ』から読み解く―　御子柴善之
戦後「社会科学」の思想―丸山眞男から新保守主義まで―　森　政稔
はじめてのウィトゲンシュタイン　古田徹也
〈普遍性〉をつくる哲学―「幸福」と「自由」をいかに守るか―　岩内章太郎
ハイデガー『存在と時間』を解き明かす　池田　喬

※在庫品切れの際はご容赦下さい。

NHK BOOKS

*歴史(I)

出雲の古代史　門脇禎二
法隆寺を支えた木［改版］　西岡常一／小原二郎
「明治」という国家［新装版］　司馬遼太郎
「昭和」という国家　司馬遼太郎
日本文明と近代西洋―「鎖国」再考―　川勝平太
戦場の精神史―武士道という幻影―　佐伯真一
知られざる日本―山村の語る歴史世界―　白水　智
古文書はいかに歴史を描くのか―フィールドワークがつなぐ過去と未来―　白水　智
関ヶ原前夜―西軍大名たちの戦い―　光成準治
江戸に学ぶ日本のかたち　山本博文
天孫降臨の夢―藤原不比等のプロジェクト―　大山誠一
親鸞再考―僧にあらず、俗にあらず―　松尾剛次
山県有朋と明治国家　井上寿一
明治〈美人〉論―メディアは女性をどう変えたか―　佐伯順子
『平家物語』の再誕―創られた国民叙事詩―　大津雄一
歴史をみる眼　堀米庸三
天皇のページェント―近代日本の歴史民族誌から―　T・フジタニ
禹王と日本人―「治水神」がつなぐ東アジア―　王　敏
江戸日本の転換点―水田の激増は何をもたらしたか―　武井弘一
外務官僚たちの太平洋戦争　佐藤元英
天智朝と東アジア―唐の支配から律令国家へ―　中村修也
英語と日本軍―知られざる外国語教育史―　江利川春雄
象徴天皇制の成立―昭和天皇と宮中の「葛藤」―　茶谷誠一
維新史再考―公議・王政から集権・脱身分化へ―　三谷　博
壱人両名―江戸日本の知られざる二重身分―　尾脇秀和
戦争をいかに語り継ぐか―「映像」と「証言」から考える戦後史―　水島久光

※在庫品切れの際はご容赦下さい。

NHK BOOKS

*文学・古典・言語・芸術

日本語の特質　金田一春彦
言語を生みだす本能(上)(下)　スティーブン・ピンカー
思考する言語―「ことばの意味」から人間性に迫る―(上)(中)(下)　スティーブン・ピンカー
小説入門のための高校入試国語　石原千秋
評論入門のための高校入試国語　石原千秋
ドストエフスキイ―その生涯と作品―　埴谷雄高
ドストエフスキー　父殺しの文学(上)(下)　亀山郁夫
英語の感覚・日本語の感覚―〈ことばの意味〉のしくみ―　池上嘉彦
英語の発想・日本語の発想　外山滋比古
英文法をこわす―感覚による再構築―　大西泰斗
絵画を読む―イコノロジー入門―　若桑みどり
フェルメールの世界―17世紀オランダ風俗画家の軌跡―　小林頼子
子供とカップルの美術史―中世から18世紀へ―　森　洋子
形の美とは何か　三井秀樹
刺青とヌードの美術史―江戸から近代へ―　宮下規久朗
オペラ・シンドローム―愛と死の饗宴―　島田雅彦
伝える！　作文の練習問題　野内良三
宮崎駿論―神々と子どもたちの物語―　杉田俊介
万葉集―時代と作品―　木俣　修
西行の風景　桑子敏雄
深読みジェイン・オースティン―恋愛心理を解剖する―　廣野由美子
舞台の上のジャポニスム―演じられた幻想の〈日本女性〉―　馬渕明子
スペイン美術史入門―積層する美と歴史の物語―　大髙保二郎ほか
「古今和歌集」の創造力　鈴木宏子

最新版　論文の教室―レポートから卒論まで―　戸田山和久

※在庫品切れの際はご容赦下さい。